JENSEITS

DER TOD UND DAS LEBEN DANACH

BRIAN INNES

JENSEITS

DER TOD UND DAS LEBEN DANACH

GONDROM

Originalausgabe: © 1999 Brown Partworks Ltd
Published in 1999 by Blandford Press,
Illustrated Book Division, Cassell & Co.,
Wellington House,
125 Strand, London WC2R 0BB

Originaltitel: *Death and the Afterlife*
Design: Simon Wilder
Bildredaktion: Brigitte Arora

© 1999 für die deutsche Ausgabe:
Gondrom Verlag GmbH, Bindlach 1999

Übersetzung aus dem Englischen: Susanne Lück
Redaktion und Satz der deutschen Ausgabe:
Kölner Grafik Büro

ISBN: 3-8112-1733-X

I N

H A L T

„EIN WIRKLICH GROSSES ABENTEUER"

OBEN: Der Totentanz wurde im 14. und 15. Jahrhundert, als der Schwarze Tod wütete, zu einer populären Szene.

RECHTS: Fra Angelicos Version der Qualen, die verlorene Seelen in der Hölle erleiden müssen.

Der Tod wird zu Recht als das „letzte Mysterium" bezeichnet. Woran wir auch glauben mögen, was wir durch die Erfahrung anderer auch lernen können – wir werden doch niemals erfahren, was der Tod wirklich bedeutet, bis wir selbst den letzten Atemzug getan haben. Wie Peter Pan in J. M. Barries berühmtem Stück sagt: „Sterben ist bestimmt ein wirklich großes Abenteuer."

Einige behaupten kühn, sie seien so gespannt darauf, zu erfahren, was jenseits der Todesschwelle liegt, daß sie das Ereignis kaum abwarten könnten. Doch üblicherweise vertreten sie diesen Standpunkt nur, solange sie gesund sind und der Ausblick auf den Tod nichts weiter darstellt als einen fernen Schatten am Horizont. Sollten sie sich plötzlich von einer lebensgefährlichen Erkrankung bedroht sehen, kämpfen sie doch wie die meisten Menschen um jede Stunde – das menschliche Bemühen, möglichst gesund zu bleiben, kann sogar als ein ewiger unbewußter Kampf gegen den Tod interpretiert werden. Der französische Philosoph Jean-Jacques Rousseau (1712–1778) schrieb: „Wer vorgibt, den Tod nicht zu fürchten, lügt. Alle Menschen haben Angst zu sterben, das ist das große Gesetz der empfindungsfähigen Geschöpfe, ohne das die menschliche Rasse bereits ausgelöscht wäre."

Dennoch fällt es schwer, auch nur zu bestimmen, was genau der Tod ist. Was zunächst als einfache Tatsache erscheinen mag, hat sich im Verlauf der Zeit und mit den modernen Fortschritten in der Medizin zu einem wahren Labyrinth ethischer Erwägungen entwickelt (vgl. Kapitel 1). Und diese Fragen reichen weit über die rein physischen Aspekte hinaus: Der Körper mag verwest oder verbrannt sein und nichts als bröckelnde Knochenreste und einige einfache Chemikalienrückstände hinterlassen haben, aber war das bereits das Ende? Jede Kultur hat im Lauf der Geschichte ihren Glauben an ein Überleben nach dem Tod in anderer als körperlicher Gestalt zum Ausdruck gebracht – als Geist, Seele oder anderes körperloses, jedoch bewußtseinsfähiges Wesen.

Die Furcht vor dem Tod kann die Angst vor den Schmerzen sein, die uns in den letzten Augenblicken des Lebens vielleicht bevorstehen, aber auch die Angst vor dem, was danach geschieht. Shakespeares Hamlet bringt seine Ängste in dem berühmten Monolog zum Ausdruck:

> Sterben, um zu schlafen –
> Schlafen: vielleicht zu träumen! Ja, da liegt's:
> Denn was in diesem Todesschlaf wir träumen,
> Wenn wir die ird'schen Fesseln abgestreift,
> Das läßt uns zaudern ...
> Wer trüge diese Lasten
> Und stöhnt' und schwitzte unterm Joch des Lebens,
> Wenn nicht die Furcht vor etwas nach dem Tod –
> Dem unerforschten Land, von dessen Grenzen
> Kein Wandrer wiederkehrt – den Willen lähmte
> Und uns die alten Übel eher ließe
> Ertragen als die Flucht zu unbekannten.

Hamlet, III, 1

Doch was kam in der Entwicklung des menschlichen Glaubens ans Jenseits zuerst? Mußte die nackte Furcht vor dem Unbekannten durch die Vorstellung von der Bestrafung unserer Sünden gerechtfertigt werden, oder war es die Erwartung des zu befürchtenden Gerichts, die diese Angst erst hervorbrachte? Sicher ist, daß alle großen Religionen daran glauben, daß über die Taten der Lebenden, gute ebenso wie böse, nach dem Tod gerichtet wird und sie so den weiteren Verlauf der Ereignisse bestimmen – sei das nun der Eintritt in ein ewiges Paradies, die Wiederkehr auf die Erde in höherer oder niederer Reinkarnationsstufe oder die Bestrafung in den Qualen der Hölle. Die alten Sumerer glaubten offenbar, der einzige Lebenszweck der Menschen bestünde darin, den Göttern zu die-

„Mach dich auf an den Putztisch der gnädigen Frau und sag ihr, sie mag nur fingerdick auflegen – zu einem solchen Liebreiz wird sie doch kommen." Lawrence Olivier *spricht in* **Hamlet** *zum Totenschädel des Hofnarren Yorick.*

8

nen, indem sie ihnen Tempel bauten und sie mit Essensgaben versorgten; nach dem Tod konnten sie diese Aufgabe nicht mehr erfüllen, so daß an und für sich kein Grund für ein Weiterleben und ein Gericht nach dem Tod mehr gegeben war. Und doch glaubten selbst sie an eine Form des Jenseits: Ihre Toten blieben bis in alle Ewigkeit in einer Art dunkler, trostloser Vorhölle gefangen – Grund genug, sich vor dem Tod zu fürchten.

Selbst wer allen religiösen Glauben ablehnt, fürchtet sich vor dem Tod. Der französische Schriftsteller Ernest Renan (1823–1892) hinterließ folgendes Gebet: „O Gott, wenn es einen Gott gibt, rette meine Seele, wenn es eine Seele gibt."

Die alten Griechen fürchteten den Tod so sehr, daß sie ihn möglichst gar nicht erst beim Namen nannten. Auch heute noch wird in unserer Kultur eine Vielzahl von Euphemismen verwendet, um das gefürchtete Wort „sterben" zu ersetzen. Viele Menschen vermeiden nach Möglichkeit das ganze Thema. Auf Grabinschriften oder in Todesanzeigen heißt es, jemand sei „friedlich entschlummert" oder „heimgekehrt", was die grausame Wahrheit ein wenig mildern soll.

Im Mittelalter war das noch ganz anders. Da war zum einen der unvermittelte Ausbruch der Pest, die ganze Gemeinden vernichtete, und zum anderen endlose kriegerische Auseinandersetzungen, welche Banden marodierender Soldaten nach sich zogen, die wahllos alles töteten,

Der Schwarze Tod, die verheerende Beulenpest-Seuche, traf Europa im Jahr 1347 und breitete sich von den Mittelmeerhäfen aus rasch ins Landesinnere aus. Dieser Holzschnitt von Giovanni Boccacio (1313–1375) zeigt eine Szene in Florenz.

Die Göttliche Komödie, *das berühmte große Dichtwerk Dante Alighieris (1265– 1321), beschreibt eindringlich die Vision des Dichters von Himmel und Hölle. Im Hintergrund dieser Illustration aus dem 15. Jahrhundert von Domenico di Michelino sieht man die Toten in den Himmel auf- oder in die Hölle herabsteigen.*

was ihnen begegnete. Die Vorstellung vom plötzlichen Sterben war so allgegenwärtig, daß die Menschen sich gezwungen sahen, sie als tägliche Realität zu akzeptieren. Bildliche Darstellungen des Todes, Mahnungen der Vergänglichkeit namens *memento mori* – mit verwesenden Leichen, Totenschädeln und Knochen, einem Skelett mit Sense („der grimmige Sensenmann"), Stundengläsern und ähnlichem – waren plötzlich überall auf Grabstätten, Schriften, Holzschnitten und Gemälden zu sehen.

Die verheerendste Pestepidemie der Weltgeschichte, der Schwarze Tod, traf Europa im Jahr 1347. Sie kam aus dem Osten, wo sie bereits in China und Turkestan gewütet hatte. Heerscharen eines Khans, der die Stadt Kafa (später Feodossija) auf der Krim belagerte, wurden von ihr befallen, woraufhin er die infizierten Leichen über die Stadtmauern katapultieren ließ. Auf Schiffen erreichte die Seuche die Mittelmeerhäfen und breitete sich rasch ins Landesinnere aus. Innerhalb der folgenden vier Jahre starben so viele Menschen, daß die europäische Bevölkerungszahl ihren Stand von 1347 erst wieder im 16. Jahrhundert erreichte. In dieser Zeit wurden bildliche Darstellungen vom „Tanz der Toten" fast zu einem eigenen Kunstgenre. Eine Zeitlang waren die Menschen gezwungenermaßen in der Lage, dem Tod mit einem gewissen Grad an Resignation ins Auge zu blicken.

Die ersten erfolgreichen Versuche, Leben zu retten oder zu verlängern, wurden jedoch erst in den Jahrhunderten unternommen, die dem Schwarzen Tod folgten. Der Schweizer Arzt Phillipus Aureolus Theophrastus Bombastus von Hohenheim (1493–1541), der sich als Paracelsus einen Namen machte, ist als Begründer der modernen Medizin, „der Vorläufer moderner Mikrochemie, Antisepsis, moderner Wundchirurgie, Homöopathie und einer ganzen Anzahl weiterer hochmoderner Errungenschaften" berühmt geworden. In diese Zeit fällt auch der unermüdliche Versuch zahlloser Alchimisten, das Elixier des ewigen Lebens zu finden.

Die Hoffnung der Menschen, der Übermacht des Todes etwas entgegensetzen zu können, erhielt gegen Ende des 19. Jahrhunderts mit dem rapide voranschreitenden medizinischen Fortschritt (1882 entdeckt Robert Koch den Tuberkulosebazillus, 1894 wird der Erreger der Pest gefunden usw.) neuen Auftrieb. Zum ersten Mal in der Geschichte der Menschheit eröffneten sich Heilungschancen, was wiederum die Frage aufwarf, ob der Tod wirklich unausweichlich war. Nicht anders erging es den Wissenschaftlern, die sich fragten, warum ein Körper nach und nach verfiel, warum einst reibungslose Funktionen plötzlich aufgegeben wurden, und man begann, die physiologischen Körperfunktionen genauer zu untersuchen. In diesen Untersuchungen liegen die Ursprünge der heutigen Wiederbelebungstechniken, der Organverpflanzungen, der genetischen Veränderungen und des Klonens – ja sogar der aktuellen Beschäftigung mit der Kryonik, einer möglichen Methode, sich einfrieren und in der Zukunft wiedererwecken zu lassen.

Das 19. Jahrhundert erlebte auch die Entwicklung des Spiritismus und des wachsenden Glaubens, daß nicht nur die menschliche Persönlichkeit nach dem Tod erhalten bliebe, sondern es auch möglich sei, mit den Seelen Verstorbener Kontakt aufzunehmen. An Geister hatten die Menschen schon immer geglaubt, an „verlorene Seelen", die verdammt waren, auf ewig rastlos umzugehen, doch der Spiritismus eröffnete eine ganz neue Vorstellungswelt: die einer Gemeinschaft von Geistern auf einer neuen, höheren Existenzebene, die nichts mit den althergebrachten Bildern von Himmel und Hölle gemeinsam hatte.

Doch trotz allem haben wir unsere Furcht vor dem Tod nicht verloren und noch keinen Weg gefunden, ihn zu überwinden. Letztlich trifft er uns alle.

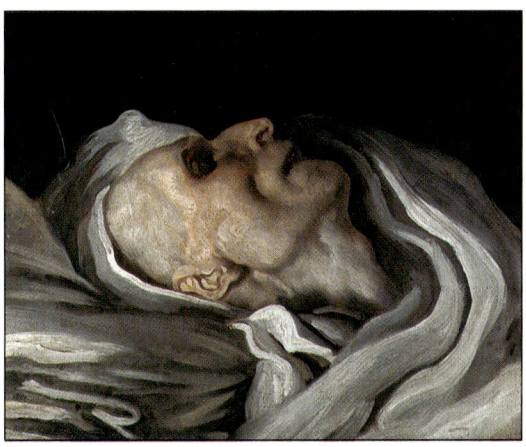

Unser aller Ende, wenn der letzte Atemzug den Körper verläßt: Der französische Maler Théodore Géricault schuf dieses Gemälde eines Toten 1818/19.

11

NEQVE ILLIC MORTVVS

KAPITEL 1

„DIE GRENZE, VON DER KEIN WANDRER WIEDERKEHRT"

W as meinen wir, wenn wir vom Tod sprechen? Da das Wort üblicherweise in der Bedeutung „Ende des Lebens" verwendet wird, macht jeder Versuch, den Tod zu definieren, auch eine Begriffsbestimmung des Lebens notwendig. Und das ist, wie Philosophen, Biologen und Parapsychologen schon seit langem erfahren müssen, kein einfaches Unterfangen.

Auf der untersten Stufe lebender Organismen lassen sich die einzelnen Zellen vieler Bakterien bei geringen Temperaturen dehydrieren und verwandeln sich in ein trockenes Pulver. In diesem Stadium sind sie allem Anschein nach tot und können jahrhundertelang darin verbleiben. Doch unter günstigen Umweltbedingungen ist es ihnen möglich, sich in einen Zustand zurückzuversetzen, in dem sie all ihre normalen Stoffwechselfunktionen wieder aufnehmen, in dem sogar Zellteilung und Vermehrung wieder möglich sind.

Der menschliche Körper ist nicht unsterblich, doch primitivere Lebensformen können eine kontinuierliche Existenz aufrechterhalten.

GEGENÜBERLIEGENDE SEITE: Ausschnitt aus einem Grabstein in Santa Maria del Popolo in Rom.

LINKS: Die Sporen, die ein Pilz freisetzt, können in scheinbar leblosem Zustand viele Jahre überstehen.

13

Andere Einzeller, wie etwa Pflanzensamen oder Pilzsporen, zeigen ein ähnliches Verhalten. Bleibt die molekulare Zusammensetzung der Zelle unverändert, sind sie in der Lage, sich weiter zu vermehren, wenn günstigere Umweltbedingungen eintreten. In der augenscheinlich toten Zelle muß sich ein „Lebensprinzip" erhalten. Doch wie dieses Prinzip genau beschaffen ist, weiß niemand.

Für solche relativ einfachen Lebensformen scheint der Tod nichts weiter als der temporäre Verlust ihrer Vermehrungsfähigkeit zu sein. Bei höher entwickelten Vielzeller-Organismen, deren einzelne Teilstrukturen spezifische Funktionen übernehmen, kann der Tod als die Beendigung aller Stoffwechselvorgänge definiert werden. Doch für das weit komplexere Wesen Mensch ist der Versuch, eine gültige Definition für den Tod zu finden, besonders in jüngster Zeit zu einem akuten Problem geworden. Viele tausend Jahre lang hatten die Menschen – was für einige Stammeskulturen heute noch gilt – kaum einen Zweifel daran, wann jemand für tot erklärt werden konnte. Der Tod war eingetreten, wenn der Betreffende nicht mehr atmete und sein Herz nicht mehr schlug. Doch die jüngeren Fortschritte der Medizin haben diese Kriterien zunichte gemacht. Die Atmung kann künstlich wieder in Gang gesetzt und das Herz wieder zum Schlagen gebracht werden.

Von ausschlaggebender Bedeutung für das Leben des Menschen (sowie aller höheren Formen tierischen Lebens) ist die ausreichende Zufuhr von Sauerstoff. Ohne Sauerstoff können die Körperzellen keine Energie mehr erzeugen und sterben nach und nach ab. Der britische Arzt J. B. S. Haldance betonte 1930, Sauerstoffmangel bringe „nicht nur die Maschine zum Stillstand, sondern zerstört auch ihre einzelnen Bestandteile". Normalerweise nehmen die Lungen Sauerstoff aus der Luft auf und geben ihn ans Blut weiter, das ihn dann mittels der Herzpumpe im

Lange bevor der englische Anatom William Harvey (1578–1657) das System des Blutkreislaufs entdeckte, hatten die Griechen (und andere) den Herzstillstand schon als sicheres Anzeichen des Todes erkannt.

ganzen Körper verteilt. Diese Vorgänge sind gänzlich voneinander abhängig, und wenn Lunge oder Herz aufhören zu arbeiten, tritt unverzüglich der Tod ein. Die heutigen Reanimationsmethoden zielen darauf ab, das Herz-Kreislauf-System wieder in Gang zu bringen. Wenn das nicht möglich ist, können Maschinen Atmung und Blutzirkulation des Patienten übernehmen.

SCHEINTOD

In einigen Fällen arbeiten Atmung und Blutkreislauf auf natürliche Weise weiter, jedoch so schwach, daß sie praktisch nicht mehr auszumachen sind. Diesen Zustand bezeichnet man als „Scheintod". Er kann infolge eines schweren Schocks durch einen Unfall, einen Stromschlag oder eine Barbiturats- oder Narkotikavergiftung auftreten. Auch die qualifiziertesten Ärzte lassen sich durch die todesähnliche Verfassung täuschen.

Eines Morgens beispielsweise wurde im Oktober 1969 eine junge Frau an einem Strand in der Nähe von Liverpool gefunden. Die Polizei rief sofort einen Arzt, der sie gründlich untersuchte. Obwohl ihr Körper noch warm war, konnte er keinerlei Lebenszeichen ausmachen und erklärte die Frau für tot. Kurz darauf wurde noch ein Pathologe hinzugezogen, der die Diagnose bestätigte.

Man brachte die Frau ins Leichenschauhaus. Drei Stunden später, als man gerade mit der Autopsie beginnen wollte, bemerkte ein Assistent, daß ihr rechtes Augenlid zuckte und eine Träne sich darin zu sammeln begann. Auf der Stelle wurde sie in warme Decken gehüllt und auf die nächste Intensivstation gebracht, wo ihr Zustand noch einige Stunden lang kritisch war, bevor sich ihr Befinden deutlich besserte. Im Krankenhaus stellte man auch fest, daß die junge

14

Frau eine Überdosis Beruhigungsmittel genommen hatte. Man verlegte sie auf die psychiatrische Station und entließ sie eine Woche später auf eigenen Wunsch – sie hatte sich wieder vollkommen erholt.

Viele Yogis der östlichen Welt behaupten, bewußt und freiwillig einen dem Scheintod vergleichbaren Zustand herbeiführen zu können. Sie nennen ihn *Samadhi*, die achte und letzte Stufe des Hatha Yoga. Es kursieren zahllose Geschichten über tibetische Mönche, die etwa wochenlang im Schnee des Himalaja in Meditation versunken verbringen, doch nur wenige davon wurden durch unabhängige Beobachter bestätigt.

Ein bemerkenswerter Fall wurde 1838 in Lahore protokolliert. Als Zeugen waren der Sikh-Führer Maharaja Ranjit Singh, der englische General Sir Claude Wade und mehrere andere britische Offiziere anwesend. Vor den Augen der Beobachter versetzte sich ein Yogi, der auf einem weißen Tuch auf dem Boden saß, in Trance. Dann wurden die Ecken des Tuchs über seinem Kopf zusammengebunden und sein erstarrter Körper in eine Kiste versenkt, die mit Vorhängeschlössern verriegelt und anschließend in einer Grube in einem Gartenhäuschen vergraben wurde. Die Türen der Hütte wurden verschlossen, und davor postierte man Tag und Nacht Wachen. 30 Tage später wurde die Kiste in der Gegenwart des Maharajas, General Wades und eines Arztes namens McGregor in intaktem Zustand wieder ausgegraben. Der Körper des Yogis erschien leblos, doch nach einer leichten Massage durch seinen Assistenten erlangte er das Bewußtsein wieder und war zwei Stunden später in der Lage, zu sprechen.

Dieser Yogi verdiente seinen Lebensunterhalt durch Vorführungen solcher Art, was an die (natürlich auf ganz anderem Niveau angesiedelten) Tricks des amerikanischen Entfesslungskünstlers Harry Houdini denken läßt. Doch alle Zeugen waren überzeugt von der Echtheit der Demonstration. Auch heutige medizinische Autoritäten räumen

ein, daß eine künstliche Stoffwechselsenkung dieser Art möglich ist. Einige Forscher haben im Verlauf ihrer Studien auf die Ähnlichkeit zwischen einigen Formen der *Samadhi* und bestimmten Drogenerfahrungen, z. B. bei LSD, hingewiesen.

Aufgrund der unzuverlässigen Kriterien bei Scheintoten ist es mittlerweile üblich, ein Elektro-Enzephalogramm (EEG) anzufertigen, das die elektrische Gehirnaktivität mißt. Selbst wenn das Herz nicht mehr schlägt, kann doch das Gehirn noch kurze Zeit am Leben bleiben, obwohl dann graduell fortschreitende neurologische Schäden auftreten. Doch selbst auf EEG-Ergebnisse kann man sich nicht vollständig verlassen. Das Fehlen elektrischer Gehirnströme, auch als „Hirntod" bezeichnet, kann manchmal bis zu elf Stunden andauern, wenn die Herztätigkeit wiederhergestellt werden kann.

Ein typischer Fall ist der einer älteren Frau, die mit einer Überdosis Natrium-Barbital ins Krankenhaus eingeliefert wurde, zu diesem Zeitpunkt auf nichts mehr reagierte und keine meßbaren EEG-Aktivitäten zeigte. Nach acht Stunden maß man eine geringe Gehirnaktivität, obwohl ihr Körper noch auf keinerlei Reize reagierte. Die EEG-

Yogis wie diese jungen buddhistischen Mönche behaupten, bewußt und freiwillig einen dem Scheintod vergleichbaren Zustand herbeiführen zu können..

IN EINIGEN FÄLLEN ARBEITEN ATMUNG UND BLUTKREISLAUF AUF NATÜRLICHE WEISE WEITER, JEDOCH SO SCHWACH, DASS SIE NICHT MEHR LEICHT AUSZUMACHEN SIND. DIESEN ZUSTAND BEZEICHNET MAN ALS „SCHEINTOD".

*RECHTS: In den Not-
aufnahmen und In-
tensivstationen der
Krankenhäuser kön-
nen Patienten wieder
zum Leben erweckt
werden, die sonst
unweigerlich gestor-
ben wären. Dieser
komatöse Mann ist an
ein Beatmungsgerät
angeschlossen, und ein
Monitor überwacht
seine Vitalfunktionen.*

*UNTEN: Moderne
medizinische Techno-
logie ermöglicht es,
das menschliche
Gehirn und seine
Aktivität visuell auf-
zuzeichnen, wobei
Bilder wie dieses ent-
stehen. Der Hirntod
ist heute die einzig
akzeptable Definition
des endgültigen Todes.*

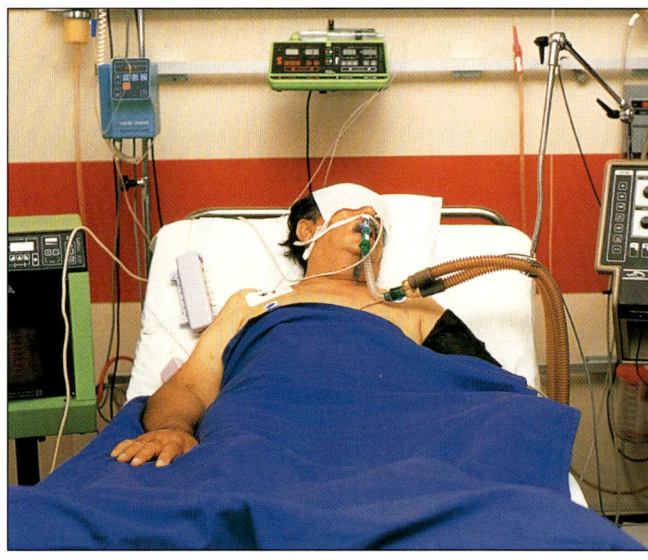

Werte stiegen langsam an und waren einen Monat später wieder ganz normal. Der Ausdruck
„Hirntod" bedeutet nicht, daß auch die Hirnrin-
de abgestorben wäre, also jener Bereich, der vor
allem für die sensorische Wahrnehmung zustän-
dig ist. Er bezieht sich auf die zentralen Abschnitte
des Hirnstamms, die Atmung, Kreislauf und Blutdruck steuern. Ein echter Hirntod ist erst eingetreten, wenn diese Zentren unwiderruflich aufge-
hört haben zu arbeiten.

Ein weiterer todesähnlicher Zustand ist das
Koma. Es kann beispielsweise auf ein chemisches
Ungleichgewicht im Körperhaushalt, wie etwa bei
Diabetes, zurückzuführen sein, doch meist ist eine Gehirnschädigung die Ursache, die entweder
durch einen Unfall hervorgerufen wurde oder
durch ein geplatztes oder verschlossenes Blutge-
fäß im Gehirn, was man im allgemeinen als Schlaganfall bezeichnet. Häufig betrifft die Schädigung
nur bestimmte körperliche oder mentale Funktionen; die lebenswichtigen Vorgänge Blutkreislauf
und Atmung aber bleiben erhalten. Es gibt viele
Fälle von Komapatienten, die klinisch zwar noch
am Leben sind, doch keine Hirnaktivität zeigen
und nur noch reglos dahinvegetieren.

DEFINITION DES HIRNTODS

1958 beschrieben französische Neurologen einen
Zustand, den sie als *coma dépassé* bezeichneten.
Patienten in dieser Verfassung hatten einen irre-
parablen Hirnschaden erlitten und konnten nur
mit einem Beatmungsgerät am Leben erhalten

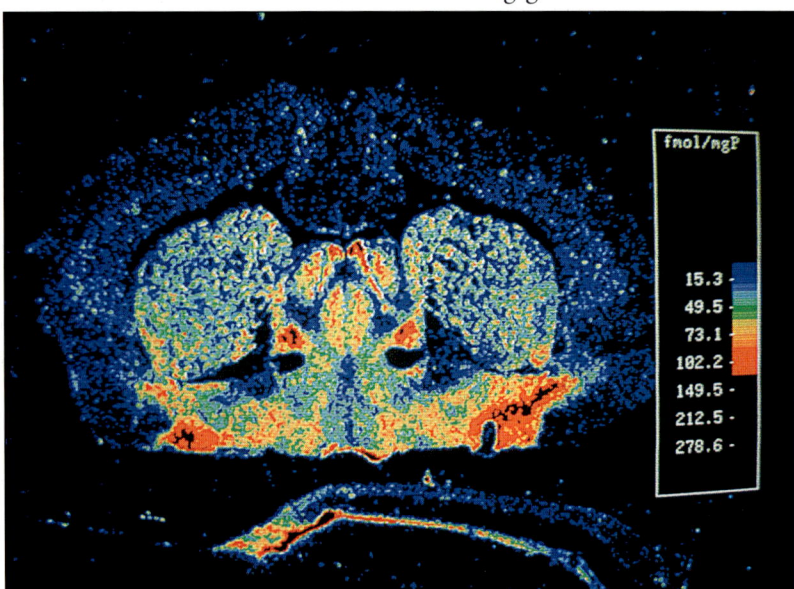

	fmol/mgP
	15.3
	49.5
	73.1
	102.2
	149.5
	212.5
	278.6

werden. Sie reagierten nicht auf Reize, und ihr
Körper war auch nicht in der Lage, Temperatur
oder Blutdruck zu kontrollieren. Sie hatten auch
keine Gewalt über die Blasenfunktion. Neurologen betrachteten diesen Zustand als „Grenzstadi-
um" zwischen Leben und Tod. Normalerweise trat
nach ein paar Tagen der Herzstillstand ein.

Zwei Jahre später, 1968, erschien ein Artikel
der Harvard Medical School mit dem Titel: „Eine Definition des irreversiblen Komas". Darin wurden folgende Kriterien zur Feststellung des Hirn-
tods aufgezählt: Der Patient sollte nicht in der Lage sein, ohne maschinelle Hilfe zu atmen, keinerlei Reflexreaktionen des Hirnstamms oder Rück-
grats und 24 Stunden lang keinerlei EEG-Akti-
vität zeigen. Erst wenn diese Voraussetzungen erfüllt waren, konnte das Beatmungsgerät ausge-
schaltet und der Patient für tot erklärt werden.
1976 und 1979 veröffentlichte die englische Uni-
versitätsvereinigung Conference of Royal Colle-
ges and Faculties of the United Kingdom zwei Be-
kanntmachungen. Die erste legte die klinischen
Merkmale des Hirnstammtodes fest, und die zweite setzte den Hirnstammtod mit dem klinischen
Tod gleich. In den Vereinigten Staaten brachte die
Commission for the Study of Ethical Problems in
Medicine and Biomedical and Behavioral Research
(„Kommission zur Erforschung ethischer Probleme in Medizin und biomedizinischer und beha-
vioristischer Forschung") einen Bericht heraus, in
dem sehr ähnliche Kriterien aufgezählt wurden.
Die Kommission schlug ein Modell für eine ein-
heitliche Bestimmung des Todes vor. Dieses Mo-

dell wurde von der Ärztevereinigung American Medical Association und anderen offiziellen Gremien gebilligt und von den meisten Staaten übernommen. Es gilt als weltweit anerkannt.

RECHTLICHE IMPLIKATIONEN

Die Entscheidung darüber, wann ein Mensch gestorben ist, kann weitreichende rechtliche Folgen haben. Die Festsetzung der Todeszeit ist beispielsweise bei Erbschaftsangelegenheiten oft von entscheidender Bedeutung. Wenn jemand etwa testamentarisch bestimmt, daß sein Vermögen an einen bestimmten Erben gehen soll, im vorherigen Todesfall dieses Erben aber an einen anderen, dann ist es bei einer ähnlichen Todeszeit der beiden wichtig, genau festzulegen, wer zuerst gestorben ist. Auch im Zusammenhang mit der Lebensversicherung können Probleme auftreten, etwa wenn ein Beitrag noch nicht gezahlt wurde und der Versicherungsschutz ab einem bestimmten Datum verfallen würde.

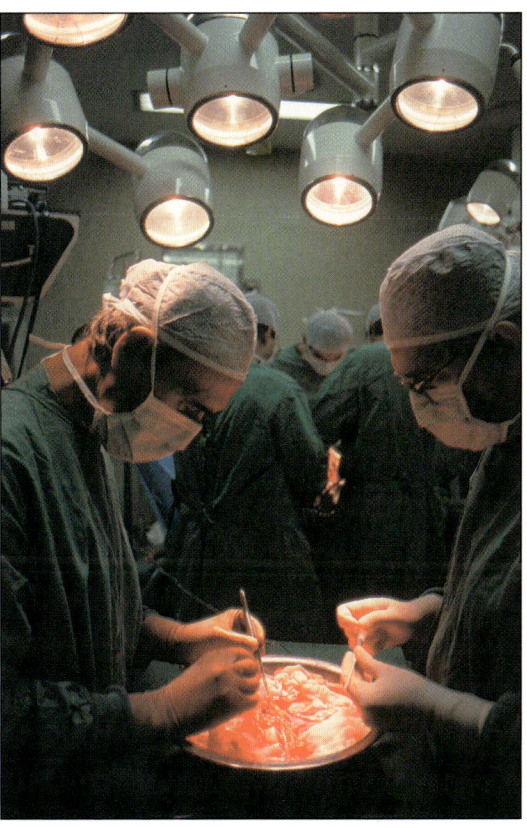

Der Todeszeitpunkt eines Patienten allein kann also schon eine schwere Last für den verantwortlichen Arzt darstellen. In Fällen eines unerwarteten Todes – besonders wenn der Leichnam erst später gefunden wird, bei einem Unfall, Selbstmord oder sogar Mord – muß der Arzt den ungefähren Zeitpunkt des Todes bestimmen können. In einer Leiche findet eine Reihe bestimmter Prozesse statt (dazu später mehr), anhand derer eine Schätzung der seit dem Todeseintritt vergangenen Zeitspanne möglich ist. Doch solche Schätzungen können immer nur einen ungefähren Wert wiedergeben.

Mit der Entwicklung moderner Organverpflanzungsmethoden folgten weitere rechtliche Komplikationen. Selbst wenn die lebensnotwendigen Vitalfunktionen unwiderruflich versagen, bleiben doch viele Körperzellen noch eine begrenzte Zeit am Leben. Wenn ein Organ entnommen und in den Körper eines anderen Patienten verpflanzt werden soll, muß das so rasch wie möglich geschehen. Doch wer entscheidet, ob der betreffende Organspender tatsächlich tot ist? Eine gewisse Versuchung, die Sache zum Vorteil des wartenden Organempfängers zu beschleunigen, kann nicht ausgeschlossen werden. Beispielsweise zog die erste Herztransplantation, die am 25. Mai 1968 am Medical College of Virginia in Richmond ausgeführt wurde, eine Klage wegen ärztlichen Fehlverhaltens nach sich. Der Organspender war durch künstliche Beatmung am Leben erhalten worden. Das Beatmungsgerät wurde abgestellt und der Patient bereits fünf Minuten später für tot erklärt, damit die Transplantation so schnell wie möglich beginnen konnte.

Außer einzelnen Organen können auch ganze Gewebeteile verpflanzt werden. Im September 1998 berichteten Ärzte aus Lyon, daß sie erfolgreich eine neue Hand auf den Armstumpf eines Australiers, der seine eigene Hand zehn Jahre zuvor bei einem Kettensägenunfall verloren hatte, transplantiert hatten.

Auch Eizellen und Spermien können nach Eintritt des klinischen Todes erhalten bleiben. Die englische Witwe Diane Blond entschied sich 1998 für eine künstliche Befruchtung durch das Sperma ihres verstorbenen Ehemanns. Ihr Anliegen wurde zunächst mit der Begründung abgelehnt, daß dieser nicht seine ausdrückliche Zustimmung dazu gegeben habe, und sie mußte ihren Fall erst der höchsten Instanz vortragen, bis ihre Bitte ge-

Die Möglichkeit zur Verpflanzung menschlicher Organe hat viele ethische Fragen darüber aufgeworfen, ab wann ein Spender für klinisch tot erklärt werden kann.

währt wurde. Sie bekam später einen gesunden kleinen Jungen. Eine Transplantation darf ohne Erlaubnis nicht durchgeführt werden. Entweder sollte der Spender zu Lebzeiten schriftliche Anweisungen geben, daß seine Organe verpflanzt werden dürfen, oder die Erlaubnis muß von den Verwandten eingeholt werden.

Den Augenblick des Todeseintritts, den unwiderrufliche Stillstand der Vitalfunktionen, bezeichnet man medizinisch als somatischen Tod. Doch obwohl zu diesem Zeitpunkt kein Sauerstoff mehr die Körperzellen erreicht, dauert eine Reihe von Stoffwechselvorgängen noch einige Zeit an, was als molekularer Tod bezeichnet wird.

STADIEN DES TODES

Sobald das Blut nicht mehr durch den Körper gepumpt wird, verlangsamt sich der Blutfluß merklich. Langsam sammelt es sich in den unteren Körperpartien (je nach Position des Leichnams) und verleiht der Haut dort eine rötlich-violette Färbung. Diesen Zustand bezeichnet man als Hypostase. Wird der Leichnam später bewegt, zeigt die Hypostase seine ursprüngliche Position an. Weil die Zellen nicht länger Energie erzeugen, fällt die Körpertemperatur. Eine der ältesten Methoden zur Bestimmung des Todeszeitpunktes ist das Messen dieser Temperatur, was allerdings nur recht ungenaue Ergebnisse bringt. Zu viele Variablen

müssen berücksichtigt werden: die umgebende Lufttemperatur, der Körperbau (korpulente Körper kühlen langsamer ab als schlanke), die Art der Bekleidung und die Möglichkeit, daß der Betreffende an Unterkühlung gestorben sein könnte, was bedeuten würde, daß seine Körpertemperatur bereits vor Eintritt des Todes gesunken ist.

Die nächste deutliche Veränderung tritt mit dem Stadium der Leichenstarre ein. Zunächst bleibt der Leichnam noch biegsam, doch nach und nach versteifen sich die Muskeln durch chemische Reaktionen. Zuerst erstarren die Muskeln der Augenlider, des Gesichts, Unterkiefers und Halses, es folgen die des Rumpfs und die der Gliedmaßen. Die Leichenstarre beginnt für gewöhnlich vier Stunden nach Eintritt des Todes und ist nach etwa sechs Stunden abgeschlossen. Mit dem Zerfall der Muskelfasern vergeht die Starre dann nach etwa 36 Stunden wieder. Doch auch der Zeitpunkt von Eintritt und Vergehen der Totenstarre wird von äußeren Faktoren beeinflußt. Sehr hohe Temperaturen, etwa die Hitze bei einem Brand, können die Muskeln zur sofortigen Kontraktion und Erstarrung bringen. Brandopfer findet man oft mit geballten Fäusten und angezogenen Knien (in der sogenannten „Faustkämpferposition").

Sehr selten – in Fällen außerordentlich intensiver Emotion oder Gewalttätigkeit – tritt die Leichenstarre sofort ein. Es kursiert zum Beispiel die Geschichte eines Krimkrieg-Soldaten, dessen

UNTEN LINKS: Starke Hitze, etwa bei einem Brand, bringt die Muskeln eines sterbenden Körpers dazu, sich sofort zusammenzuziehen und zu erstarren. Brandopfer wie dieses aus der Vulkanasche des antiken Pompeii werden oft in der sogenannten „Faustkämpferposition" gefunden – mit geballten Fäusten und angezogenen Knien.

UNTEN RECHTS: Viele glauben fälschlicherweise, daß ungelöschter Kalk Leichname zerstöre. Doch tatsächlich wirkt der Kalk konservierend. Hier der Leichnam eines nordvietnamesischen Soldaten, der 1969 im Kampf fiel.

GEGENÜBERLIEGENDE SEITE: Obwohl das Körpergewebe nach dem Tod rasch zerfällt, können die Knochen – je nach herrschenden Bedingungen – noch jahrhundertelang erhalten bleiben. Das beweist dieses Skelett aus dem Trondheimer Dom.

Körper auf seinem Pferd sitzen blieb, nachdem er von einer Granate getötet worden war. Auf ähnliche Weise blieb 1870 im Deutsch-Französischen Krieg in der Schlacht bei Sedan ein durch eine Granate enthaupteter Soldat aufrecht und mit festem Griff um seinen Becher sitzen.

Die Körpermuskeln können einige Zeit lang aktiv bleiben (jeder Biologiestudent lernt, daß man das Herz eines toten Froschs durch elektrische Reize weiterschlagen lassen kann), doch vom Augenblick des Todes an beginnt der Körper zu verwesen, was allerdings erst nach einigen Tagen sichtbar wird – normalerweise. Teils ist die Verwesung auf Enzymaktivität in den Zellen zurückzuführen, doch die Hauptursache dafür sind Bakterien. Sie kommen aus den Eingeweiden und befallen von dort aus das übrige Gewebe, können aber auch aus der äußeren Umgebung der Leiche stammen. Die ersten Anzeichen der Verwesung zeigen sich im unteren rechten Bauchabschnitt, wo Bakterien aus den Gedärmen das Hämoglobin des Blutes in grünliche Bestandteile zerlegen. Im Verlauf der bakteriellen Vermehrung treten dann die Venen auf den Schenkeln und Schultern in rötlichen oder grünlichen Konturen hervor, bis etwa eine Woche später der ganze Leichnam marmoriert erscheint.

Im nächsten Stadium bilden sich Gase in den Körperhöhlen, und Blasen erscheinen auf der Haut, die sich abzulösen beginnt. Die Gase lassen Zunge und Augen hervorquellen, und aus Mund und Nase treten Körperflüssigkeiten aus. Dieses Stadium kann auch früher einsetzen, was in einem Fall einen Ehemann des Mordes verdächtig machte. Man wußte, daß er Streit mit seiner Frau gehabt und im Zorn das Haus verlassen hatte. Am nächsten Tag fand man die Leiche der Frau mit bereits aus dem Mund fließendem Blut. Daher ging man davon aus, daß ihr Mann sie getötet habe. Schließlich stellte sich heraus, daß sie an einer Überdosis Valium gestorben und an dem betreffenden heißen Sommertag bereits nach 24 Stunden in diesen relativ fortgeschrittenen Verwesungszustand versetzt worden war.

> ES GILT DIE GRUNDREGEL, DASS EIN LEICHNAM AN DER LUFT DOPPELT SO SCHNELL VERWEST WIE IM WASSER UND VIERMAL SO SCHNELL WIE EIN BEGRABENER.

Wenn der Leichnam im Freien liegen bleibt, legen Fliegen ihre Eier in jede erreichbare Körperöffnung. Folglich entwickeln sich Maden, deren Untersuchung weitere Hinweise auf den Todeszeitpunkt möglich macht. Die Verwesungsgeschwindigkeit hängt von äußeren Umständen ab, doch nach einigen Wochen verflüssigt sich das Gewebe, auch wenn einige wenige Organe wie der Uterus oder Drüsen wie die Prostata mehrere Monate lang unverändert bestehen bleiben können. Es gilt die Grundregel, daß ein Leichnam an der Luft doppelt so schnell verwest wie im Wasser und viermal so schnell wie ein begrabener. Nach einigen Monaten (manchmal auch schon früher) beginnt eine im Wasser liegende Leiche – manchmal reicht schon ein feuchter Boden aus –, Adipocire zu bilden. Dieses sogenannte Leichenwachs ist eine graue seifenartige Substanz, die durch chemische Veränderungen im Körper entsteht. Adipocire kann die Körperform erhalten helfen, so daß das Gesicht selbst nach Jahren noch erkennbar bleibt. Ein in heißer, trockener Umgebung liegender Leichnam kann im Gegensatz dazu durch die rasche Sonnentrocknung erhalten bleiben. Diese Art natürlicher Mumifizierung ist nach einigen Monaten abgeschlossen und hält mehrere Jahre vor, während der die Gesichtszüge erkennbar bleiben. Totgeborene oder direkt nach der Geburt von ihren Müttern getötete und versteckte Babys wurden häufig mumifiziert, weil in ihrem Körper noch keine entsprechenden Bakterien vorhanden waren.

Letztlich jedoch verwandeln sich die meisten Toten in Skelette, und das Gewebe wird durch verschiedene Wirkstoffe zersetzt. In gemäßigten Klimazonen ist ein Großteil des Gewebes nach einem oder zwei Jahren völlig verschwunden, doch Sehnen, Bänder, Haare und Nägel bleiben sehr viel länger erhalten. Gleiches gilt für die Knochen, so daß Pathologen anhand des Skeletts Alter und Geschlecht eines Toten ungefähr einschätzen können.

EINSTELLUNGEN ZUM TOD

Die verschiedenen menschlichen Kulturen haben ein ganzes Spektrum unterschiedlicher Ansichten über den Tod zu bieten. An einem Ende der Skala stehen diejenigen, die eingestehen, sich schon vor dem Gedanken an den Tod zu fürchten und sich weigern, das Thema auf irgendeine Weise zu erörtern, ob es nun um den eigenen Tod oder um den anderer geht. Am anderen Ende findet man jene, die den Tod nicht nur als natürliches Ende des Lebens akzeptieren, sondern schon ungeduldig darauf warten, zu entdecken, was danach kommt. Dazwischen lassen sich zahlreiche weitere Vorstellungen einordnen: der Tod als furchterregende Ursache unerträglicher Trauer, der Tod als etwas, das nur andere betrifft, gegen das man selbst aber immun ist, der Tod als unvermeidliche Tatsache, in die es sich zu fügen gilt, der Tod als Zeit, in der das vergangene Leben gefeiert werden kann, oder der Tod als Erleichterung, in die man, wie der Dichter John Keats es ausdrückt „halb verliebt" ist.

All diese Einstellungen setzen allerdings eine friedliche und schmerzfreie Todesart voraus. In unserer westlichen Gesellschaft wird große Sorgfalt darauf verwendet, die Lebenden von den häßlicheren Aspekten des Todes abzuschirmen. Der geschlossene Sarg schafft Distanz zwischen Toten und Trauernden, die nur noch ihre Erinnerungen an den lebenden Menschen sehen, der offene Sarg präsentiert einen von Kosmetikern sorgsam hergerichteten Leichnam. Meist bleibt der Leichnam des Verstorbenen vor der Beerdigung nicht länger im Haus, sondern wird gleich im Beerdigungsinstitut aufgebahrt. Andererseits ist es gerade der Schrecken des Todes, der stets ganze Massen an Neugierigen zu den Schauplätzen tödlicher Unfälle zieht. In seinem Buch *Disaster* (1974) schreibt Allen Troy: „Die Vielzahl der Motive, die zu dem Verlangen führen, sich an einem Katastrophenschauplatz zu versammeln, beginnt vielleicht bei der Ersatzbefriedigung gewalttätiger Phantasien durch den Anblick eines zerquetschten Körpers oder eines abgetrennten Beins und reicht bis zur begeisterten Selbstbestätigung durch die Tatsache, daß es einem selbst gelungen ist, einem solchen Unglück zu entgehen."

Ein gewaltsamer Tod ruft als Reaktion oft primitive Instinkte hervor. Über 100 000 Menschen haben beträchtliche Entfernungen zurückgelegt, nur um ein Feld vor Paris anschauen zu können, wo der Serienmörder Jean-Baptiste Troppmann 1869 sieben seiner acht Opfer getötet und vergraben hatte. Tausende fuhren 1899 mit dem Zug nach Palmetto in Georgia, um sich dort am Martyrium eines Farbigen zu ergötzen, der gelyncht werden sollte. Und als „Staatsfeind Nr. 1" John Dillinger 1934 vor dem Biograph Cinema in Chicago von einem FBI-Agenten niedergeschossen

Der Tod besitzt in all seinen Erscheinungsformen eine grausame Faszination für die Lebenden. In Ländern, in denen Menschen immer noch öffentlich hingerichtet werden, zieht dieses Ereignis regelmäßig riesige Zuschauermengen an – hier 1996 im Libanon, als zwei verurteilte Mörder gehängt wurden.

Die amerikanische Psychologin Elisabeth Kübler-Ross, deren Definition der fünf Phasen auf dem Weg in den Tod großen Einfluß auf die Behandlung unheilbar Kranker hatte.

wurde, tauchten die Passanten ihre Kleidung, oder Taschentücher in die Blutlache, um eine Erinnerung mitnehmen zu können.

Mit dem Alter kann sich die Einstellung zum Tod ändern. Eine Reporterin des *Miami Herald* schrieb 1992 über das Ertrinken eines Schwimmers:

Junge Menschen lockt der Tod auf morbide Weise an. Sie bringen sogar ihre Babys und kleinen Kinder mit und sehen mit ihnen diesem schauerlichen Ereignis zu ...

Die älteren nehmen keine solche Mühe auf sich, um einen Toten zu sehen. Sie bemühen sich allerdings auch nicht gerade, diesem Anblick aus dem Weg zu gehen. Ältere Badegäste schlüpfen verstohlen unter die gelben Polizeiabsperrungen, die den auf der Straße liegenden Leichnam umgeben, sie schleppen ihre Liegestühle mit und defilieren langsam an dem Toten vorbei – natürlich nur, weil er zufällig direkt auf ihrem Weg liegt. Warum einen Umweg für den Tod machen?

Wie jedoch Christine Quigley in ihrer Untersuchung *The Corpse: A History* (1996) bemerkt:

Die Zeit löscht die Angst und die Ehrfurcht, die wir im Angesicht des Todes und seiner Opfer empfinden, nicht aus ... Wir schauen eine Leiche an, um Unterschiede zwischen ihr und uns auszumachen. Wenn der tote Körper einem 70jährigen gehört, können junge Menschen aufatmen und den Tod als Teil der natürlichen Ordnung betrachten. Doch ist es ein 20jähriger, der bei einem Verkehrsunfall gestorben oder eine 30jährige, die einem Serienmörder zum Opfer gefallen ist, sehen wir uns jäh mit der Tatsache konfrontiert, daß wir bestenfalls geringe Kontrolle über den Tod besitzen. Die Furcht vor dem Tod ist heute großteils die Furcht vor dem Versagen der modernen Medizin, doch es war immer schon die Furcht, daß es uns selbst als nächstes treffen könnte.

PSYCHOLOGIE DES STERBENS

In den meisten Kulturen bedeutet der Tod eine Zeit der Trauer – stets über den Verlust eines geliebten Menschen, und im Fall von Kindern und jungen Menschen auch darüber, daß sie sterben mußten, bevor sie ein erfülltes Leben beenden konnten. Doch es herrscht auch ein gewisser gesellschaftlicher Druck: Man erwartet, daß um Verstorbene getrauert wird, und Bestattungsrituale sollen es den Hinterbliebenen ermöglichen, ihre Trauer zum Ausdruck zu bringen (vgl. Kapitel 4).

Was aber empfinden Sterbende selbst? Jeder hofft, einen „guten Tod" zu sterben, doch das ist nicht immer möglich. Die Menschen starben in der westlichen Welt noch bis vor kurzem so ruhig und zufrieden, wie sie es in Anbetracht ihrer physischen Kondition vermochten, im Kreis der Familie und in Anwesenheit eines Geistlichen, der die Sterbezeremonie ausführte. Tolstoi beschreibt in der Erzählung *Der Tod des Iwan Iljitsch* (1886) den Tod eines alten Kutschers, der resigniert bemerkt: „Der Tod ist hier, das steht nun einmal fest".

Die Fortschritte der modernen Medizin aber haben all das radikal verändert. In sehr vielen Fällen werden aus sterbenden Menschen sterbende Patienten. David Wendell Moller schreibt in seinem Buch *Confronting Death* (1996):

Der moderne Mensch wird als Sterbender erst identifiziert, wenn seine Krankheit objektiv und klinisch diagnostiziert worden ist. Zusätzlich zur medizinischen Diagnose muß ein subjektives Etikett die Zustandsbeschreibung begleiten. Dazu gehört die Überzeugung der Ärzte, daß die Krankheit mit aller Wahrscheinlichkeit mit dem Tod des Patienten enden wird. Zu der Erkenntnis, daß man stirbt, gelangt man, wenn man das subjektive Etikett akzeptiert, das zur medizinischen Diagnose gehört. Daher kann sich niemand mehr aufgrund persönlicher Einschätzung zum Sterbenden erklären ...

Das Forschungsgebiet, das sich mit Sterbenden befaßt, wird als „Thanatologie" bezeichnet (griech. *thanatos,* der Tod). Eine der berühmtesten Thanatologen ist die amerikanische Ärztin Elisabeth Kübler-Ross. Als kleines Kind erlebte sie mit, wie ein benachbarter Farmer, der von einem Baum gestürzt war, in Würde starb:

Seine einzige Bitte, daheim sterben zu dürfen, erfüllte man sofort ... Trotz großer Schmerzen ordnete er ruhig seine Angelegenheiten ... Als der Bauer gestorben war, blieb er bis zur Beerdigung in dem Haus, das er selbst gebaut und sehr geliebt hatte, blieb unter Freunden und Nachbarn.

In ihrem bekanntesten Buch *On Death and Dying* (1969, dt. *Interviews mit Sterbenden*) stellt Kübler-Ross diesen würdigen Tod dem Schicksal so vieler Krankenhauspatienten gegenüber:

Sicher gibt es mehrere Motive für die Flucht vor der Realität des Todes, doch das wichtigste liegt vielleicht in der Tatsache, daß Sterben heute grausamer als früher ist, so einsam, so mechanisiert und unpersönlich, daß man zuweilen nicht mehr angeben kann, in welchem Augenblick der Tod eintritt. Die Einsamkeit, die unpersönliche Behandlung setzen schon ein, wenn der Kranke aus der gewohnten Umgebung herausgerissen und hastig ins Krankenhaus geschafft wird ... Er mag um Ruhe, Frieden und Würde flehen — man wird ihm Infusionen, Transfusionen, die Herz-Lungen-Maschine, eine Tracheotomie (Luftröhrenschnitt) verordnen — was eben medizinisch notwendig erscheint. Vielleicht sehnt er sich nur danach, daß ein einziger Mensch einmal einen Augenblick bei ihm stillhält, damit er ihm eine einzige Frage stellen kann — doch ein Dutzend Leute macht sich rund um die Uhr an ihm zu schaffen, kümmert sich um seine Herz- und Pulsfrequenz, um Elektrokardiogramm und Lungenfunktionen, um seine Sekrete und Exkremente — nur nicht um ihn als Persönlichkeit ... Konzentrieren wir uns auf Blutdruckmesser und andere Instrumente, weil wir den drohenden Tod nicht sehen wollen, der so furchtbar und erschreckend ist, daß wir unser ganzes Wissen auf Apparaturen übertragen? Denn Instrumente bedrücken uns weniger als die leidenden Züge eines menschlichen Wesens, das uns wieder einmal an die eigene Ohnmacht erinnert, an unsere Grenzen, unser Versagen, unsere eigene Sterblichkeit.

Mit Hilfe von Interviews mit etwa 200 Sterbenden legte Kübler-Ross fünf Abschieds- oder Sterbephasen fest. Die erste, meist rasch vorüber-

gehende, besteht im Ableugnen, dem Nichtwahrhabenwollen der Unvermeidlichkeit des Todes. Die zweite ist der Zorn: „Auf das Nichtwahrhabenwollen folgen meistens Zorn, Groll, Wut, Neid.". Sie erkannte, daß zornige Patienten ihre Familie ebenso wie das Krankenhauspersonal vor Probleme stellen, und ruft ihre Leser zum Verständnis für die Gefühle der Betroffenen auf. Die dritte Phase, die Kübler-Ross als „Verhandeln" mit der Medizin oder mit Gott bezeichnet, besteht in dem Versuch, mehr Zeit für sich zu gewinnen. Sie vergleicht diese Phase mit den kleinen Handeln, die Kinder oft bei ihren Eltern zu erreichen versuchen. Sie betont, daß auch Patienten, denen es gelingt, den „erhandelten" Zeitpunkt zu erleben, nicht immer dazu bereit sind, danach den Tod zu akzeptieren. Die vierte Phase ist die Depression, die sie in reaktive und vorbereitende Typen einteilt. Die reaktive Depression ist eine Reaktion auf alles, das mit dem Sterbevorgang eingebüßt wird: Selbstwertgefühl, Besitz usw. Die vorbereitende bezieht sich auf drohende weitere Verluste: „Der Kranke aber ist im Begriff, alle und alles zu verlieren, was er geliebt hat. Wer seinen Schmerz ausdrücken darf, kann sich leichter mit seinem Schicksal abfinden ..." Die letzte Phase schließlich besteht in der Zustimmung, der Annahme des Todes:

Nun kommt die Zeit der „letzten Ruhe vor der langen Reise" ... Unsere Kommunikation beschränkt sich mehr auf Gesten als auf Worte ... Der Kranke hält unsere Hand und bittet uns schweigend, bei ihm zu sitzen ... Er erkennt beruhigt, daß er nicht alleingelassen wird, auch wenn er nicht mehr spricht; sein Blick, ein Zurücksinken in die Kissen sagen oft mehr als alle „lauten" Worte.

Der offene Ausdruck der Trauer um einen Verstorbenen spielt eine wichtige Rolle bei der Bewältigung des Todes. In seinen letzten Phasen, so Kübler-Ross, sollte auch der Sterbende selbst Gelegenheit bekommen, seinen Schmerz zu artikulieren.

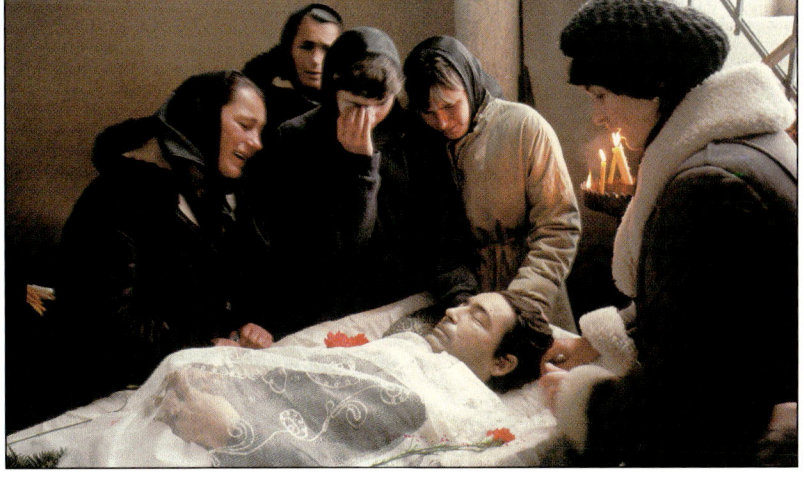

KAPITEL 2

MYTHEN VON STERBLICHKEIT UND TOD

Seit Urzeiten machen die Menschen sich Gedanken über den Tod. Warum sterben wir? Ist der Tod das unvermeidliche Ende des Lebens oder eine Art Bestrafung? Verschiedene Erklärungsversuche finden sich in den Mythen und Legenden, die auf der ganzen Welt zu diesem Thema entstanden sind.

„Ein Mythos", so der britische Anthropologe Cortie Burland in *Myths of Life and Death* (1974) „ist eine Wahrheit in irrationaler Form. Er erzählt mit Hilfe von Bildern und Gedanken eine Geschichte in ihrem eigenen Kontext; eine Art verhüllte Wahrheit, die wegen ihrer Verhüllung um so schmackhafter wird." Mythen sind nicht etwa dem Volksgut primitiver Gemeinschaften vorbehalten, sie halten sich selbst in den höchstentwickelten Gesellschaften hartnäckig.

Die meisten Mythen über den Grund des Todes gehen davon aus, daß die Menschen ursprünglich als unsterblich geschaffen wurden und sich der Tod als Eindringling zwischen sie und das ewige Leben stellte. Doch für sein Eingreifen werden verschiedene Gründe angenommen. In einigen Mythen entsteht er irrtümlich als Ergebnis einer mißverstandenen Botschaft. In anderen wird er uns als Strafe für Ungehorsam, Undankbarkeit oder Dummheit geschickt (wie etwa in der jüdisch-christlichen Geschichte von Adam und Eva). In

wieder anderen Überlieferungen ist der Tod das Ergebnis einer Übereinkunft zwischen den Göttern oder zwischen den ersten Männern und Frauen. Viele der Darstellungen scheinen davon auszugehen, daß die Menschen nur aufgrund eines unglücklichen Zwischenfalls nicht mehr in der Lage sind, ihr Leben immer wieder von vorn zu beginnen wie die Schlange, von der viele glaubten, daß sie bei jeder neuen Häutung Unsterblichkeit erlange.

AFRIKANISCHE MYTHEN

Die Vorstellung, daß die Botschaft von der Unsterblichkeit falsch oder zu spät überbracht wurde, zieht sich durch viele der afrikanischen Mythen. Es gibt verschiedene Fassungen der Geschichte vom Chamäleon, das von Gott ausgesandt wurde, um den Menschen zu sagen, daß sie unsterblich sein könnten, wenn sie es wünschten. Doch leider nahm sich das Chamäleon viel Zeit und wurde auf seinem Weg von der Eidechse überholt, die ebenfalls eine Botschaft trug, doch diese lautete, daß die Menschen sterben müßten, wenn ihre Zeit gekommen sei.

In Ostafrika erzählt ein Mythos des Galla-Volks von einem Botenvogel, den Gott den Menschen sandte, damit er ihnen berichte, daß sie ihr

GEGENÜBERLIEGENDE SEITE: Die Erbsünde, die Adam und Eva durch ihren Ungehorsam gegenüber Gott begangen, war es, so die Bibel, die der Menschheit den Tod brachte. Dieses Gemälde von Lucas Cranach dem Älteren (1472–1553) zeigt den kritischen Augenblick, in dem Eva Adam überredet, die verbotene Frucht vom Baum der Erkenntnis zu essen.

OBEN: *Bei vielen Völkern existiert keine schriftliche Fassung ihres religiösen Glaubens, und die Mythen um den Tod werden mündlich von einer Generation an die nächste überliefert. Hier versammeln sich die Männer des Dinka-Volks im Sudan um einen ihrer Geschichtenerzähler.*

OBEN RECHTS: *Der Tod fand schon sehr früh seinen Platz in der afrikanischen Mythologie. Bei den Baganda war der Tod die Strafe für den Ungehorsam des ersten Menschen Kintu.*

Leben einfach erneuern könnten, indem sie die Haut wechselten. Doch unterwegs traf der Vogel eine Schlange, die gerade an einem Beutetier fraß. Der Vogel war hungrig und bot der Schlange Gottes Botschaft im Austausch für ein Stück Fleisch an. Die Schlange war einverstanden, und der Vogel verriet ihr, daß sie nur ihre Haut abwerfen müsse, um ewig jung zu bleiben, die Menschen hingegen nun alt werden und sterben müßten. Gott war so zornig, weil seine Botschaft nicht richtig überbracht worden war, daß er den Vogel mit Bauchschmerzen strafte, und dieser bis zum heutigen Tag von Baum zu Baum fliegt und sein klägliches *„Wakatia-a-a-a"* (*„Hilf mir, Gott"*) ertönen läßt.

In einem südafrikanischen Mythos der Khoikhoin war es der Mond, der seine Botschaft von einem Insekt überbringen ließ. Das Insekt sollte den Menschen sagen, daß ihr Leben sich wie die Phasen des Mondes selbst regelmäßig erneuern würde. Doch auf seinem Weg traf das Insekt einen Hasen, der es fragte, wohin es ginge und warum. Der Hase bot ihm an, da er schneller laufen könne, die Botschaft selbst zu überbringen. Doch in seiner Eile unterlief ihm ein Fehler, und er gab kund, daß die Menschen anders als der Mond bis in alle Ewigkeit zum Sterben verdammt seien. Und so geschah es auch.

DARÜBER WAR GOTT SO AUFGEBRACHT, DASS ER ENTSCHIED, DIE MENSCHEN, DIE SEINE VERSUCHE, SIE ZU RETTEN, IMMER WIEDER VEREITELTEN, IHREM SCHICKSAL ZU ÜBERLASSEN.

Die Unsterblichkeit des Mondes ist auch Thema eines Mythos des Upotos-Stammes aus dem Kongo. Zu Beginn der Welt rief Gott die Bewohner des Mondes und der Erde zu sich, damit sie ihm dienen sollten. Die Mondmenschen gehorchten sofort, die Erdenmenschen hingegen zögerten und ließen sich Zeit. In seinem Zorn belohnte Gott die Menschen des Mondes mit Unsterblichkeit, die Bewohner der Erde jedoch verdammte er zum Sterben.

Eine Legende des Baganda-Volks aus Süduganda, die den Tod ebenfalls als eine Strafe für Ungehorsam auffaßt, erinnert an den griechischen Mythos von Orpheus und Eurydike oder die Bibelgeschichte von Lot und seinem Weib. Kintu, dem ersten Mann auf

Erden, wurde erlaubt, eine der Töchter des Himmels zu heiraten, deren Bruder der Tod war. Gott sandte die Frischvermählten zum Leben auf die Erde und gab ihnen ein Huhn als Nahrung mit. Er schärfte ihnen ein, sich auf keinen Fall umzusehen oder umzukehren, sondern sich zu beeilen, um unterwegs nicht dem Tod zu begegnen. Doch die Frau vergaß das Futter für das Huhn und kehrte zum Himmel zurück, um es zu holen. Dabei beobachtete sie der Tod und folgte dem Paar auf die Erde, wo er noch immer sein Unwesen treibt.

Eine andere sehr alte Geschichte erzählen sich bis heute die Menschen an den Ufern des Kiwusees an der Grenze zwischen Ruanda und Zaire. Gott erschuf die Menschen unsterblich, doch mußte er den Tod genau im Auge behalten, der stets versuchte, Menschen zu Kämpfen zu provozieren, die er unweigerlich gewann.

Eines Tages nun beendete der Tod in Gottes Abwesenheit das Leben einer alten Frau, die man dann begrub. Als Gott zurückkehrte, bemerkte er, daß die alte Frau fehlte, woraufhin der Tod ängstlich floh. Auf seiner Flucht traf er eine weitere alte Frau und überredete sie, ihn unter ihrem Rock zu verstecken, woraufhin er in ihren Körper fuhr. Als Gott sie fand, beschloß er, daß es aufgrund ihres Alters einfacher sei, sie zu töten, als den Tod hervorzuziehen. Doch der Tod entschlüpfte ihm und überredete gleich darauf eine junge Frau, ihn in ihrem Bauch zu verstecken. Darüber war Gott so aufgebracht, daß er entschied, die Menschen, die seine Versuche, sie zu retten, immer wieder vereitelten, ihrem Schicksal zu überlassen. Also ließ er den Tod nach seinem Willen verfahren.

Es gibt viele afrikanische Geschichten über den Spinnenmann Yiyi, und eine davon beschäftigt sich auch mit der Ankunft des Todes auf der Erde. Während einer großen Hungersnot war der Tod recht unbekümmert, denn er hatte genug zu essen, weil er den Tieren im Wald Fallen stellte. Yiyi aber war sehr hungrig. Er bat den Tod um Fleisch und gab ihm dafür seine Tochter zur Frau. Der Tod warnte sein junges Weib, sich niemals seinen Fallen zu nähern, wenn sie zum Wasserholen ginge. Eines Tages aber fiel sie doch in eine Falle, und der Tod hielt sie irrtümlich für Beute und tötete sie. Als Yiyi das erfuhr, griff er den Tod mit einem Messer an. Doch der Tod war stärker, und Yiyi mußte ins Dorf zurückfliehen. Der Tod ver-

folgte ihn, und als er so zum ersten Mal ins Dorf kam, wurde ihm klar, daß es verschwendete Mühe war, sich mit Fallen im Wald zu schinden, während doch alles Fleisch, das er brauchte, hier im Dorf zu haben war. Also blieb er für alle Zeit.

INDIANISCHE MYTHEN

Die westafrikanischen Geschichten von der Spinne ähneln in vieler Hinsicht den Geschichten um den nordamerikanischen Kojoten, den „Schwindler". Doch dieses boshafte Geschöpf spielt in den Mythen der Wintun, einem kleinen indianischen Stamm von der Pazifikküste, eine ganz andere Rolle.

Als Gott beschloß, die Menschheit zu erschaffen, befahl er zwei Bussard-Brüdern, eine steinerne Treppe zwischen Himmel und Erde zu errichten. Oben sollten sie zwei Wasserquellen einrichten, eine zur Reinigung und die andere für das ewige Leben. Als die beiden Brüder sich fleißig an die Arbeit machten, kam Sedit der Kojote, um sie zu verspotten. Ob sie denn wirklich glaubten, fragte er, daß die Menschen diese lange Treppe immer wieder hinauf- und hinabsteigen wollten, um unaufhörlich ihr Leben zu verlängern. „Freude bei der Geburt und Trauer um die Toten", sagte er, „sind viel bessere Dinge, denn sie zeugen von Liebe."

Die Brüder ließen sich überzeugen, daß ihr Werk nutzlos sei, und zerstörten, was sie gebaut hatten. Der jüngere Bruder erklärte, es sei nur recht

Der Kojote ist eines der Tiere, die in nordamerikanischen Mythen stets die Rolle des „Schwindlers" verkörpern, und in einigen Überlieferungen wird er auch für das Übel des Todes verantwortlich gemacht.

und billig, wenn Sedit nun den eigenen Rat an-
nehme und selbst den Tod willig akzeptiere. Sedit
aber wollte nicht sterben. Er baute sich Flügel aus
Sonnenblumenblüten und versuchte verzweifelt,
damit zum Himmel zu fliegen. Doch als er sich in
die Lüfte erhob, ließ die Sonne die Blüten welken,
und er stürzte zur Erde herab. Gott erklärte ihm,
er habe sich durch seine spöttischen Worte selbst
verdammt, und wegen seiner Boshaftigkeit seien
nun auch alle Menschen zum Sterben verurteilt.

Ein anderer Kojotenmythos erzählt davon, wie
der Kojote traurig war, weil seine Schwester und
seine Freunde gestorben und ins Land der Geister
gegangen waren. Auch der Adler trauerte um den
Tod seiner Frau. Gemeinsam machten sie sich auf
den Weg ins Land der Geister, um die Verstorbenen zurückzuholen. Als sie ankamen, fanden sie
dort die Geister der Toten, die im Licht des Mondes sangen und tanzten. Nah beim Mond stand
der Frosch, der Herr der Geister. Als die Morgen-

den. Doch dem Kojoten wurde der Korb bald zu schwer, und die Geister darin jammerten. Schließlich beschloß der Kojote: „Jetzt sind wir weit genug vom Land der Geister entfernt. Ich lasse sie hinaus, sie werden nicht mehr zurückfinden." Doch die Geister flogen wie der Wind ins Land der Toten zurück. Der Adler war zornig, sagte dann aber: „Jetzt ist es Herbst, und die Blätter fallen, so wie die Menschen sterben. Laß es uns im Frühling noch einmal versuchen." Doch der Kojote erwiderte: „Ich bin zu müde. Laß die Toten auf ewig in ihrem eigenen Land bleiben."

Die Tlingit aus Alaska erzählen sich eine andere Geschichte. Schöpfergott war der Rabe, der versuchte, die Menschen aus Stein zu schaffen, damit sie ewig währen. Doch das mißlang, weil sie dadurch langsam und schwerfällig wurden. Also schuf der Rabe sie aus Blättern – schnell und leichtfüßig, doch wie die Pflanzen zum Sterben verurteilt.

Die Vorstellung einer philosophischen Debatte über den Sinn des Todes findet sich in einem Mythos der Schwarzfußindianer, das davon erzählt, wie der erste alte Mann und die erste alte Frau darüber sprachen, was mit ihnen geschehen sollte. Der Mann wünschte sich die Unsterblichkeit, doch

GANZ LINKS: Im indianischen Glauben galten die Geister der Tiere als ebenso wichtig wie die der Menschen . Hier bläst ein Algonkin-Jäger Tabakrauch in das Maul eines Bären, den er gerade getötet hat, um Frieden mit seinem fliehenden Geist zu schließen.

dämmerung heraufzog, zogen die Geister sich zu ihrem Tagesschlaf zurück. Nachdem das geschehen war, tötete der Kojote den Frosch und legte sich dessen Haut um. Am nächsten Abend kehrten die Geister zurück. Als das Fest am lautesten und wildesten war, verschlang der Kojote den Mond, und der Adler fing in der Dunkelheit rasch die Geister ein, sperrte sie in den Korb des Kojoten und schloß den Deckel. Dann machten sich die beiden mit dem Korb auf den Rückweg ins Land der Leben-

LINKS: Die Inuit in Alaska erzählen sich, wie eine alte Frau erkannte, daß sie, wenn es unmöglich sei, Sonnenlicht ohne den Tod zu bekommen, lieber beides hätte.

29

In Papua-Neuguinea werden Totenschädel verehrt, was sich in vielen alten Mythen wiederfindet. Hier zeigt eine Frau den Schädel ihres Großvaters.

verkündete, sie könne ohne Sonnenlicht auskommen, wenn es dafür den Tod nicht mehr gäbe. Eine andere aber erklärte, daß sie, wenn es unmöglich sei, Sonnenlicht ohne den Tod zu bekommen, lieber beides hätte, da ein Leben ohne Sonne zu schwer zu ertragen sei. Also existiert der Tod als die Dunkelheit, die nun einmal zum Licht des Lebens gehört.

Viel weiter südlich wird in Venezuela, im Gebiet um den Orinocostrom ebenfalls einen alte Frau für den Verlust der Unsterblichkeit verantwortlich gemacht. Wieder einmal schien Gott ursprünglich geneigt, den Menschen die Unsterblichkeit durch einen Hautwechsel zu ermöglichen, doch eine alte Dame lachte über diese Vorstellung so sehr, daß Gott es sich anders überlegte.

PAZIFISCHE UND AUSTRALISCHE MYTHEN

Dem Hautwechsel-Mythos begegnet man noch weit von Venezuela entfernt, auf den Inseln Polynesiens, und er kann weiter westwärts bis nach Südostasien verfolgt werden. Eine polynesische Legende berichtet davon, wie einst alle ihre Haut wechselten und zu ihrer jugendlichen Verfassung zurückfanden. Doch eines Tages weinte ein Kind, weil es seine verjüngte Mutter nicht wiedererkannte. Diese war darüber so bekümmert, daß sie rasch ihre alte Haut wieder anlegte, und seitdem bleiben alle bei ihrer alten Gestalt.

In Papua-Neuguinea und Irian Jaya gibt es einen ähnlichen Mythos, dessen Held namens Sido eine Art vormenschliches Wesen darstellt. Er hatte zwei Mütter, die wie siamesische Zwillinge miteinander verbunden waren, bis er sie trennte. Bei dem Versuch, dem Tod zu entgehen, verbarg er sich in einem Graben und legte seine alte Haut wie eine Schlange ab. Doch einige Kinder spionierten ihm nach, und er starb. Seine Mütter gruben seinen Schädel aus, säuberten ihn und trugen ihn abwechselnd um den Hals. Sie folgten seinem wandelnden Geist, machten aber den Fehler, ihm durch den Schädel Wasser zu trinken zu geben. Danach konnte er niemals mehr wiedergeboren werden.

Bei einem anderen Mythos aus Irian Jaya geht es um den alten Mann Manarmakeri, der eine Vision der Unsterblichkeit hatte. Er wanderte weit

die Frau sah, daß diese letztlich zur Übervölkerung der Erde führen würde. Außerdem gab sie zu bedenken, daß die überlebenden Menschen nur dann Trauer über den Verlust geliebter Menschen und Mitleid erfahren können, wenn andere sterben. Sie beschlossen, als Entscheidungshilfe ein Stück Büffelknochen ins Wasser zu werfen. Schwamm es oben, wollten sie die Unsterblichkeit wählen, ging es aber unter, den Tod akzeptieren. Doch die Frau hatte magische Kräfte; sie verwandelte das Knochenstück in einen Stein, und es ging unter.

Die Inuit in Alaska besitzen ein ähnliche Überlieferung. Am Anfang, so heißt es, gab es keinen Tod, aber dafür auch keine Sonne. Eine alte Frau

Auch in Irian Jaya hält man die Schädel der Toten in Ehren. Ein Mythos berichtet davon, wie der Schädel von Sido, einem vormenschlichen Wesen, zum Ursprung des Todes wurde.

in der Welt umher und erzählte allen, die ihn freundlich aufnahmen, von seiner Vision. Doch viele hatten kein Vertrauen zu seiner Botschaft, weil er so alt und ungepflegt aussah, und so vertaten sie ihre Chance auf Unsterblichkeit.

Die Vorstellung vom Tod als Strafe für Ungehorsam findet man beispielsweise in einem Mythos der Aborigines aus dem australischen Neusüdwales. Es war den Menschen verboten, sich einem hohlen Baum mit einem Bienenstock darin zu nähern. Die Männer gehorchten, doch einige Frauen fanden den Honig darin zu wertvoll, und schließlich nahm eine von ihnen eine Axt und fällte den Baum. Der Tod flog in Gestalt einer Fledermaus daraus hervor und verdammt seitdem alle Lebewesen zum Sterben, indem er sie mit den Flügeln berührt.

Auf den Admiralitätsinseln im pazifischen Ozean erzählt man sich, der erste Mensch sei vor dem Tod geflohen und habe sich im Innern eines Baums versteckt. Als Belohnung für seine Hilfe forderte der Baum zwei weiße Schweine. Doch der Mann brachte ein weißes und ein mit Kreide ge-

DIE VORSTELLUNG VOM TOD ALS STRAFE FÜR UNGEHORSAM FINDET MAN IN DEN MYTHEN VIELER KULTUREN.

färbtes schwarzes Schwein. Da wurde der Baum so zornig, daß er schwor, den Menschen fortan nie wieder vor dem Tod zu beschützen.

Auf der indonesischen Insel Sulawesi heißt es hingegen, daß früher Himmel und Erde sehr nahe beieinander gelegen hätten und Gott an einem Seil Geschenke für die Menschen hinuntergelassen habe. Er warf einen Stein hinunter, den sie ablehnten. Da ließ er Bananen herab, die sie natürlich gern annahmen. Daraufhin verkündete Gott, die Menschen sollten nicht unsterblich sein wie der Stein, sondern vergänglich wie die Bananen.

Bei den Aranda-Aborigines aus Mittelaustralien wird der Ursprung des Todes der bösen Elster Urbura zugeschrieben. Am Anfang kamen erst die Frauen, dann die Männer unter den Felsen hervor. Der Anführer der Männer wurde von den anderen gehaßt und beneidet, weil er die erste Wahl unter den Frauen hatte. Sie verwünschten ihn mit einem Zauberknochen, so daß er bewußtlos wurde, und begruben ihn dann. Doch er war nicht tot und befreite sich wieder aus seiner Lage. Urbura

flog auf, erstach den Mann und befahl ihm den ewigen Tod, während alle übrigen in trauernde Vögel verwandelt wurden.

Eine der Geschichte von Adam und Eva sehr ähnliche Legende stammt von der indonesischen Insel Roti, auf der eine der wichtigsten Nutzpflanzen die Lontarpalme ist. Daher ist es auf Roti auch kein Apfel, sondern die süße Lontarfrucht, die den Tod brachte. Man fällt die Palmen und verwendet ihr Holz zum Anfertigen von Särgen.

HINDU-MYTHEN

Der *Rig-Veda* ist eine indische Mythologie in Form von über tausend in Sanskrit verfaßten Gedichten, die um 2000 v. Chr. herum entstanden sind. Er erzählt von der Dreifaltigkeit der drei Götter Vishnu, Shiva und Prajapati (später Brahma), welcher für Gleichgewicht zwischen den beiden anderen sorgt und als Schöpfergott verehrt wird. Er schuf vier Söhne, Feuer, Wind, Sonne und Mond und eine Tochter, die Morgendämmerung, die er begehrte. „Sie floh vor ihm in Gestalt eines Rehs, also verwandelte er sich in einen Rehbock, sie wurde zur Kuh und er zum Stier, sie zur Stute und er zum Hengst. Auf diese Weise wurden alle Arten geschaffen, selbst die Ameisen."

Die Hauptnachkommen von Prajapati wurden Götter oder Dämonen. Sie lagen in ewigem Kampf miteinander. Doch der größte Feind der Götter

war der Tod: Am Anfang hatte Prajapati, nachdem er die Götter und die Menschen erschaffen hatte, den Tod hervorgebracht und dabei vergessen, daß auch er nur zum Teil unsterblich war. Eine Hälfte von ihm – Verstand, Stimme, Atem, Auge und Ohr – war es, doch die andere Hälfte – Haar, Haut, Fleisch, Mark und Knochen – war vergänglich. Also floh er in Furcht vor dem Tod, den er selbst geschaffen hatte.

Schließlich erlangte er die Unsterblichkeit durch ein Opferritual, nach dem Hindu-Priester noch viele Jahrhunderte lang suchten. Dann empfingen die anderen Götter ihre Unsterblichkeit von Prajapati, und fortan war der Tod nicht länger ihr Feind. Doch der Tod protestierte, daß er nun keine Aufgabe mehr habe, und die Götter entschieden, daß der menschliche Körper von nun an ihm gehören solle. So verurteilten sie die Menschheit zum Sterben.

SUMERISCHE MYTHEN

Vor über 6 000 Jahren verehrten die alten Sumerer in Mesopotamien die große Göttin Inanna, aus der später Ishtar bzw. Astarte wurde. Sie verliebte sich in den schönen Dumuzi, der aber starb. Auf der Suche nach ihm stieg sie ins Totenreich hinab und verlor auf diesem Weg ihre gesamte Kleidung und all ihren Schmuck, bis sie nackt vor ihrer Schwester Ereshkigal erscheinen mußte. Dort ver-

lor auch sie ihr Leben, und ihr Leichnam wurde auf einer Stange aufgepfählt.

Nach drei Tagen erfuhr der Bote der Wahrheit Ninshubar, was geschehen war, und er suchte den Gott Enlil, Inannas Vater, auf und klagte: „Laß nicht zu, daß deine Tochter zerstört wird! Du würdest auch nicht zulassen, daß Juwelen zu Pulver zermahlen oder wertvolle Hölzer zu Latten verarbeitet würden. Laß auch deine junge Tochter nicht in der Unterwelt umkommen." Doch Enlil antwortete, daß Inanna nur Opfer ihrer eigenen Lust sei und nun, da sie die Rituale der Unterwelt durchlebt habe, auch den Tod akzeptieren müsse. Ninshubar wandte sich an Nanna die Mondgöttin, doch sie gab dieselbe Antwort. Also ging er zum Gott Enki, der auf Ninshubars Nachricht hin zu weinen begann und einwilligte, ihm zu helfen. Er nahm den schwarzen Staub von seinen Fingernägeln und nannte ihn die Nahrung des Lebens. Er nahm den roten Lack von seinen Fingernägeln und nannte ihn das Wasser des Lebens. Dann befahl er seinen Boten, damit in die Unterwelt hinabzusteigen und Ereshkigal aufzusuchen.

Sie empfing die Boten und bot ihnen Wasser aus dem Fluß der Toten an, das sie ablehnten, und die Speise der Toten, die sie ebenfalls ablehnten. Sie baten nur um eins: „diesen verwesenden Leichnam." „Das war eure Königin", sagte Ereshkigal, „und da dieses verwesende Aas eure Königin war, dürft ihr es haben." Die Boten streuten das schwarze und rote Pulver von Enkis Fingernägeln auf den Leichnam, und Inanna erhob sich von den Toten – lebendig und schön wie zuvor.

Doch die Geister der Totenwelt befanden, daß Inanna nicht gehen dürfe, ohne einen Ersatz zu hinterlassen. Daher suchte sie in allen Städten des Landes, bis sie Dumuzi gefunden hatte. Dann sandte sie ihn in die Unterwelt und flog selbst in den Himmel auf, wo sie ihren Platz unter den Göttern einnahm. Damit war zwar die Totenwelt zufriedengestellt, aber nicht die Menschen, die um

Dumuzi weinten, und so wurde entschieden, daß Dumuzi jeweils nur eine Hälfte des Jahres in der Unterwelt verbringen sollte. Jedes Jahr weinten die Frauen um Dumuzi und begrüßten seine Rückkehr freudig. Dieser Mythos gilt als die vielleicht früheste Aufzeichnung über eine Auferstehung nach dem Tod.

> „LASS NICHT ZU, DASS DEINE TOCHTER ZERSTÖRT WIRD! DU WÜRDEST AUCH NICHT ZULASSEN, DASS JUWELEN ZU PULVER ZERMAHLEN ODER WERTVOLLE HÖLZER ZU LATTEN VERARBEITET WERDEN. LASS AUCH DEINE JUNGE TOCHTER NICHT IN DER UNTERWELT UMKOMMEN."

GRIECHISCH-RÖMISCHE MYTHEN

Die Griechen und später auch die Römer, die viele der griechischen Glaubensgrundsätze übernahmen, scheinen nicht so viel Zeit damit verbracht zu haben, die Ursachen für den Tod zu ergründen. Offenbar betrachteten sie ihn als natürlichen Teil

des Lebens, der zwar sein unvermeidliches Ende bedeutete, doch dennoch als ein von Anfang an vorgesehenes Faktum ohne Fragen akzeptiert werden mußte.

Als der Kosmos aus dem Chaos erschaffen wurde, mußte er bevölkert werden. Die Erdgöttin Gaia vereinigte sich mit ihrem Sohn Uranos und gebar das erste Titanengeschlecht, die Vorfahren der Menschheit. Der Letztgeborene der Gaia war Kronos, der auf Anstiftung seiner Mutter hin Uranos kastrierte und Haupt der neuen Götterdynastie wurde.

Die Nacht Nyx gebar die Sorgen der Menschen: den Tod Thanatos, den Unwillen Nemesis und die drei Schicksalsgöttinnen, die Moiren Klotho, Lachesis und Atropos. Außerdem gebar sie Täuschung, Unmäßigkeit, Alter und Streit, die ihrerseits Kummer, Vergeßlichkeit, Hunger, Krankheit, Kampf, Mord, Schlachten, Massaker, Lügen, Ungewißheit und Ungerechtigkeit hervorbrachten.

Euripides schilderte Thanatos als unter den Menschen wandelnde Gestalt, die in ein schwarzes Gewand gehüllt war und das Schwert des Todes trug. Häufiger jedoch wurde er als geflügelter Geist dargestellt, wie sein Bruder Hypnos, der Schlaf, der mit ihm in der Unterwelt lebte und die Menschen in Schlaf versetzte, indem er mit den Flügeln über sie hinwegstrich.

Von den drei Moiren war Klotho diejenige, die den Lebensfaden spann, Lachesis, diejenige, die ihn zuteilte, und Atropos die, die ihn schließlich abschnitt und dem Leben so ein Ende bereitete.

Ihnen ähnlich waren die Rachegöttinnen, die als Erinnyen oder Eumeniden bekannt sind. Über den Namen Eumeniden („die Wohlgesinnten") herrscht in der Fachwelt wenig Einigkeit. Einige glauben, daß er sich auf ihre milde Behandlung des Muttermörders Orest bezieht. Andere sind der Meinung, daß die Griechen es abergläubisch vorzogen, die Erinnyen nicht bei ihrem richtigen Namen („die Zürnenden") zu nennen.

Die besondere Aufgabe der Erinnyen bestand darin, diejenigen zu bestrafen, die ihre Eltern ermordet oder ihren Eid gebrochen hatten. Die schwarzen Göttinnen erschienen mit Schlangen in ihrem Haar auf der Schwelle der Schuldigen. Vor ihnen gab es kein Entrinnen.

Der Totenkopf ist seit vielen Jahrhunderten ein emotional beladenes Symbol – hier ein römisches Mosaik, das heute im Archäologischen Nationalmuseum in Neapel zu sehen ist.

KAPITEL 3

SELBSTMORD

Die meisten Menschen sterben eines natürlichen Todes, nachdem die Körperfunktionen schrittweise versagt haben – im Alter oder als Folge einer fortschreitenden Krankheit. Andere sterben unvermutet, wenn Herz oder Lunge plötzlich aus irgendeinem Grund aufhören zu arbeiten. Einige fallen einem Unfall oder gar einem Mord zum Opfer. All diese Tode geschehen ungewollt. Die Todesursache, die sowohl Psychologen als auch Philosophen jedoch am meisten beunruhigt, ist der Selbstmord.

Selbstmord ist der Akt der beabsichtigten und freiwilligen Selbsttötung. Die Entscheidung dazu kann allerdings stark von äußerem Druck abhängen und erscheint dann gar nicht mehr so freiwillig. Beispielsweise hatte ein entehrter Offizier, dem man seinen Degen oder Revolver aushändigte und ihm empfahl, sich nun „korrekt zu verhalten", kaum eine Wahl, ob er sich nun wirklich töten wollte oder nicht.

Die Ansichten über den Selbstmord haben sich im Lauf der Geschichte und in den unterschiedlichen Gesellschaften gewandelt. Im alten Griechenland erlaubte man verurteilten Straftätern, sich das Leben zu nehmen. Im römischen Kaiserreich galt der Freitod unter Adligen als ehrenhaft. Doch mit der Zeit änderte sich die Haltung zum Selbstmord, vor allem, weil Sklaven sich immer häufiger das Leben nahmen und so ihre Herren um deren wertvollen Besitz brachten.

Die jüdische, christliche und islamische Gesetzgebung erklärte den Selbstmord durchweg für ungesetzlich. In Europa gab es außer den ohnehin üblichen religiösen Sanktionen die Verweigerung der kirchlichen Bestattung und anderer Rituale. Selbstmörder durften nicht auf dem geheiligten Boden des Friedhofs beerdigt werden und wurden manchmal an einer Grenze zwischen benachbarten Gemeinden vergraben, damit keine von beiden die Verantwortung übernehmen mußte. An einigen Orten trieb man noch einen Holzpfahl durch den Leichnam, damit die unerlöste Seele nicht umherirren konnte.

Grund genug für die Angehörigen eines Selbstmörders, die Todesursache aus emotionalen sowie finanziellen Erwägungen heraus zu verschleiern. Der verübte oder versuchte Selbstmord wurde zur öffentlichen Schande und zum sozialen Stigma.

Als Folge der französischen Revolution 1789 und der Gesetzesänderungen, die sie nach sich zog, war der versuchte Selbstmord in Frankreich nicht länger strafbar, und die anderen europäischen Länder schlossen sich dieser Regelung nach und nach

GEGENÜBERLIEGENDE SEITE: Wenige Bilder haben in letzter Zeit solchen Schrecken verbreitet wie der Anblick dieser Leichname, die 1978 im guyanischen Jonestown gefunden wurden.

UNTEN: Ein deutscher General liegt nach seinem Selbstmord im April 1945, als Truppen der US-Army in Leipzig einmarschierten, tot neben einem Bild von Adolf Hitler.

Die Hindu-Praktik Suttee, *bei der die Witwe eines Verstorbenen sich freiwillig mit auf den Scheiterhaufen warf, auf dem der Leichnam ihres Ehemanns verbrannt wurde, wurde 1829 durch die britische Verwaltung in Indien offiziell abgeschafft. Doch illegal hielt sie sich noch bis in jüngste Zeit.*

an. Dennoch dauerte es bis zum Jahr 1961, bis der Selbstmord als Straftat aus den Gesetzbüchern in England verschwand. Bereits viele Jahre zuvor war über die Illegitimität des Freitods häufig ein Schleier der Respektabilität gebreitet worden, indem sich Richter häufig des Schiedsspruchs bedienten, der Selbstmord habe „bei gestörtem geistigen Gleichgewicht" stattgefunden.

In Asien war die allgemeine Haltung zum Selbstmord eine völlig andere. Beispielsweise gilt im Hinduismus das Brahman als das ewig unveränderliche Prinzip des Kosmos. In den *Upanischaden* – den altindischen Texten des Brahmanismus, die sich mit der Natur des göttlichen Prinzips beschäftigen – steht geschrieben. „Das ganze Universum ist das Brahman ... Im Innern meines Ichs ist das Brahman. Wenn ich diesen Ort verlasse, werde ich eins mit ihm. Wer dies glaubt, wird niemals zweifeln." Da die Allseele Brahman als einzig wahre, nie verän-

> DIE HALTUNG ZUM SELBSTMORD ÄNDERTE SICH VOR ALLEM, WEIL SKLAVEN SICH IMMER HÄUFIGER DAS LEBEN NAHMEN UND SO IHRE HERREN UM DEREN WERTVOLLEN BESITZ BRACHTEN.

derliche Realität gilt, erscheint das Leben der Menschen, das auf Veränderung fußt, zwangsläufig unwirklich und bedeutungslos, was schon immer als Rechtfertigung für den Freitod galt. Jahrhundertelang wurde die freiwillige Selbstverbrennung einer indischen Witwe, eine Praktik namens *Suttee*, als hochlöblich betrachtet und erst im 19. Jahrhundert gesetzlich verboten.

In Japan galt das *Seppuku* („Selbstausweidung") unter den Samurai, der Kriegerkaste, lange Zeit als ehrbarer Tod. (Bei uns im Westen ist diese Praktik als *Harakiri* bekannt geworden. Dieser Ausdruck, der „Bauchaufschneiden" bedeutet, besteht aus denselben zwei Ideogrammen wie *Seppuku*, aber in umgekehrter Reihenfolge, und wird in Japan selten verwendet.) Zeremoniell korrekt ging man beim *Seppuku* vor, indem man sich ein Kurzschwert in die linke Bauchseite stieß, es dann nach rechts und nach oben zog, danach einen weiteren Stoß

von der Brust an abwärts bis hinunter zum ersten Einstich ausführte und das Ganze durch einen Stich in den Hals abschloß. Diese langsame und schmerzhafte Todesart galt als letzter Beweis für den Mut und die Entschlossenheit des Samurai.

Sie wurde häufig freiwillig von besiegten Soldaten gewählt, um der unehrenhaften Gefangennahme zu entgehen. Einige Samurai begingen aber auch so Selbstmord, um ihre Loyalität zu einem getöteten Kommandanten zu beweisen, um gegen die Regierungspolitik zu protestieren oder um für eine vernachlässigte Pflicht Buße zu tun.

Es gibt auch im heutigen Japan noch viele Fälle von *Seppuku*. Die *Kamikaze*-Flieger, die sich in mit Sprengstoff beladenen Flugzeugen im Selbstopferangriff auf Einheiten der Alliiertenflotte stürzten, erlangten im Zweiten Weltkrieg einen legendären Ruf. Einer der berühmtesten Nachkriegsfälle ist der des Schriftstellers Yukio Mishima (bürgerlicher Name Hiraoka Kimitake, 1925–1970). Am 25. November 1970, nachdem er gerade die Arbeit an seinem letzten, vierteiligen Roman beendet hatte, besetzte er mit vier Gleichgesinnten ein Militärhauptquartier in Tokio. Mishima sprach von dort aus zu mehreren tausend Soldaten und

drängte sie, sich gegen Japans 1947 in Kraft getretene Verfassung, mit der die Demokratie eingeführt und die Wiederaufrüstung eingeschränkt worden war, aufzulehnen. Als keine Reaktionen kamen, beging er vor den Augen seines Publikums auf traditionelle Weise *Seppuku*.

Zum *Seppuku* verpflichtet waren Samurai, die man einer Straftat für schuldig befunden hatte, um ihnen die unehrenhafte Enthauptung durch den öffentlichen Scharfrichter zu ersparen. Vom 15. Jahrhundert an wurde es regelmäßig praktiziert, bis es 1873 gesetzlich verboten wurde, mit dem Effekt, daß doch der Scharfrichter wieder die Tötung vollzog. Der Verurteilte wurde auf einen Stuhl gesetzt und ein Kurzschwert vor ihn auf den Tisch gelegt. Hinter ihm stand sein Sekundant, üblicherweise ein Verwandter oder Freund, mit gezogenem Schwert. Sobald der Betreffende sich das Schwert in den Bauch gestoßen hatte (manchmal auch schon, sobald er das Schwert ergriffen hatte), schlug der Sekundant ihm den Kopf ab, um ihm weitere Schmerzen zu ersparen.

In jüngerer Zeit gab es viele Fälle buddhistischer Mönche und Nonnen, die sich selbst bei lebendigem Leib verbrannten, um gegen soziale und politische Bedingungen in ihrem Land zu protestieren.

In der östlichen wie in der westlichen Welt haben sich immer wieder Studenten durch Selbst-

LINKS: Yukio Mishima hält mit um den Kopf gebundenem Samuraiband im November 1970 seine letzte Rede vom Balkon des Militärhauptquartiers in Tokio, bevor er öffentlich rituelles Seppuku *begeht.*

RECHTS: Hunderte von Passanten schauen zu, wie ein buddhistischer Mönch sich im Protest gegen die südvietnamesische Regierungspolitik im Oktober 1963 selbst verbrennt.

RECHTS: R. F. Scotts zum tragischen Scheitern verurteiltes Polarexpeditionsteam am Südpol in einer Aufnahme vom 17. Januar 1912. Links Lawrence Oates, der später das größte Opfer brachte.

verbrennung getötet. Der bekannteste Fall ist vielleicht der 21jährige Tscheche Jan Palach, der sich am 16. Januar 1969 öffentlich verbrannte, um gegen die sowjetische Besetzung seines Landes zu protestieren. In die jüngste Zeit fällt eine Serie von Selbstverbrennungen an einer südkoreanischen Universität im Frühjahr 1991. Nachdem zwei Studenten sich in Brand gesteckt hatten, weil ein Kommilitone zuvor von der Polizei zu Tode geprügelt worden war, folgten noch sechs weitere ihrem Beispiel, bis die Lage unter Kontrolle gebracht werden konnte.

URSACHEN DES SELBSTMORDES

Sieht man einmal von dem Phänomen des Selbstmordes als Zeichen persönlicher Ehre oder sozialen Protests ab, gibt es viele Versuche von seiten der Psychologen und Soziologen, den Freitod als menschliches Verhalten zu erklären. Der französische Begründer der modernen Soziologie Émile Durkheim stellte 1897 erstmals einen Satz Regeln auf, der später von anderen erweitert wurde.

Durkheims Theorien beziehen sich auf das Verhältnis des Individuums zur Gesellschaft. Er ging von drei Grundtypen des Selbstmordes aus: dem egoistischen, dem altruistischen und dem anomischen Typ.

Den egoistischen Selbstmord verüben Menschen, die sich nicht ausreichend in die Gesellschaft integrieren. Sie akzeptieren ihre Regeln nicht, sind nur durch ihre persönlichen Interes-

UNTEN: Der berühmte Psychoanalytiker Sigmund Freud (1856–1939) vertrat den Standpunkt, es seien eher innere psychologische als äußere soziale Zwänge, die Menschen in den Selbstmord trieben.

sen motiviert und stellen ihre eigenen Verhaltensregeln auf. Ihr Leben ist ausschließliches Produkt ihrer eigenen Vorstellungen, und wenn sie beschließen, es sich zu nehmen, dann ist das allein ihre Entscheidung. Der Selbstmord des in Ungnade gefallenen Mediengroßunternehmers Robert Maxwell fällt in diese Kategorie.

Im Gegensatz dazu ist der relativ seltene altruistische Selbstmord das Ergebnis einer übertriebenen Integration in die Gesellschaft und eines daraus folgenden Mangels an Selbsterhaltungstrieb. Der englische Forscher Lawrence Oates gehörte zu diesen Menschen. Er war Mitglied der fünf Mann starken Expedition, die im Januar 1912 unter Führung von Robert Falcon Scott den Südpol erst vier Wochen nach Amundsen erreichte. Auf dem Rückweg wurden die Männer in ihrem Zelt vom Schneesturm überrascht. Oates erlitt schwere Erfrierungen, die ihn beim Laufen behinderten, und befürchtete, er würde die anderen auf ihrem Weg unnötig aufhalten. Mit den berühmten Worten „Ich geh rasch mal hinaus; es könnte länger dauern" verschwand er im tosenden Schneesturm.

Die häufigste Selbstmordart gehört zum dritten anomischen Typ. Der Name kommt von dem griechischen Wort *anomia* für Gesetzlosigkeit und bezeichnet eine Art der Entfremdung. Denn unter normalen Umständen versorgt eine Gesell-

trieb, den er als Eros bezeichnete, und dem Todestrieb, der für Aggression und Zerstörungskraft sorgt und den er Thanatos nannte. Freud glaubte, daß Menschen, die Selbstmord begehen, Aggression und Wut über den Verlust von Dingen oder Vorstellungen empfinden, denen sie sich nicht länger in Liebe zuwenden können. Anstatt diese Wut jedoch nach außen zu kehren, richten sie sie nach innen gegen das eigene Ich.

Einige Verhaltenspsychologen meinen, Selbstmord sei ein bestimmtes Verhaltensmuster, das auf dieselbe Weise erworben werden könne wie andere Verhaltensformen. Eine Suizidneigung könne also durch die Verstärkung bestimmter Gewohnheiten und erlernter Assoziationen, gekoppelt mit dem Mangel an Verstärkung geeigneterer adaptiver Verhaltensmuster zustande kommen. So ließen sich imitierende Selbstmorde besonders einleuchtend erklären. Der amerikanische Psychologe Edwin Shneidman untersuchte Gemeinsamkeiten zwischen dem Geisteszustand verschiedener Suizidgefährdeter. Er erkannte überall unerfüllte psychologische Bedürfnisse und das Gefühl, diese Probleme seien unlösbar. Er war der Ansicht, Selbstmörder versagten dabei, Auswege aus ihrer Situation zu finden, kämen zu dem Schluß, daß man nichts mehr tun könne und verfielen anschließend gleichermaßen in Hoffnungs- und Hilflosigkeit.

schaftsstruktur die Einzelnen mit einem Regelsatz, dem sie sich anpassen und sich so in die Gemeinschaft integrieren können. Doch wenn bestimmte Umstände sich verändern, kann es vorkommen, daß der einzelne dabei jedes sicherheitsspendende Gefühl für das gesellschaftliche Gleichgewicht um ihn herum verliert, und die normalerweise verhaltenssteuernden Normen treten außer Kraft. Ohne sie stellt sich ein Gefühl der Isolation ein. Der Einzelne befindet dann, daß das soziale Tabu des Selbstmordes nicht länger auf ihn zutrifft, und ist eher zu diesem Schritt bereit.

Durkheims Typologie gibt den soziologischen Standpunkt zu den möglichen Ursachen des Selbstmordes wieder. Psychologen haben andere Theorien aufgestellt.

Sigmund Freud vertrat den Standpunkt, es seien eher innere psychologische als äußere soziale Zwänge, die Menschen in den Selbstmord trieben. Er ging davon aus, daß wir von zwei gegensätzlichen, doch normalerweise im Ausgleich befindlichen Instinkten getrieben werden, dem Lebens-

> FREUD GLAUBTE, DASS MENSCHEN, DIE SELBSTMORD BEGEHEN, AGGRESSION UND WUT ÜBER DEN VERLUST VON DINGEN ODER VORSTELLUNGEN EMPFINDEN, DENEN SIE SICH NICHT LÄNGER IN LIEBE ZUWENDEN KÖNNEN.

Suizidgefährdete, so Shneidman, stehen der Möglichkeit des Selbstmordes grundsätzlich ambivalent gegenüber. Sie möchten sterben, und gleichzeitig möchten sie weiterleben. Doch können sie einen Punkt unerträglichen psychologischen Schmerzes erreichen, dem sie entkommen zu müssen glauben, und der einzig sichere Fluchtweg besteht im Selbstmord.

Einer der befremdlichsten Aspekte des Phänomens Selbstmord ist die Nachahmung der Tat. Einer der ersten, der diese Verhaltensweise beobachtete, war Émile Durkheim. Er berichtete, daß 15 Patienten sich an demselben Haken in einer düsteren Ecke eines französischen Landkranken-

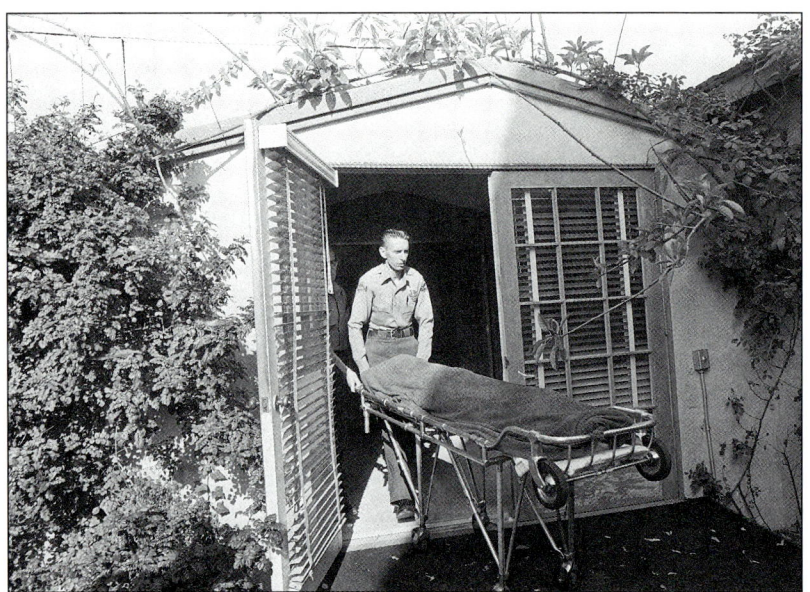

OBEN: In den Monaten, die Marilyn Monroes angeblichem Selbstmord im Jahr 1962 folgten, meldeten die amerikanischen Behörden einen 40%igen Anstieg der Selbstmordrate in Los Angeles – der Gedanke an Imitationstaten liegt nahe.

RECHTS: „Kniet nieder, der Herr naht!" – ein Druck aus einer Serie, die im Gedenken an die Reise des Shogun Edo zum japanischen Kaiser in Jyoto im Jahr 1863 entstanden ist. Stehenzubleiben oder den Shogun auch nur anzusehen, konnte mit sofortiger Exekution geahndet werden.

hauses erhängt hatten. Kaum war der Haken entfernt worden, fiel die Zahl der Selbstmorde in diesem Krankenhaus merklich ab.

In den Monaten, die Marilyn Monroes Tod im Jahr 1962 folgten, meldeten die amerikanischen Behörden einen 40%igen Anstieg der Selbstmordrate in Los Angeles. 1978 geschahen in der Wiener U-Bahn einige Selbstmorde. Die Sensationspresse berichtete ausführlich darüber, und die Zahl dieser Vorfälle stieg dramatisch an. Als sich die Zeitungen auf Gesuch der Behörden hin mit ihren Artikeln zurückhielten, sank die Rate wieder auf das übliche Maß.

Einer der erstaunlichsten Fälle imitierenden Selbstmordes ereignete sich in den dreißiger Jahren in Japan. Als die 19jährige Schülerin Kiyoko Matsumoto in einen Vulkankrater auf der Insel Oshima sprang, folgten ihrem Beispiel 143 weitere Menschen. Zwei Jahre danach hatten sich schon 1 208 Menschen dort umgebracht.

In Deutschland war es Goethes Roman *Die Leiden des jungen Werthers*, der nach seinem Erscheinen 1774 angeblich eine wahre Epidemie „stilechter" Werther-Selbstmorde auslöste (wie viele es tatsächlich waren, ist allerdings nirgends belegt).

SELBSTMORDRATEN

Was die „gewöhnlichen" Fälle von Selbstmord angeht, scheinen sie untrennbar mit dem Erwerb von Bildung verbunden. Jahrhundertelang hatte die überwältigende Mehrheit der Bevölkerung in

Europa praktisch keinerlei Bildungsmöglichkeit. In Kirchen und Gerichtssälen brachte man den Menschen bei, ihr Schicksal und ihren Platz im Leben zu akzeptieren – selbst als Ärmste der Armen. Man erwartete von ihnen, daß sie all ihre Leiden als Gottes Wille hinnahmen, was sie in den meisten Fällen auch taten. Selbstmorde kamen außer in Ehrangelegenheiten sehr selten vor, und wenn, dann in Fällen extremer psychischer Störungen.

Doch als das Allgemeinbildungssystem in Europa und Nordamerika ausgebaut wurde, begannen die Menschen, sich über ihre Lebensbedingungen mehr Gedanken zu machen und größere Zweifel zu gestatten. Einige deprimierte die offensichtliche Unmöglichkeit, ihr Los zu verbessern, und die allgemein herrschende Gleichgültigkeit darüber schwer.

Gleichzeitig veränderten sich die rechtlichen und gesellschaftlichen Einstellungen zum begangenen und besonders auch zum versuchten Selbstmord. Als Rechtsprechung und Kirche dem Freitod nicht mehr als Verbrechen ansahen, erwies er

sich als Möglichkeit, die private Frustration öffentlich zum Ausdruck zu bringen.

Im 20. Jahrhundert betrachtet man den Selbstmord kaum mehr als Mittel zur Ehrenrettung oder als Demonstration gegen erwiesene Ungerechtigkeit. Natürlich stellt er immer noch eine Form des Protests dar, doch in der überwältigenden Mehrzahl der Fälle ist er ganz und gar persönlicher Art, ein Protest gegen die innere Verzweiflung, von der es sonst kein Entrinnen zu geben scheint. Häufig geschehen Selbstmordversuche auch in der Hoffnung, daß diese Verzweiflung endlich Anerkennung findet – vielleicht früh genug, um das eigene Leben doch noch zu retten.

Ein weiterer Faktor ist die immer leichter werdende Beschaffung der nötigen Mittel für einen Selbstmord. In den vergangenen Jahrhunderten besaßen nur Angehörige der Oberschicht und Kriminelle tödliche Waffen wie Schwerter oder Pistolen. Kaum jemand hatte Zugang zu anderen Drogen als Alkohol oder Opium. Also blieb den Normalbürgern als freiwillige Todesart nur noch das Ertrinken (eine höchst unangenehme und häufig wenig erfolgreiche Methode) oder, sich zu erhängen. Im 19. Jahrhundert eröffnete sich dann mit der Einführung von Gasheizung und Gaslicht eine neue und relativ schmerzlose Möglichkeit, durch Gasvergiftung zu sterben.

Heute aber lassen sich Handfeuerwaffen ebenso wie die Medikamente und Drogen leichter beschaffen, so daß Suizidgefährdete mit den nöti-

gen Mitteln zur Verfügung eher der Versuchung erliegen, ihrem Leben und ihren Problemen ein rasches Ende zu setzen.

In den weiter entwickelten Staaten scheint die Selbstmordrate höher zu liegen als in den ärmeren Ländern, was wohl aber am ehesten damit zusammenhängt, daß dort im allgemeinen überhaupt keine Statistiken über Selbstmordzahlen geführt werden. Statistiken sind wiederum generell für ihre Unzuverlässigkeit berüchtigt. Die Daten, die sich für die einzelnen Länder ergeben, hängen ganz und gar von der Art und Weise ab, wie sie gesammelt wurden. Viele Ärzte geben als Todesursache lieber „Unfall" an als „Selbstmord", wenn auch nur die geringste Aussicht auf Zweifel besteht. In strikt katholischen Ländern wie Spanien oder Irland, wo Selbstmord noch weithin als Sünde betrachtet wird, geben sich Verwandte und Freunde oft gemeinsam mit ihrem Pfarrer die größte Mühe, die wahren Todesumstände zu verschleiern.

Regional betrachtet soll Grönland die höchste Selbstmordrate der Welt aufzuweisen haben: 127 Fälle auf 100 000 Einwohner – man nimmt an, das Klima habe etwas damit zu tun. Die ebenfalls relativ hohe Rate im kalt-düsteren Finnland (27,8 Fälle auf 100 000) scheint dieses Argument zu stützen , doch die Selbstmordrate in Schweden und in Norwegen (von deren angeblich auffälliger Höhe sich hartnäckige Gerüchte halten) liegt mit 16 Fällen auf 100 000 tatsächlich nicht über der deutschen (15,5) und noch unter der französischen (18,9), Schweizer (19,1) und österreichischen (20,6) Rate.

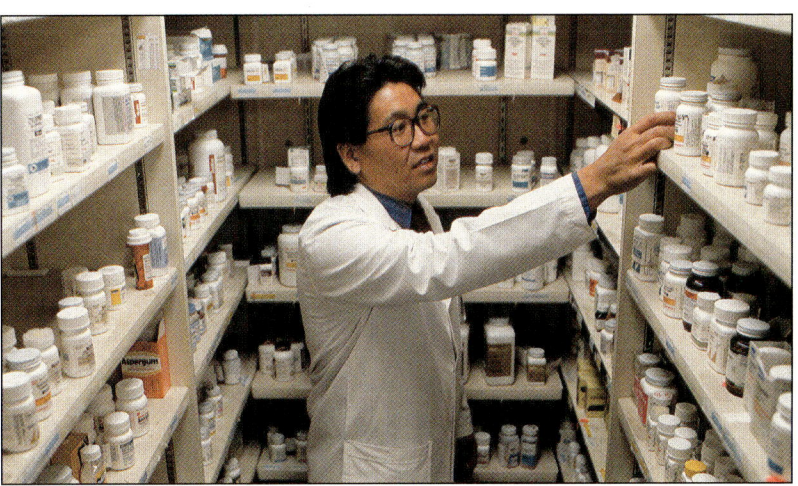

Von den durch die Weltgesundheitsorganisation veröffentlichten Zahlen liegt Ungarn mit 37 auf 100 000 Einwohner besonders hoch, doch sollte dabei nicht außer acht gelassen werden, daß Ungarn die Listen auch bei den Fällen für Tod durch Krankheit und Tod durch Verkehrsunfall anführt. In England und Wales liegt die aktuelle Selbstmordrate bei 7,4 auf 100 000 (allerdings 10,8 in Schottland), und in den USA bei 12,3.

Selbst unter Berücksichtigung einer gewissen Dunkelziffer verschwiegener Selbstmorde kann die Suizidrate in vorwiegend römisch-katholischen Ländern nur als gering bezeichnet werden. Dennoch haben alle europäischen Länder in den letzten Jahren einen stetigen Anstieg verzeichnen müssen, vor allem bei den unter 20jährigen. In Großbritannien stieg die Zahl der Selbstmorde bei 15- bis 24jährigen zwischen 1980 und 1992 beispielsweise um 80%, und in vier von fünf Fällen waren es junge Männer. In China herrscht im Gegensatz dazu die höchste Rate weiblicher Selbstmorde. Geht man wie der französische Philosoph Montesquieu davon aus, daß das unfreundliche englische Klima in Zusammenhang mit der dort relativ hohen Selbstmordrate steht, fällt umso mehr auf, daß die heutigen Zahlen in Europa im Winter vergleichsweise gering ausfallen und gerade im Frühling und Sommer am höchsten sind.

MASSENSELBSTMORD

Das Phänomen des Massenselbstmordes sollte man nicht mit dem der Imitationstat verwechseln. Ein bewußter Freitodpakt zwischen Menschen verlangt ungewöhnlich hohe emotionale Verbundenheit und gegenseitige Abhängigkeit. Geht es dabei um zehn oder gar hundert Menschen, muß zwar unweigerlich ein Imitationselement eine Rolle spielen, doch letztlich ist die Tat doch das Ergebnis intensivster Emotionen, die mit Gleichgesinnten geteilt werden. Da Massenselbstmorde häufig zur selben Zeit verübt werden, kann Nachahmung kaum noch eine große Rolle spielen.

Ein klassisches Beispiel für einen Massenselbstmord findet sich in der Geschichte der jüdischen Zeloten, die sich in den Jahren 72/73 n. Chr. in der Festung Masada gegen die Römer zur Wehr setzten. Als die Belagerung bereits zwei Jahre andauerte, trafen die 960 Menschen die Übereinkunft, eher zu sterben, als sich zu ergeben. Sie losten aus,

Jim Jones hält vor seinen Anhängern im guyanischen Jonestown eine Ansprache, kurz bevor er ihnen befiehlt, kollektiven Selbstmord zu begehen.

dem Mord an einem US-Kongreßabgeordneten, der sich ein genaueres Bild über die Situation dort machen wollte, befahl Jones seinen Anhängern, „revolutionären Selbstmord" zu begehen. Sie stellten sich in einer Reihe auf, um von ihm eine Zyankalimischung aus Pappbechern zu empfangen. Jones selbst wurde zusammen mit seiner Familie erschossen aufgefunden. Die Angaben über die Zahl der Opfer variieren, doch berichten Air-Force-Quellen von 913 Leichnamen, die geborgen wurden.

Ein ähnlich schwer begreiflicher Massensuizid geschah im April 1997 in Kalifornien in der Nähe von San Diego. Der frühere Musiklehrer Marshall H. Applewhite hatte seine „HIM"-Sekte (Human Individual Metamorphosis) in den siebziger Jahren gegründet. 1993 rief er sie unter dem neuem Namen „Heaven's Gate" wieder ins Leben. Als der Hale-Bopp-Komet sich im März 1997 der Erde näherte, war Applewhite davon überzeugt, daß sich ein UFO von vierfachen Erdausmaßen dicht hinter ihm befände, und daß für ihn und seine Anhänger die Zeit gekommen sei, ihre „irdischen Behältnisse" abzustreifen und auf einem anderen Planeten zu einem neuen Leben erweckt zu werden.

Die Polizei von San Diego fand die Leichname von 39 Männern und Frauen in der Zentrale der

LINKS: Einer der 39 Leichname, die nach ihrem Massenselbstmord aus der Zentrale der „Heaven's Gate"-Sekte in Rancho Santa Fe geborgen wurden.

UNTEN: In der griechischen Mythologie beförderte der Fährmann Charon die Toten in der Unterwelt über den Fluß Styx , doch verlangte er für seine Dienste Bezahlung.

um zu entscheiden, wer zuerst sterben und wem die Verantwortung auferlegt sollte, die anderen zu töten. Dann losten die Überlebenden wieder unter sich aus, und so ging es weiter, bis nur noch ein Mann am Leben war. Dieser erstach sich anschließend mit einem Messer und fiel tot neben seiner Familie zu Boden.

Auch in jüngerer Zeit haben immer wieder ähnlich schreckliche Fälle von sich reden gemacht. James Warren (Jim) Jones gründete 1957 in Indianapolis die „Volkstempel"-Sekte. Einige Jahre später zog er mit seinen Anhängern nach Kalifornien. 1974 kaufte er in Guyana über 100 000 Quadratkilometer Regenwald und gründete dort 1977 die Kolonie Jonestown. Im November 1978, nach

IM NOVEMBER 1978 BEFAHL JONES SEINEN ANHÄNGERN „REVOLUTIONÄREN SELBSTMORD" ZU BEGEHEN. SIE STELLTEN SICH IN EINER REIHE AUF, UM VON IHM EINE ZYANKALIMISCHUNG AUS PAPPBECHERN ZU EMPFANGEN.

Sekte in Rancho Santa Fe. Sie waren zwischen 20 und 79 Jahren alt. Sie alle hatten ein „letztes Mahl", bestehend aus Hühnchen und Käsekuchen, zu sich genommen, danach die tödliche Dosis Pentobarbital in Apfelsaft geschluckt und mit einem letzten Schluck Wodka hinuntergespült. Dann legten sie sich mit Plastiktüten über dem Kopf zum Sterben hin – neben jedem Toten stand eine Reisetasche mit Wäsche zum Wechseln, Notizblock und einem Lippenfettstift. In jeder Tasche steckten 5 Dollar, vermutlich als eine Art Fahrgeld gedacht, in Anlehnung an die Münzen, die man in frühen Kulturen den Toten mit auf den Weg gab, wie im alten Griechenland für den Fährmann Charon, der sie über den Fluß Styx bringen sollte.

Bei ihrer Abschlussprüfung wird Medizinern an vielen Universitäten der Welt immer noch der Eid des Hippokrates abverlangt. Dazu gehört eine Passage, mit der sie sich verpflichten, niemandem tödlich wirkende Medikamente zu verabreichen, auch nicht auf Bitten des Patienten hin.

Liegt ein Patient in einem allem Anschein nach irreversiblen Koma, wer soll dann entscheiden, ob die Maschinen ausgestellt werden sollen?

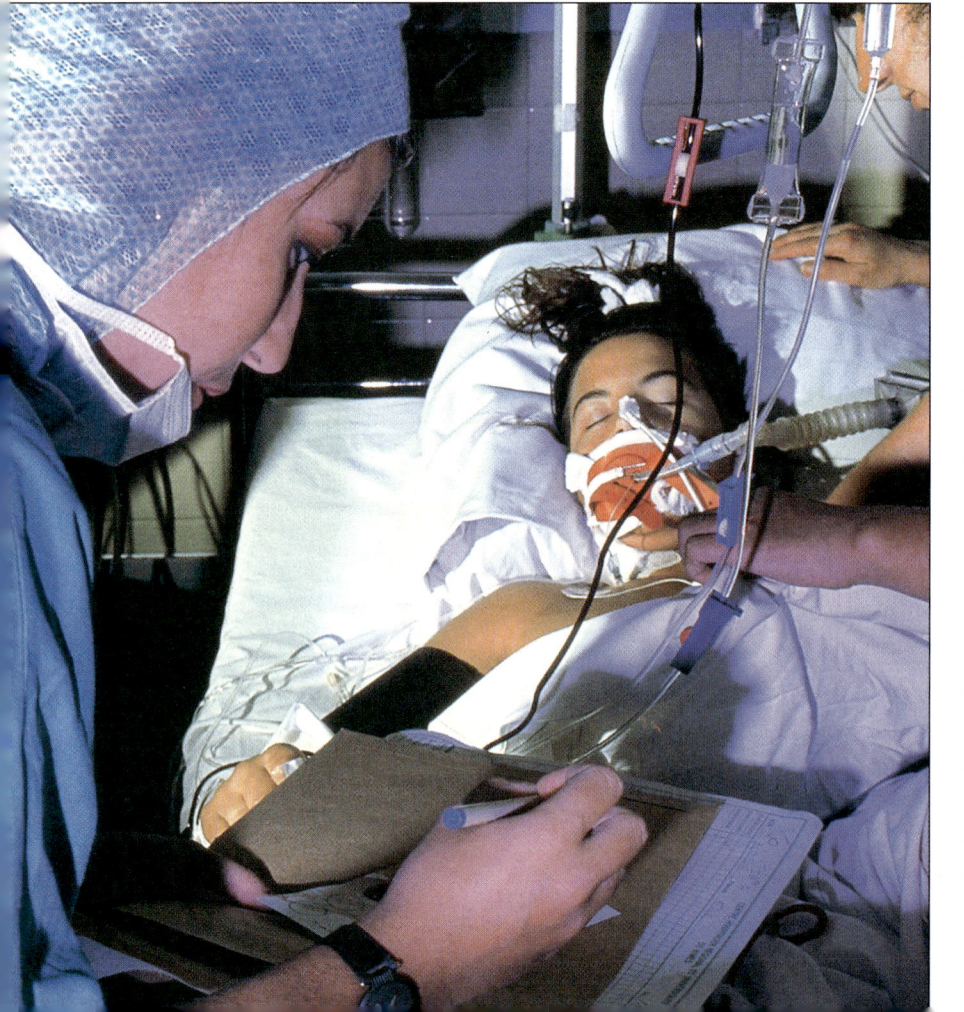

EUTHANASIE

Die sich langsam durchsetzende Erkenntnis, daß es das Recht jedes Menschen ist, über sein Leben oder dessen Beendigung selbst zu bestimmen, hat zu einem drängenden ethischen Problem im medizinischen Bereich geführt. Denn was geschieht, wenn jemand aufgrund physischer Behinderung oder aus Mangel an geeigneten Mitteln nicht in der Lage ist, sich ohne fremde Hilfe das Leben zu nehmen? Typisch für dieses Dilemma sind Fälle, bei denen es um an äußerst schmerzhaften und letztlich unheilbaren Leiden Erkrankte geht. Wäre es hier nicht nur barmherzig, wenn der Arzt oder ein anderer Helfer die Mittel bereitstellen würde, um dem Leid ein Ende zu bereiten?

Einen Schritt weiter geht das schon in Kapitel 1 angesprochene Problem, das entsteht, wenn ein Patient in einem allem Anschein nach irreversiblen Koma liegt. Wer kann und will dann entscheiden, ob die Maschinen ausgestellt werden sollen? Und ist auch das eine sinnvolle, gnädige Maßnahme, oder ist es schon mehr – Euthanasie?

Das Wort stammt von dem griechischen Begriff für „leichter Tod". Wir verwenden den Begriff heute für Akte, bei denen Sterbehilfe geleistet wird, um unnötiges Leiden zu verhindern. Sie können aktiver oder passiver Art sein. Passive Sterbehilfe bedeutet, daß die lebenserhaltenden Maßnahmen, die den Tod des Kranken hinauszögern, eingestellt werden. Aktive Sterbehilfe ist die Tötung einer Person, die wegen ihrer Krankheit oder ihres Alters kein sinnvolles Leben mehr führen kann.

Bei ihrer Abschlußprüfung wird Medizinern an vielen Orten der Welt immer noch der Eid des Hippokrates abverlangt. Dazu gehört eine Passage, mit der sie sich verpflichten, niemandem tödlich wirkende Medikamente zu verabreichen, auch nicht auf Bitten des Patienten hin, und auch niemandem dazu zu raten. Obwohl es sich hier eher um eine ethische Verpflichtung handelt und ein Bruch des Eides nicht strafbar ist, haben doch viele Gesetze der Vergangenheit, die es dem Arzt verboten, das Leiden eines Patienten so zu beenden, bewiesen, wie einflußreich der Eid ist.

Mittlerweile sind nach den Erkenntnissen der Sterbeforscherin Elisabeth Kübler-Ross und anderer viele Ärzte weniger darauf bedacht, das Leben eines todkranken, leidenden Patienten unter allen Umständen zu verlängern. Statt dessen machen sie es sich eher zur Aufgabe, während der letzten Tage für Trost und jede mögliche Erleichterung zu sorgen. Die passive Sterbehilfe für Todkranke hat sich in letzter Zeit auch auf verschiedene offizielle Empfehlungen hin (vgl. Kapitel 1) eine breitere Akzeptanz schaffen können.

Es gab allerdings einige frühere Fälle. 1976 befand der Oberste Gerichtshof des Staates New Jersey, daß Ärzte komatöse Patienten vom Beatmungsgerät nehmen konnten, wenn es „den Patienten nur von einem Tod in Anstand und Würde abhält". Im darauffolgenden Jahr wurden von mehreren amerikanischen Gerichtshöfen Gesetzesvorlagen zum „Recht zu sterben" vorgestellt. Mittlerweile haben über 30 Staaten Gesetze verabschiedet, die den Familienangehörigen, Freunden oder einem vom Kranken benannten religiösen bzw. juristischen Berater die Entscheidungsbefugnis über die Abschaltung der Lebenserhaltungssysteme übertragen.

LINKS: Der hippokratische Eid in der Form, wie ihn die World Medical Association 1949 in London verabschiedete.

1990 entschied der Oberste Gerichtshof der USA dann, daß Menschen, die ihre Wünsche noch selbst mitteilen können, verfassungsgemäßen Anspruch darauf haben, daß an ihnen keine lebenserhaltenden Maßnahmen mehr angewendet werden.

In den meisten Ländern gibt es zwar keine ausdrücklichen Gesetze, um Ärzte zu schützen, die passive Sterbehilfe leisten, doch im allgemeinen gilt es als ordnungsgemäß, sofern sie sich an die Richtlinien der jeweiligen Ärztekammern halten. Andererseits aber haben Familie oder Freunde nur wenig Mittel an der Hand, um gegen die Entscheidung eines Arztes, die Lebenserhaltung fortzusetzen, vorzugehen.

AKTIVE STERBEHILFE

In den meisten Ländern (ausgenommen Uruguay) bleibt die aktive Sterbehilfe jedoch eine Straftat. In den USA kann sie mit lebenslänglicher Haft bestraft werden. In den Niederlanden blieben Ärzte, die ihren Patienten auf eigene Bitte hin den Tod ermöglicht hatten, 20 Jahre lang straffrei. Doch 1992 ergab eine Untersuchung, daß in einem einzigen Jahr über 1 000 Niederländer, die ihre Zustimmung nicht mehr selbst geben konnten, auf Entscheidung des Arztes hin gestorben waren. 1993 wurde das Gesetz dahingehend erweitert, daß, obwohl Euthanasie technisch weiterhin ein

LINKS: Derek Humphry, Begründer der amerikanischen Hemlock Society und Verfasser des kontrovers aufgenommenen Buchs Final Exit, *einem Handbuch mit praktischen Ratschlägen zur Beihilfe zum Selbstmord.*

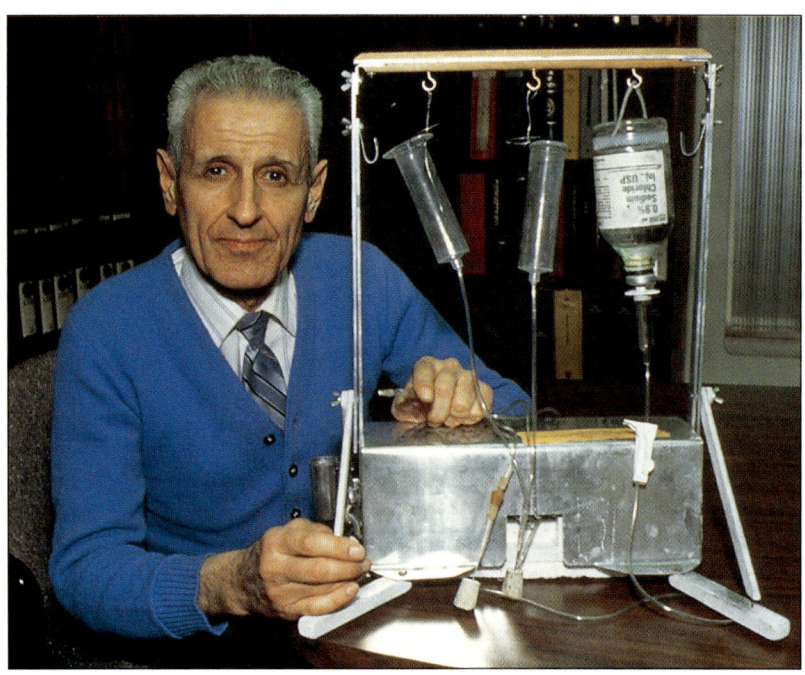

Der berüchtigte „Dr. Death" Jack Kevorkian führt seinen selbstgebauten Apparat zur Verabreichung tödlicher Injektionen an unheilbar Erkrankte vor.

strafbares Vergehen bleibt, Ärzte nicht belangt werden können, wenn sie einen amtlichen Leichenbeschauer von ihren Absichten in Kenntnis gesetzt haben und der Patient geistig zurechnungsfähig war, unerträgliche Schmerzen gelitten und wiederholt um Sterbehilfe gebeten hat. Der Arzt muß außerdem eine zweite Meinung von einem Kollegen einholen.

Wenn aber nun ein unheilbar Erkrankter verzweifelt versucht, Monate oder gar Jahre kommender Qualen zu vermeiden, bevor irgendein Arzt bereit ist, es zu beenden? In vielen Ländern kämpfen unterschiedliche Organisationen für das Recht eines derartig Betroffenen, zur Beendigung seiner Leiden medizinische Hilfe in Anspruch zu nehmen. Eine der bekanntesten ist die 40 000 Mitglieder zählende amerikanischen Hemlock Society („Schierlingsgesellschaft", nach Sokrates' berühmtem Schierlingsbecher benannt), die Derek Humphry unter dem Motto „Tod in Würde" gründete.

Im April 1991 erschien Humphrys Buch *Final Exit*, ein Handbuch mit praktischen Ratschlägen für alle, die sich das Leben nehmen oder jemand anderem dabei helfen wollen. Nach einem Artikel

im *Wall Street Journal* und einigen Fernsehreportagen verkaufte sich das Buch glänzend und stand bald ganz oben auf den Sachbuchbestsellerlisten.

Humphry drängt darin Ärzte und Krankenschwestern, einzusehen, daß es richtig sei, tödlich erkrankten Patienten bei der Selbsttötung zu helfen: „Teil einer guten ärztlichen Versorgung ist es, den Menschen nicht nur ins Leben hinein-, sondern auch wieder hinauszuhelfen. Wenn keine Heilung mehr möglich ist und der Patient Erleichterung durch Euthanasie verlangt, ist professionelle Hilfe durch den Arzt mehr als angezeigt."

Man warf Humphry vor, emotional labile Menschen zum Selbstmord anzustiften, doch er wies die Anschuldigung zurück: „Mein Buch empfiehlt depressiv Erkrankten dringend, einen Psychiater aufzusuchen. Doch es richtet sich schließlich an die 6 000 Menschen, die täglich sterben müssen, nicht an die wenigen, die Selbstmord begehen." Er bestand darauf, daß sein Buch den Freitod nicht leichter mache, sondern zuverlässiger, weniger schmerzhaft und vor allem weniger einsam. Wer sich zum Selbstmord entscheide, solle Familie und Freunde um sich versammeln, um letzten Trost bei ihnen zu finden. Während der darauffolgenden Kontroverse machte der im Ruhestand lebende Pathologe Dr. Jack Kevorkian aus Michigan von sich reden, für den man schnell den sensationshascherischen Beinamen „Dr. Death" fand. Kevorkian gab im

KEVORKIAN KONNTE 1998 EINEN AMERIKANISCHEN SENDER ÜBERREDEN, IHN IN EINER SONDERSENDUNG BEIM VERABREICHEN EINER TODESSPRITZE FÜR EINEN UNHEILBAR KREBSKRANKEN ZU ZEIGEN.

Fernsehen offen zu, daß er einer an der Alzheimerschen Krankheit leidenden Frau geholfen hatte, Selbstmord zu begehen, indem er sie an einen selbstgebauten Apparat angeschlossen hatte, der es ihr ermöglichte, sich selbst eine tödliche Dosis Kaliumchlorid zu injizieren. Das Gericht in Michigan erließ keine Mordanklage, verbot ihm aber jeden weiteren Gebrauch des Apparats. Kevorkian fand jedoch einen Weg, das Urteil zu umgehen, indem er eine alternative Methode entwickelte – eine an einen Zylinder mit Kohlenmonoxyd angeschlossene Maske – und seinen einsamen Feldzug für Beihilfe zum Selbstmord fortsetzte.

Doch die Sensationspresse, die Kevorkian provozierte, sorgte gemeinsam mit seinen offenbar wenig sorgsamen Methoden dafür, daß die öffentliche Meinung sich gegen den Gedanken wandte. In einigen Staaten waren bereits Gesetzesentwürfe für medizinische Hilfestellung zum Selbstmord in Arbeit gewesen, die als Folge der Debatte jedoch wieder verworfen wurden. In Michigan belegte ein eilig verabschiedetes Gesetz die Beihilfe zum Selbstmord nun mit bis zu vier Jahren Haft und bis zu 2000 Dollar Geldstrafe, was sich deutlich gegen Kevorkian richtete.

Er protestierte und konnte 1998 einen amerikanischen Sender überreden, ihn in einer Sondersendung beim Verabreichen einer Todesspritze für einen unheilbar Krebskranken zu zeigen. Als der Film auf heftige Kritik stieß, sagte Kevorkian: „Das kann in einer Gesellschaft, die sich selbst für aufgeklärt hält, kein Verbrechen sein." Er wurde festgenommen und wegen seiner Vorgehensweise vor Gericht gestellt. Wegen „Fehlverhalten, tätlichen Angriffs und Widerstand gegen die Staatsgewalt" (doch nichts ernsterem) erlegte man ihm zwei Jahre Bewährung und eine Bußgeldstrafe von 900 Dollar auf. Er gelobte auf der Stelle, seinen Kampf um die Legalisierung der Beihilfe zum Selbstmord fortzusetzen.

Mittlerweile hatte im Jahr 1993 ein im *New England Journal of Medicine* erschienener Bericht einige Fragen über *Final Exit* aufgeworfen. Eine der im Buch empfohlenen Vorgehensweisen ist die Selbsterstickung mittels einer Plastiktüte. Eine Forschungsstudie des Cornell Medical Center ergab, daß die Zahl der im Jahr nach Erscheinen des Buchs auf diese Weise verübten Selbstmorde in den USA um 30% angestiegen war. Von 144 Suizidfällen in New York City hatten mindestens 15 nachweislich das Buch konsultiert, und von diesen litten sechs, soweit bekannt, nicht unter medizinischen Problemen. Allerdings betonen Befürworter der Beihilfe zum Selbstmord, daß die Selbstmordrate insgesamt unverändert geblieben war.

Der australische Arzt Dr. Phillip Nitschke neben seinem computergesteuerten Apparat, mit dem der 22jährige Bob Dent 1996 Selbstmord beging.

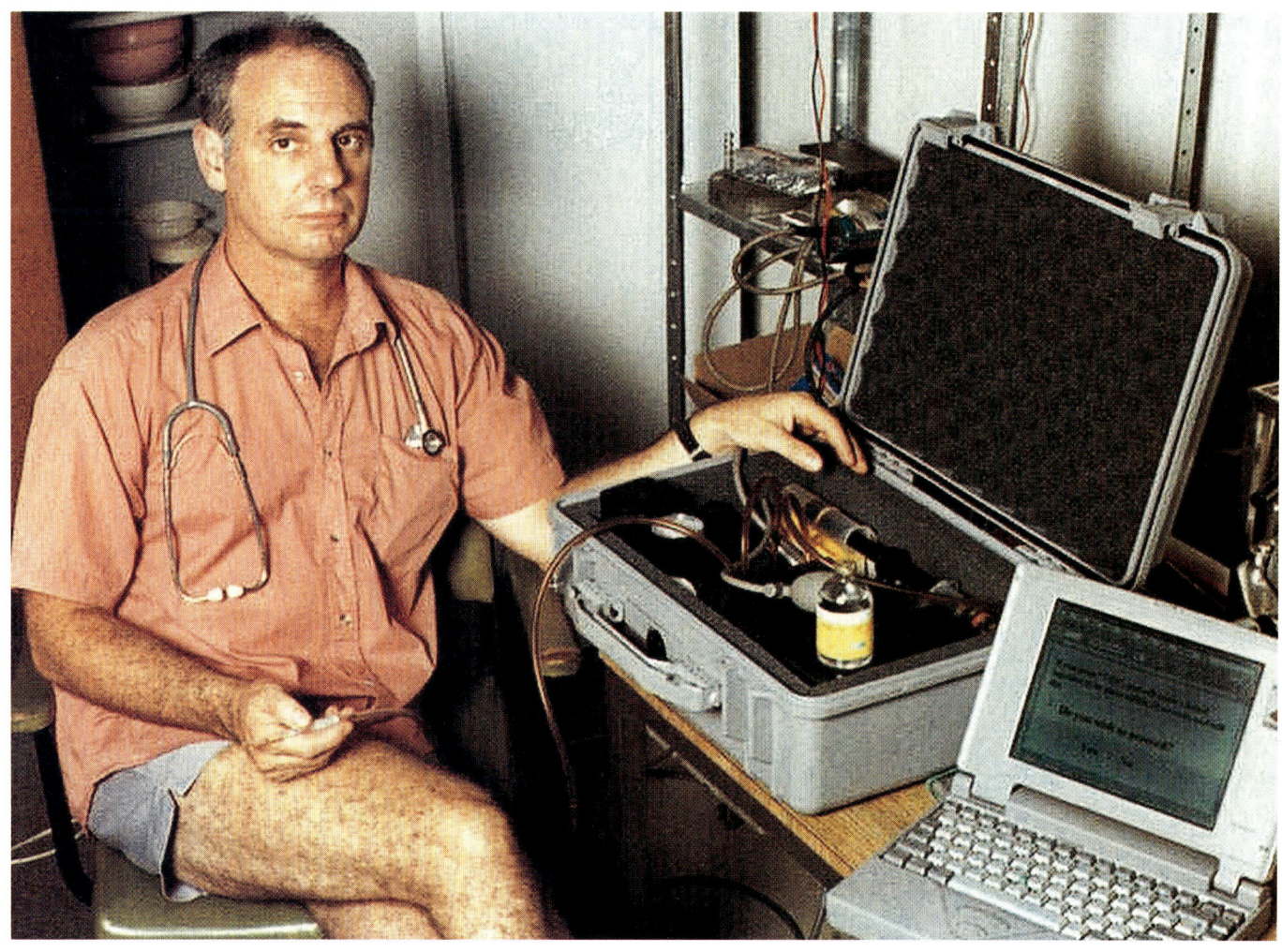

1994 ereignete sich in den Niederlanden ein Fall, den man als Meilenstein in dieser Entwicklung bezeichnen kann. Nach der Verabschiedung des Gesetzes von 1993 wurden ca. 2 300 jährliche Fälle von Euthanasie und 400 Fälle von Beihilfe zum Selbstmord veranschlagt. Doch in nahezu allen Fällen ging es um Todkranke, die unter unerträglichen körperlichen Schmerzen litten. Dann aber räumte der Psychiater Boudewijn Chabot ein, daß er einer physisch gesunden Frau bei ihrem Selbstmord geholfen hatte, weil sie unter Depressionen litt.

Hilly Bosscher war 50 Jahre alt und hatte bereits einen fehlgeschlagenen Versuch unternommen, sich das Leben zu nehmen. Sie beharrte darauf, daß sie nichts anderes wollte als sterben. Chabot versuchte vier Monate lang, ihre Depressionen zu behandeln, doch sie sprach auf nichts an und weigerte sich, Medikamente einzunehmen – falls Chabot ihr nicht etwas verschreiben würde, womit sie sich töten könnte. Schließlich willigte er ein. Hilly Bosscher nahm auf ihrem Bett Abschied von dieser Welt, Chabot und ein anderer Arzt saßen bei ihr, und um sie herum erklang Musik von Bach. Sie küßte ein Foto ihrer beiden toten Söhne und schlief friedlich ein.

Auch wenn Chabot damit sämtliche Verfügungen des Gesetzes von 1993 übertreten hatte – beispielsweise hatte er auch keinen zweiten Arzt hinzugezogen – entschied der niederländische Gerichtshof, ihn nicht zu bestrafen. Wie Chabot vorbrachte: „Unerträgliches psychologisches Leid ist nicht weniger schlimm als unerträgliche körperliche Schmerzen."

In Australien ist der Arzt Dr. Phillip Nitschke ein Pionier der Sterbehilfe. 1996 wurde dort ein Gesetz zum Schutz der Rechte tödlich Erkrankter verabschiedet. Der erste Patient, dem es zugute kam, war der 22jährige Bob Dent, der an Prostatakrebs litt. Er konnte sein Leben beenden, indem er einem Computer Befehle eingab, der ein Gerät zur intravenösen Zufuhr tödlich wirkender Medikamente steuerte. Noch drei weitere Kranke konnten von dieser Möglichkeit Gebrauch machen, bevor das Parlament die Regelung 1997 mit der Begründung rückgängig machte, daß Mißbrauch möglich sei, besonders zum Nachteil der Aborigines-Bevölkerung, für die Euthanasie bestenfalls Mord, schlimmstenfalls Zauberei darstelle.

GESTÜRZT ODER GESTOSSEN?

Wenn ein Mensch tot aufgefunden wird und Zweifel über die Todesart bestehen, wird eine Obduktion durchgeführt, um die Todesursache zu bestimmen. Bei einer solchen Leichenöffnung muß der Pathologe äußerst gründlich vorgehen. Es reicht nicht aus, nur von den äußeren Umständen des Fundes ausgehend oder nach einer oberflächlichen Begutachtung des Leichnams einfach die wahrscheinlichste Ursache anzunehmen. Eine vollständige Untersuchung von Knochenaufbau, Gewebezustand und inneren Organen ist obligatorisch, um herauszufinden, ob der Tod durch eine Krankheit, Selbstmord oder sogar Mord herbeigeführt wurde. Es gibt viele Fälle, bei denen Mörder versucht haben, ihre Tat als Selbstmord zu tarnen. Beispielsweise ist ein Toter, der in einem Fluß oder See gefunden wurde, möglicherweise nicht ertrunken, sondern kann bereits tot oder bewußtlos gewesen sein, als man ihn ins Wasser warf. Wurde das Opfer erschossen, ist stets höchste Vorsicht angebracht – selbst wenn die Waffe noch fest von der Hand des Toten umschlossen wird.

Umgekehrt gibt es auch Fälle, bei denen die Umstände auf Mord hindeuten, die sich jedoch als Selbstmord herausstellen (vgl. S. 20). Selbststrangulierung mit einem dünnen Strick kommt nicht selten vor. Einige möchten vielleicht, daß ihr Tod eher wie Mord als Selbstmord erscheint, damit Angehörige noch von ihrer Lebensversicherung profitieren können. Der Schotte Sir Sydney Smith beschreibt eine Reihe sehr ungewöhnlicher Selbstmordfälle, mit denen er in seiner langen Laufbahn als Pathologe zu tun hatte:

Ein mit einem stumpfen Messer ausgeführter Schnitt in den Nacken erscheint vielleicht als absurder Versuch, sich das Leben zu nehmen, doch ich hatte einmal so einen Fall ... Sonderbar erscheint auch der Fall einer Krankenhausangestellten, die sich erst das Gesicht zerhackte und sich dabei 20 schwere Wunden zufügte, und sich dann, als das nicht die erwünschte Wirkung zeigte, in einer Wanne voll Wasser ertränkte. Wie viele Ärzte würden schon bei zahlreichen Stichwunden am Kopf an Selbstmord denken?

Smith berichtet auch von einem Fall, in dem ein Mann stranguliert aufgefunden worden war.

Er hatte an der Wange und in einer Handfläche Schußwunden, fünf Schnitte an der Kehle und auch etliche an den Handgelenken. Dennoch ergab die Untersuchung, daß es ein Selbstmord war. Nachdem der Mann nämlich vergeblich versucht hatte, sich zu erschießen, schnitt er sich in den Hals und in die Handgelenke, und als auch das nicht ausreichte, hängte er sich schließlich auf.

Smith schloß seine Vorlesungen oft mit der schon zur modernen Legende gewordenen Geschichte von dem Mann, der sich an einem Ast über dem Meer aufhängen wollte. Um ganz sicherzugehen, nahm er zuerst eine Überdosis Opium und beschloß, sich anschließend zusätzlich zu erschießen.

Als er mit der Schlinge um den Hals von den Klippen sprang, feuerte er gleichzeitig einen Schuß aus seinem gezogenen Revolver ab. Doch der Ruck des sich spannenden Stricks ließ ihn sein Ziel verfehlen, und die Kugel durchschlug nicht seinen Kopf, sondern streifte den Strick, der anschließend unter dem

Gewicht des Körpers nachgab, so daß der Mann 15 Meter tief ins Meer stürzte. Dort schluckte er so viel Salzwasser, daß er das Opium wieder erbrach und als geläuterter Mensch an Land schwamm.

DIE OBDUKTION

Daß ein Leichnam von einem Pathologen gründlich zerlegt werden muß, ist für Angehörige häufig nicht leicht zu akzeptieren, doch es ist nichtsdestotrotz notwendig. (Aus naheliegenden Gründen wird der Leichnam nach einer Obduktion im geschlossenen Sarg präsentiert, obwohl moderne Balsamierungstechniken es den Angehörigen auch schon ermöglichen, ihn noch einmal zu sehen.)

`Zunächst erfolgt die äußerliche Untersuchung. Der Pathologe notiert Spuren, Abdrücke oder Verletzungen auf dem Körper sowie die Position der Hypostase (vgl. S. 18) und den Zustand der Augen. Bei Fällen von Selbsttötung oder Verdacht auf Mord werden Abstriche und Gewebeproben aus

Ein moderner Obduktionssaal ist mit allen notwendigen Geräten für eine rasche und gründliche Obduktion ausgestattet.

Bereichen wie Händen, Mund, Brüsten, Vagina oder Rektum entnommen und analysiert. Der Pathologe nimmt all seine Beobachtungen während der Obduktion auf Band auf.

Die innere Untersuchung wird mit einem langen Y-förmigen Schnitt begonnen, der hinter den Ohren beginnt und das Brustbein entlang bis zum Unterleib führt. So läßt sich die Haut leicht auseinanderziehen, so daß Hals und Brust, Knochen, Muskeln und innere Organe frei liegen. Auch subkutane Verletzungen, die von außen nicht erkennbar waren, können dabei festgestellt werden.

Um Herz, Lunge und andere Organe für eine weiterführende Analyse zu entnehmen, muß das Brustbein aufgesägt werden. Als nächstes wird der Schädel geöffnet. Der erste Einschnitt erfolgt um die Oberseite des Kopfes herum, so daß die Kopfhaut abgezogen und der Schädelknochen freigelegt werden kann. Mit einer kleinen Kreissäge wird die Schädeldecke aufgesägt und abgehoben. Der Pathologe kann dann das Gehirn und die Innenseite des Schädels genau auf Verletzungsspuren untersuchen – alte Wunden geben manchmal Hinweise auf den früheren Lebensstil des Opfers. Auch das Gehirn wird für genauere Analysen entfernt.

Wenn die Obduktion beendet ist, wird der Originalzustand des Toten so gut wie möglich rekonstruiert. Anstelle entnommener Organe werden sterile Polster eingesetzt, und die Haut wird sorgfältig zusammengenäht, bevor der Leichnam dem Bestattungsinstitut übergeben wird. Kann die Todesursache nicht gleich festgestellt werden, dauert es manchmal Monate, bis ein Leichnam freigegeben wird. Zweck der Rekonstruktion ist es, den Toten für die Bestattungsfeierlichkeiten präsentabel herzurichten – manchmal gewinnt das Aussehen eines Leichnams sogar dabei, etwa wenn er durch einen Autounfall entstellt wurde. Der ganze Obduktionsprozeß kann abgesehen von der Rekonstruktion normalerweise in einer halben Stunde durchgeführt werden. Die anschließende Analyse, für gewöhnlich von anderen Mitgliedern des Pathologenteams durchgeführt, unter anderem auch von Toxikologen, nimmt dann sehr viel mehr Zeit in Anspruch. Besonders von der Kriminalpolizei angeordnete Obduktionen müssen zu präzisen Ergebnissen darüber führen, ob das Opfer durch eigene Hand oder durch Fremdeinwirkung ums Leben kam.

SPONTANE SELBSTENTZÜNDUNG

Eine der wohl rätselhaftesten unnatürlichen Todesarten, deren Existenz von vielen Wissenschaftlern trotz beachtlichen bestätigenden Materials gänzlich bestritten wird, ist die sogenannte spontane Selbstentzündung. Die Opfer werden verbrannt vorgefunden, von ihrem Körper ist meist nicht viel mehr als ein Häufchen Asche übrig, doch ihre Umgebung weist kaum Spuren eines Feuers auf. Unter

messer etwa so groß wie ein Zehn-Cent-Stück", die einige Zentimeter weit aus seinem Bein hervorschoß. Erschrocken schlug er danach, doch ohne Erfolg. Dann schloß er seine Hände um die Flamme, um sie zu ersticken, und zu Hamiltons grenzenloser Erleichterung konnte er sie tatsächlich löschen.

Das Phänomen ist relativ selten, doch Berichte darüber gibt es – trotz der unverminderten Skepsis von seiten der Feuerwehr und Ärzteschaft – bereits seit einigen Jahrhunderten. Typischerweise sind die Opfer bereits älter und werden fast gänzlich zu Asche verbrannt in ihren Häusern aufgefunden. Der direkt unter dem Leichnam befindliche Bodenbelag bzw. der Sessel, in dem der Verstorbene bei Ausbruch des Feuers saß, werden dabei ebenfalls zerstört, während der Rest des Zimmers, auch in der Nähe befindliches entzündliches Material unbeschädigt bleibt.

In der Nacht zum 1. Juli 1951 verbrannte Mary Reeser, eine 67jährige Witwe aus St. Petersburg in Florida, in ihrem Sessel. Der Sessel war bis auf die Sprungfedern mit verbrannt, und von Mrs. Reeser war nichts als ein kleiner Haufen Asche übrig. Ein kleines Stück des Teppichs war verkohlt, und an der Decke fand man einen Rußfleck. Ein Papierstoß direkt neben dem Sessel war nicht einmal versengt.

Der Spurensicherungsexperte Dr. Wilton M. Krogman dazu:

Ich kann mir nicht vorstellen, wie jemand so vollständig verbrennen kann, ohne daß gleichzeitig die ganze Wohnung mit abgebrannt wäre. ... Das ist das erstaunlichste, was ich je gesehen habe. Noch jetzt sträuben sich mir, wenn ich darüber nachdenke, die Nackenhaare vor Furcht. Würde ich im Mittelalter leben, hätte ich etwas von Schwarzer Magie gemurmelt.

Die spärlichen Überreste von Dr. Irving Bentley, einem 93jährigen Arzt aus Coudersport in Pennsylvania, wurden am Morgen des 5. Dezem-

> SPONTANE SELBSTENTZÜNDUNG IST RELATIV SELTEN, DOCH BERICHTE DARÜBER GIBT ES – TROTZ DER UNVERMINDERTEN SKEPSIS VON SEITEN DER FEUERWEHR UND ÄRZTE- SCHAFT – BEREITS SEIT EINIGEN JAHRHUNDERTEN.

Alles, was von Dr. Irving Bentley am Morgen des 5. Dezember 1966 übrig war: ein Bein, das noch im Pantoffel steckte, und seine Gehhilfe. Der bemerkenswert kleine Bereich verbrannten Bodens ist typisch für Fälle von spontaner Selbstentzündung.

diesen Umständen ist es besonders interessant, einen der wenigen Berichte eines persönlich Betroffenen zu lesen, der den Vorfall überlebte.

An einem kalten Januarmorgen des Jahres 1835 las James Hamilton, Professor der Mathematik an der Universität Nashville in den USA, die meteorologischen Meßgeräte vor seinem Haus ab. Plötzlich spürte er „einen heftigen Schmerz, wie bei einem Hornissenstich, und eine stechende Hitze" in seinem linken Bein. Er schaute nach unten und sah eine hellblaue Flamme, „im Durch-

Eine Illustration des Zeichners Phiz in Charles Dickens' Roman Bleakhaus. *Man findet die Überreste des Lumpen- und Knochenhändlers Krook, der durch spontane Selbstentzündung ums Leben gekommen ist, in seinem heruntergekommenen Quartier.*

Andere Erklärungsversuche stammen von Ärzten. Die beliebteste Theorie geht davon aus, daß sich das Feuer vom Fettgewebe des Körpers nährt. In einem Bericht heißt es, daß der Oberkörper in diesen Fällen so oft vollständig verbrennt, während die Beine oder zumindest Teile davon übrig bleiben, weil hier „ein ‚Kerzeneffekt‘ eintritt, bei dem das Fett des verbrennenden Oberkörpers die Kleidung durchtränkt, die dann als eine Art Docht fungiert."

Ein anderer Vorschlag wird in einem Artikel des Magazins *Applied Trophology* vom Dezember 1957 gemacht. Hier heißt es, daß spontane Selbstentzündung auf eine Sammlung von Phosphagenen zurückzuführen sei – Verbindungen aus Amino- und Phosphorsäuren, die zu den komplexen biochemischen Reaktionen bei Muskelkontraktionen gehöre. „Phosphagen ist eine Verbindung wie Nitroglyzerin ... Es ist in bestimmten Menschen, die sich wenig bewegen, zweifelsohne so hochentwickelt, daß ihre Körper tatsächlich entzündlich werden und anfangen können zu brennen wie nasses Schwarzpulver unter bestimmten Umständen."

Diese Erklärung weist mindestens eine entscheidende Schwäche auf – Phosphagene haben tatsächlich keinerlei Gemeinsamkeiten mit Nitroglyzerin.

Viele angebliche Fälle spontaner Selbstentzündung entpuppen sich bei näherer Untersuchung als Resultat des Kontakts mit einer offenen Flamme. Doch gibt es genügend Vorfälle, bei denen das zweifellos nicht der Fall ist, bei denen niemand sagen kann, wo das Feuer herkam. Auch gibt es nach wie vor keinerlei Erklärung für die Hitzeintensität, die derjenigen im Brennofen eines Krematoriums gleichkommen muß und doch die nächste Umgebung unberührt läßt.

MENSCHENOPFER

Eine Form des gewaltsamen Todes ist heute glücklicherweise praktisch nirgends auf der Welt mehr existent – das Menschenopfer. In früheren Zeiten war es jedoch Teil beinahe jeder Religion. Bei religiösen Opfern ging es stets um Wesen oder Dinge, die dadurch, daß sie einer Gottheit geweiht wur-

ber 1966 in seinem Badezimmer gefunden. Ein Loch von etwa einem Meter Durchmesser hatte sich durch den Boden hindurch direkt bis in den Kellerraum darunter gebrannt. Der Leichenbeschauer berichtete: „Alles, was ich noch fand, waren ein Kniegelenk auf einem Pfosten im Keller, ein Unterschenkelknochen und die verstreute Asche des Toten 1,80 m tief unter seiner Wohnung." Und doch stand Dr. Bentleys Gehhilfe unbeschädigt neben dem Brandloch, und die Badewanne, die nicht einmal einen halben Meter weit weg stand, war nur leicht angesengt worden.

Im 19. Jahrhundert glaubte man, daß Alkoholmißbrauch zu einer hohen Konzentration entzündlicher Stoffe im Körpergewebe führe. Dieser Vermutung schloß sich auch der berühmte deutsche Chemiker Justus von Liebig an, obwohl er selbst die Existenz dieses Phänomens bezweifelte, da er es nie persönlich hatte beobachten können. Dennoch bewies er anhand eines Versuchs, daß alkoholgetränktes Fleisch nicht weiterbrennt, sobald der Alkohol selbst verbraucht ist.

den, Heiligkeit erlangten. Opfer wurden als geschenkte Gaben dargeboten, als Buß- oder Versöhnungshandlung oder als Versuch, eine besondere Bindung herzustellen. Meist ging es um mehr als nur einen dieser Aspekte, denn ein Geschenk bedeutet immer den Versuch, eine Bindung herzustellen, und ein Bußopfer erfordert den Verzicht auf etwas Wertvolles.

Um eine gute Ernte zu sichern, vergrub man die Opfer auf den Feldern, um neugebaute Gebäude zu schützen, schloß man sie in den Fundamenten ein. Im 19. Jahrhundert ließ ein Aschantikönig in Afrika angeblich 200 Mädchen töten und mischte ihr Blut unter den Mörtel der Mauern seines Palastes, um ihn uneinnehmbar zu machen. Im alten Japan dienten die Opfer als „menschliche Säulen". Die Wikinger und mehrere polynesische Völker ließen ihre Schiffe über die gefesselten Körper ihrer Gefangenen hinweg zu Wasser.

Der Gedanke, Fruchtbarkeit der Felder durch Opfer zu erreichen, fand auch im Bereich menschlicher Fortpflanzung Anwendung. In vielen Kulturen wurde das erstgeborene männliche Kind geopfert, um zu gewährleisten, daß seine Mutter weitere Söhne bekommen würde. In Indien gab es Zeiten, in denen Kinder von Angehörigen niederer Kasten geopfert wurden, um der Ehefrau eines einflußreichen Höhergestellten die Empfängnis zu ermöglichen.

Den Göttern Opfergaben darzubringen, um ihre Wohlgesonnenheit zu gewinnen, war ein weiterer Anlaß für Menschenopfer, Im Alten Testament wird geschildert, wie die Kanaaniter dem

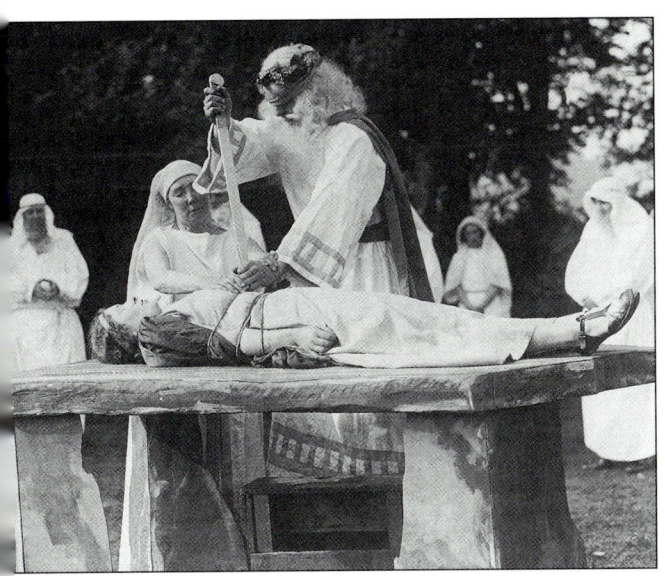

Baal Kinder opferten. Bei den alten Griechen gab es eine eigene Klasse menschlicher Opfer, die *Pharmakoi*, die für Opferungen in Reserve gehalten wurden, mit denen hereinbrechende Katastrophen wie Seuchen oder Hungersnöte abgewendet werden konnten. Und der Chronist Adam von Bremen schildert im elften Jahrhundert die Bräuche in Schweden: „Alle neun Jahre wird in Uppsala ein großes Fest aller schwedischen Provinzen feierlich begangen ... Das Opfer wird folgendermaßen dargebracht: Von allen lebenden Kreaturen, die männlich sind, werden neun Köpfe geopfert, mit deren Blut Götter dieser Art für gewöhnlich milde gestimmt werden sollen. Die Leichname hängen sie in den heiligen Hain hinter dem Tempel. Selbst Hunde und Pferde hängen da neben Männern."

In Mittelamerika findet man an den bemalten Wänden alter Maya-Tempel Szenen religiöser Opferrituale. Meist werden Pflanzen oder Tiere geopfert, doch einige Bilder zeigen auch Menschen,

OBEN: Beim Sonnenopferritual der Azteken schnitt ein Priester den Opfern das Herz aus dem Leib, und ein Strom von Blut floß die Stufen der Großen Pyramide in Tenochtitlán hinunter.

LINKS: Römischen Chronisten zufolge brachten auch die Druiden alter Völker Menschenopfer. Hier spielen Schauspieler bei einem Historienspiel in England 1932 die Szene so nach, wie man sie sich vorstellt.

denen das Herz herausgerissen wird und deren Blut reichlich fließt. Die Gläubigen boten auch ihr eigenes Blut dar, natürlich in geringeren Mengen, meist aus Ohren oder Zunge.

Der aztekische Glaube ähnelte dem der Maya, doch scheint hier das Menschenopfer die entscheidendste Rolle gespielt zu haben. Blut galt als Quelle der Energie des Sonnengottes. Dieser mußte mit der „roten Kaktusfrucht" – das menschliche Herz und Blut – gefüttert, gekühlt und in Bewegung gehalten werden. Wenn die Opfer nicht regelmäßig erfolgten, würde die Sonne am Himmel stehenbleiben, und alle Menschen müßten in ihrer Glut sterben.

Auch wenn es als große Ehre galt, dem Sonnengott geopfert zu werden, waren doch viele der Opfer bei den großen Ritualen feindliche Krieger, die in der Schlacht gefangengenommen worden waren und zur Großen Pyramide in Tenochtitlán gebracht wurden. Man führte sie durch Weihrauchwolken hindurch einzeln die Stufen hinauf. Einem nach dem anderen wurde das Herz mit einem Obsidianmesser herausgeschnitten, und ein ganzer Strom von Blut floß die Stufen hinunter. Man schlug ihnen die Köpfe ab und stellte sie auf großen Gestellen zur Schau.

Eine andere Art des Menschenopfers war die Sitte, Bedienstete ihren Herren ins Grab folgen zu lassen, damit sie ihm auch im Jenseits dienen könnten. Ein Skythenkönig wurde mit seinem gesamten Haushalt beerdigt. Auf dem königlichen Friedhof der sumerischen Stadt Ur wurden 16 Gräber mit bis zu 70 Opfern darin ausgehoben. In zwei Grabstätten chinesischer Könige fand man jeweils mehr als 100 Leichname, und dieser Brauch hielt sich noch bis weit ins 13. Jahrhundert. Bei der Bestattung des Hunnenkönigs Attila im Jahr 463 sollen sich 500 berittene Soldaten die Kehlen durchschnitten haben, um ihm zu folgen.

Wie freiwillig die Bereitschaft der Menschen, sich opfern zu lassen, zustande kam, bleibt ungeklärt. Die Selbstopferung der Hunnensoldaten erinnert an den *Seppuku* der japanischen Samurai (s. S. 39), und zweifellos erwartete man das von ihnen. Sozialer Druck, die emotionale Bewegung durch eine große öffentliche Veranstaltung, das Beispiel der anderen – all diese Faktoren trugen sicher dazu bei. Doch von den entsetzlichen seelischen und körperlichen Qualen des Opfers wissen wir nichts.

HINRICHTUNGEN

Ob er nun langsam oder schnell kommt, der Moment des Todes trifft uns alle plötzlich. Doch die abrupteste Todesart ist wohl das Köpfen mit der Guillotine, und über die Erfahrungen ihrer Opfer kursieren bemerkenswerte Geschichten.

Im 19. Jahrhundert wiesen mehrere französische Professoren und Ärzte darauf hin, daß die Guillotine den Hals so rasch durchtrennte, daß möglicherweise die „Lebenskraft" noch eine Weile im Gehirn erhalten blieb.

Geoffrey Abbot hält in seinem Buch *The Book of Execution* (1994) fest:

Vielleicht sah das Opfer tatsächlich, wie der Korb sich ihm näherte, ihm waren die triumphierenden Schreie der Menge bewußt, vielleicht hörte es sogar das Spritzen des eigenen Blutes hinter sich und wie es anschließend auf die Planken des Schafotts klatschte. Wenn seine Stimmbänder nicht durchtrennt wären, vielleicht würde sich dann das Opfer bei entsprechenden Versuchen auf irgendeine Weise

bemerkbar machen können und uns mitteilen, daß sein Gehirn noch arbeitet.

Ein grausames Experiment führte ein französischer Arzt namens Amirault 1907 durch. Er ließ das Blut eines lebenden Hundes in den Kopf eines hingerichteten Kriminellen namens Menesclou fließen. Er berichtete: „Die Lippen füllten sich, die Augenlider zuckten, und nach zwei Stunden hatte das Hundeblut das Gehirn wieder zum Leben erweckt. Es wäre ihm vielleicht möglich gewesen zu sprechen, denn die Lippen zogen sich zusammen, als wollten sie etwas mitteilen."

„ALS DER SCHARFRICHTER SEIN HERZ HERAUSSCHNITT, ES DER VORSCHRIFT NACH IN DIE HÖHE HIELT UND SAGTE: ‚HIER IST DAS HERZ EINES VERRÄTERS‘, DA GAB SIR EDWARD ANTWORT: ‚DU LÜGST‘."

Als der Mörder Magret guillotiniert wurde, fiel sein Kopf aufrecht in den Korb. Der anwesende Arzt Dr. Marcoux beschrieb danach, wie er die Augenlider und Lippen noch habe zucken sehen. Er beugte sich zu einem Ohr herunter und sprach Magrets Namen laut hinein. Daraufhin öffneten sich die Augen, und „er sah mich 10 bis 15 Sekunden lang konzentriert an – kein glasiges Starren, sondern ein aufmerksamer Blick. Dann schlossen die Augen sich, doch als ich seinen Namen zum zweiten Mal aussprach, öffneten sie sich wieder und folgten mir, als ich um den Korb herumging. Danach schlossen sie sich für immer."

Heute nimmt man an, daß solche und ähnliche Erzählungen nur den unwillkürlichen Muskelreflex nach dem Tod beschreiben. Zum Volksglauben gehört ja auch die Annahme, daß Hühner, wenn man ihnen rasch genug den Kopf abschlägt, noch einige Zeit kopflos umherlaufen. Dr. Harold Hillman von der Universität Surrey betont:

Die Augen kleiner Nagetiere bewegen sich noch einige Sekunden, nachdem Biochemiker ihnen den Kopf abgetrennt haben. Betäubte Schafe zeigen 14 Sekunden nach Durchtrennung beider Karotis-Arterien und erst 70 Sekunden nach Durchtrennung einer Karotis-Arterie und einer Jugularvene keine Licht-Reaktionen mehr auf dem Elektrokortikographen. Hunde werden 12 Sekunden nach Abbruch der Blutzufuhr ins Gehirn bewußtlos. Man hat errechnet, daß das menschliche Gehirn genügend Sauerstoff speichern kann, um den Stoffwechsel noch etwa sieben Sekunden in Gang zu halten. Es ist jedoch gut möglich, daß das Gehirn einen Teil seiner Energie von Substraten in der Kopfhaut und den Gesichts- und Halsmuskeln bezieht.

Als Sir Everard Digby wegen seiner Beteiligung an der Pulververschwörung, dem Attentat auf König Jakob I. von England im Jahr 1605, hingerichtet wurde, soll er der Legende nach noch bei Bewußtsein gewesen sein, als man ihn in Stücke schnitt. Im 17. Jahrhundert berichtete der Antiquar Anthony à Wood davon: „Als der Scharfrichter sein Herz herausschnitt, es der Vorschrift nach in die Höhe hielt und sagte: ‚Hier ist das Herz eines Verräters‘, da gab Sir Edward Antwort: ‚Du lügst‘."

Versailles im August 1922: Der Serienmörder Henri Landru („der französische Blaubart") wird vor den Augen der Beamten zu seiner Hinrichtung aufs Schafott geführt.

57

KAPITEL 4

TODESRITUALE

Die Rituale um den Tod gehören zu der Gruppe gesellschaftlicher Ereignisse, die Anthropologen als „Übergangsriten" bezeichnen. In seinem elementaren Werk *Les Rites de Passage* (1909) beschreibt der französische Ethnologe und Volkskundler Arnold van Gennep, wie jeder Ritus in drei Phasen aufgeteilt werden kann. Die große Bedeutung seiner Arbeit liegt darin, daß er herausfand, daß die allgemeinen Verhaltensmuster in Todesfällen – ungeachtet der Unterschiede in feineren Details – in allen Gesellschaften der Welt dieselben bleiben.

Die erste Phase besteht aus dem Todeseintritt selbst, mit dem Verstorbene sowie Hinterbliebene von ihren bisherigen sozialen Bedingungen getrennt werden. Die zweite beschreibt van Gennep als „marginale" Phase, in der die Hinterbliebenen bestimmte Verhaltensweisen annehmen und besondere Kleidung tragen, während die Seele des Toten sich dem Glauben nach entweder auf eine lange Reise begibt oder entwurzelt und rastlos in der Nähe des Hauses verweilt. In der dritten Phase kehren die Hinterbliebenen dann zu ihrem vorherigen sozialen Status zurück, und die Seele des Verstorbenen erreicht nun ihr endgültiges Ziel, was wiederum durch ein weiteres spezielles Ritual gefeiert werden kann.

Obwohl van Genneps Modell als Beschreibung der Ereignisse nach dem Tod sehr nützlich ist, scheiden sich doch bezüglich der Motivation für diese Ereignisse die Geister.

Der Anthropologe Bronislaw Malinowski war der Ansicht, daß Bestattungsbräuche einen sozialen Mechanismus repräsentierten, der zum Abbau emotionaler Spannungen dient – also eine einfache Wiederanpassung an die normalen Bedingungen. Der Tod ruft starke und widersprüchliche Emotionen hervor: einerseits Angst und Schrecken, doch andererseits auch die Liebe zum Verstorbenen; einerseits den Wunsch, die Bande zum Toten zu durchtrennen, und andererseits den, daran festzuhalten. Das findet Ausdruck in Bestattungsritualen, „die die natürlichen Gefühle der Überlebenden bekräftigen und wiederholen: Sie erschaffen aus einem biologischen Faktum ein gesellschaftliches Ereignis." Malinowski meinte, daß die Rituale – sowie die damit verbundene religiöse Bedeutung – „die zentrifugalen Kräfte der Furcht, Bestürzung und Demoralisierung" auffangen und ihnen entgegenwirken sollten und daß sie ferner „die machtvollsten Mittel zur Wiederherstellung der erschütterten Solidarität der Gruppe und ihrer Moral" darstellten.

Den praktisch entgegengesetzten Standpunkt vertreten die Soziologen in der Gefolgschaft Émile Durkheims. Er betonte, daß gesellschaftlich vorgeschriebene Ausdrucksformen der Trauer häufig in keinem Verhältnis zu der Intensität individueller Emotionen stünden. So trügen sie nicht zum Abbau, sondern im Gegenteil zur Verstärkung der Spannungen bei. Durkheim meinte, daß der Zweck eines Rituals nicht in der Freigabe von Emotionen bestünde, sondern darin, sie zu schaffen und auszudrücken und auf diese Weise die Grundwerte der Gesellschaft zu bestätigen. Die öffentlichen Trauerbezeigungen einer Witwe beispielsweise – die von haltlosem Weinen über Selbstverstümmelung bis hin zur Gefolgschaft in den Tod auf dem Scheiterhaufen des Ehemannes reichen können – dient zur Absicherung der Bedeutsamkeit ehelicher Verbindungen.

Viele Psychologen vertreten heute eine gemäßigte Position zwischen diesen beiden Theorien. Sie heben hervor, daß Beisetzungsrituale oft ein unterbewußtes Zuge-

Oben: Öffentliche Trauerbezeigungen spielen eine wichtige Rolle bei den Todesritualen vieler Gemeinschaften.

ständnis an Schuld und Furcht reflektieren – und vor allem die Notwendigkeit, das Gefühl abzustreiten, daß der Tod auf irgendeine Weise zumindest halb herbeigewünscht worden wäre.

Auf jeden Fall herrscht wenig Zweifel darüber, daß eine gewisse Ambivalenz den Bestattungsbräuchen in aller Welt gemeinsam ist: Zum einen enthüllen sie eine instinktive Furcht vor dem Tod und sogar vor den Toten, zum anderen zeigen sie auch das Bedürfnis, eine gewisse Verbindung zum Toten aufrechtzuerhalten. Obwohl der Leichnam als Quelle von Verunreinigung und Ansteckungsgefahr bekannt ist, berühren Trauernde ihn, küssen ihn, gehen sogar so weit, sich mit seiner Flüssigkeit zu benetzen. Gleichzeitig sind Bestattungsrituale – Gebete, Bewirtung mit Speisen und andere – darauf angelegt, dem Verstorbenen auf den Weg zum letzten Bestimmungsort zu bringen und sich seiner so

letztlich zu entledigen und eine unwillkommene Rückkehr zu verhindern.

In einigen Kulturen werden dem Toten Gebrauchsgegenstände mit ins Grab gegeben und seine übrigen Besitztümer zerstört. Der praktische Nutzen dieser Sitte besteht darin, daß Erbschaftsprobleme umgangen werden, doch trägt sie auch dazu bei, die endgültige Trennung der Toten von der Welt der Lebenden zu unterstützen.

Andere Wege, mit den Toten in Kontakt zu bleiben, vollziehen sich auf rein spiritueller Ebene. Der Glaube an Schutzgeister ist die Grundlage des Ahnenkults in China und anderen Kulturen (vgl. S. 115). Einige Aspekte des Spiritismus (vgl. S. 118) zeugen vom selben Glauben. Auch in unserer modernen materialistischen Welt überlebt dieses Urbedürfnis, die Relikte eines lang Verstorbenen, dessen Taten als verehrungswürdig gelten, zu sehen und vielleicht zu berühren. Nur ein Beispiel sind die Massen vieler tausend Menschen, die sich jährlich in Mozarts Geburtshaus in Salzburg versammeln, um die Gegenstände und Instrumente zu sehen, die – vielleicht – die Hand des großen Komponisten berührt hat.

In der Stunde des Todes

Ein natürlicher Tod kommt nur selten unerwartet. Angehörige, Ärzte, Geistliche und meist auch der

Rechts: In sehr trockener Umgebung kann ein Leichnam auf natürliche Weie mumifiziert werden, so daß keine Verwesung stattfindet. In den Katakomben von Palermo wurden insgesamt ca. 8 000 einflußreiche Bürger und Kirchenvertreter beigesetzt.

Sterbende selbst – sie alle sind sich bewußt, daß der Tod bevorsteht. Überall auf der Welt gelten für diese Zeit bestimmte Rituale, die es zu beachten gilt. Ihr Zweck besteht darin, die letzten Momente im Leben der Sterbenden zu erleichtern und ihnen zuzusichern, daß ihre Seele Frieden finden wird.

Ist der Tod eingetreten, müssen andere Rituale befolgt werden. In weiten Teilen Europas ist es beispielsweise immer noch üblich, alle Uhren im Haus anzuhalten, das Feuer im Kamin zu löschen und die Fenster und Spiegel mit Tüchern zu verhängen. Die Motivation hinter solchen Bräuchen scheint eine hartnäckig atavistische Bemühung zu sein, den Geist der Verstorbenen, der in der Nähe des Leichnams vermutet wird, nicht zu verwirren.

Die kirchliche oder zivile Gesetzgebung setzt häufig eine genaue Zeitspanne fest, die zwischen dem Augenblick des Todeseintritts und der Beseitigung des Leichnams verstreichen soll. Während dieser Zeit wird der Leichnam meist gewaschen, möglichst vorteilhaft angekleidet, in ein Leichentuch gehüllt und aufgebahrt. Oft werden Kerzen oder andere rituelle Objekte darum herum aufgestellt. Verschiedene soziale Bräuche erfordern dann den Ausdruck heftiger Trauer oder auch religiöse Zeremonien oder sogar Feierlichkeiten.

BESTATTUNG DES LEICHNAMS

In einer Kultur kann es mehr als eine einzige Methode geben, einen Leichnam vorschriftsmäßig zu bestatten. Die begleitenden Zeremonien und die

Mittel der Beseitigung hängen nicht nur von der sozialen Position des Verstorbenen ab, sondern auch von den Todesumständen. Ein extremes Beispiel liefern hierfür die Nuer im Sudan, die ganz normale Bestattungen durchführen, jedoch totgeborene Zwillinge in einer Astgabelung beisetzen. Einige Völker erklären alte oder seit langem erkrankte Menschen bereits für „tot" und bestatten diese Unglücklichen manchmal bei lebendigem Leib.

Die vielleicht älteste Methode, mit Leichnamen zu verfahren, besteht darin, sie in der Erde zu vergraben. Natürlich sind Spuren von Beerdigungen auch praktisch der einzig erhaltene Hinweis auf Bestattungsbräuche prähistorischer Stämme, doch zeigt sich die Bevorzugung dieser Methode auch in heute lebenden Stammeskulturen. Der Leichnam wurde in Schlafposition gelegt oder auch in eine embryonale Lage gebunden, was vielleicht den Gedanken an eine mögliche Wiedergeburt ausdrückt. Manchmal sitzt der Tote, manchmal steht er sogar aufrecht.

Der Glaube an eine Art Leben nach dem Tod zeigt sich darin, daß Speisen, Schmuck, Gebrauchsgegenstände, Waffen und sogar die Leichname von Bediensteten mit in die Grabstätte gegeben wurden. Die Form der Grabstätten als Höhlen oder Stein- und Felskonstruktionen legt nahe, daß sie als „Häuser" für die Verstorbenen betrachtet wurden.

Die Feuerbestattung ist die bei den Hindus übliche Methode, die auch viele Buddhisten bevor-

LINKS: Ein natürlicher Tod kommt für den Sterbenden, seine Angehörigen, Ärzte und Geistlichen meist nicht unerwartet. Für diese Zeit gelten bestimmte Rituale, welche es dem Sterbenden und den Angehörigen leichter machen sollen, Abschied voneinander zu nehmen.

UNTEN: In einigen Teilen der Welt haben Särge nicht immer die bekannte einfache Form. Der Leichnam von Willie „Wimp" Stokes wurde nach seinem Tod 1984 aufrecht ans Steuer eines autoförmigen Sarges gesetzt.

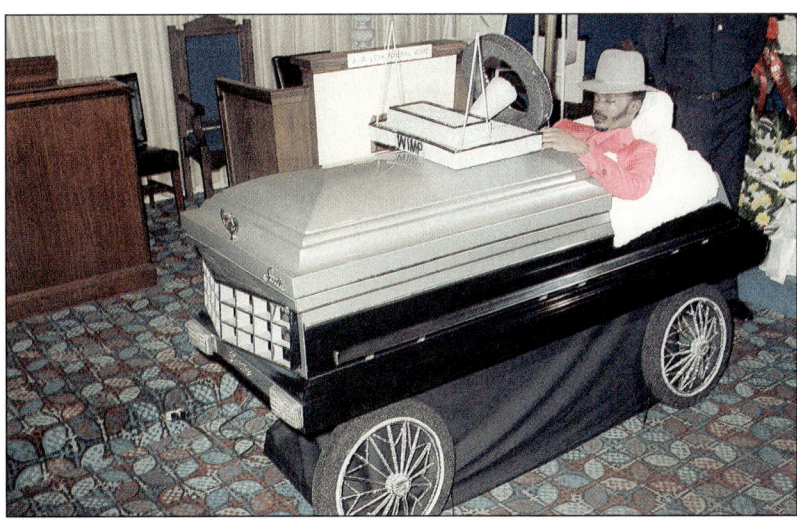

zugen. Im alten Ägypten, in China, Israel und für den Islam war und ist die Einäscherung von Leichnamen aus verschiedenen Gründen verboten: damit durch den Erhalt des Körpers Unsterblichkeit garantiert ist, um Totenkult und -verehrung zu ermöglichen oder aus dem Glauben an eine Auferstehung des Fleisches heraus. Im urzeitlichen Europa ersetzte die Feuerbestattung gegen Ende des Bronzezeitalters langsam die Beerdigung – aus dieser Zeit wurden Friedhöfe entdeckt, auf denen Hunderte von Urnen mit Asche begraben lagen – und der Trend setzte sich im griechischen und römischen Zeitalter fort. Mit dem Aufstieg des Christentums, das viele jüdische Praktiken übernahm, wurde die Methode ganz abgeschafft, kam aber im 19. Jahrhundert wieder zur Anwendung (vgl. S. 71).

Im alten Ägypten wurden die Leichname ursprünglich vollständig bekleidet und mit Nahrungsmitteln und Gebrauchsgegenständen versorgt begraben. Die Entdeckung, daß die Körper in der trockenen glühenden Sonnenhitze konserviert wurden, führte bald zur beabsichtigt durchgeführten Mumifizierung . Im Lauf der Zeit begannen die ägyptischen Beerdingungszeremonien komplizierter zu werden, weshalb man dazu überging, steinerne Grabmäler (*Mastabas*) für die einflußreichsten Persönlichkeiten zu errichten. Doch das Klima in diesen Steingräbern griff die Leichname an, daher wurden künstliche Konservierungstechniken entwickelt.

Nicht nur in Ägypten mumifizierte man die Toten. Die südamerikanischen Inkas wickelten die Leichname fest ein, nachdem sie gründlich getrocknet waren, um sie vor der zersetzenden Wirkung der Erde zu schützen, in der sie begraben wurden. In vielen anderen Ländern blieb diese Behandlung hochrangigen Persönlichkeiten wie Königen und Priestern vorbehalten. Auch bei den australischen Aborigines in Torris Strait wurden bis vor kurzem noch Mumifizierungen praktiziert.

Das Einbalsamieren dient ähnlichen Zwecken. Die im Moskauer Kreml ausgestellten einbalsamierten Leichname Lenins und zeitweise auch Stalins lockten mehrere tausend russische Pilger und Besucher aus allen Ländern an.

Was vielen wie ein liebloser Weg der Leichnamsbeseitigung erscheinen mag, ist das Ausstellen der Toten im Freien, doch die Kulturen, die diese Methoden bevorzugten, hatten religiöse Gründe dafür. Die nordamerikanischen Mandan-Indianer legten ihre Toten auf halbhohe offene Schafotte, damit sie nicht für Aasfresser erreichbar waren, sondern von Raubvögeln verzehrt werden konnten. Wenn die Knochen dann sauber abgenagt waren, wurde der Schädel mit den anderen in einem Kreis angeordnet, in dem Freunde und Verwandte Gaben darreichen konnten, um ihre Verstorbenen zu ehren.

Ähnliche verfährt man auch andernorts mit den Toten. Die orthodoxen Parsen, indische Anhänger des Zoroastrismus, sind der Ansicht, weder Erde noch Feuer oder Wasser solle durch Leichen besudelt werden. Sie betten ihre Verstorbenen auf „Türmen des Schweigens" zur Ruhe, wo sich die Sonne und die Geier ihrer annehmen.

Wer an Bord eines Schiffes stirbt, dem wird nach weiterhin gültiger westlicher Sitte eine Seebestattung zuteil. Dieser Brauch ergab sich zum Teil aus der Schwierigkeit, einen Leichnam über eine lange Seereise hinweg zu konservieren, hatte aber auch immer schon abergläubische Untertöne. Seeleute glaubten, daß ein Toter an Bord schlechtes Wetter oder zumindest ungünstigen Wind anziehe. Als ein Kapitän den Leichnam des Bischofs von Derry transportieren mußte, verbarg er den Sarg vor seiner Besatzung in einer Kiste, die er mit der Aufschrift „antike Statue" tarnte.

OBEN: Die Einäscherung ist die bei den Hindus übliche Methode der Leichnamsbeseitigung. Idealerweise sollte sie an den Ufern des heiligen Flusses Ganges durchgeführt werden.

OBEN: Die alten Ägypter beherrschten die Kunst der Mumifizierung durch Organentnahme und Einbalsamieren des Körpers bis zur Vollendung.

Mit einer Seebestattung endete auch Francis Drakes Leben vor Puerto Bello in Panama. Horatio Nelsons Leichnam hingegen wurde nach seinem Tod bei Trafalgar 1805 in einem Faß Brandy versenkt und zum Heldenbegräbnis nach England gebracht.

Ein ganz anderes Argument für Seebestattungen machte der Neuengländer Samuel Baldwin geltend. Am 20. Mai 1736 wurde sein Leichnam auf seine ernste Bitte hin den Wellen vor der Küste New Hampshires anvertraut, und zwar ausdrücklich, um den Wünschen seiner Frau zuwiderzuhandeln. Während ihrer häufigen ehelichen Auseinandersetzungen hatte sie ihm versichert, daß sie sich bereits darauf freue, auf seinem Grab zu tanzen. In früheren Zeiten galt die Wasserbestattung als bequeme Möglichkeit, sich unerwünschter Menschen (etwa Leprakranker, Sklaven oder Krimineller) zu entledigen. Auf einigen Pazifikinseln werden ganze Küstenstriche abgetrennt und zu Friedhöfen erklärt. Die Leichname hüllt man in Planen und beschwert sie mit Steinen. Auf den Salomoninseln legt man sie auf die Riffe, wo sie von Haien beseitigt werden.

Und noch ein letzter Weg der Leichnamsbeseitigung muß Erwähnung finden: der Kannibalismus. In bestimmten Regionen des pazifischen Raums galt er als sicherster Weg, eine enge Verbindung der Verstorbenen mit ihrem Volk auf-

rechtzuerhalten. Der Körper wurde bei einem feierlich begangenen Leichenmahl verzehrt. Von den Einwohnern des östlichen Neuguinea hieß es: „Ihre Friedhöfe sind ihre Bäuche". Einen leichten Anklang davon findet man vielleicht in der alten walisischen Sitte, einen „Sündenesser" zu bestellen, dessen Aufgabe es ist, Brot und Käse oder ein Stück Kuchen über dem Sarg zu essen und einen Krug Ale zu trinken, um damit die Sünden des Toten symbolisch zu verzehren.

HORATIO NELSONS LEICHNAM WURDE NACH SEINEM TOD BEI TRAFALGAR 1805 IN EINEM FASS BRANDY VERSENKT UND ZUR HELDENBESTATTUNG NACH ENGLAND GEBRACHT.

BESTATTUNGS- ZEREMONIEN

DAS ALTE ÄGYPTEN

Wenn ein reicher Ägypter oder ein Mitglied seiner Familie starb, wurde der Leichnam einbalsamiert und mumifiziert. Die inneren Organe – Leber, Lunge, Magen und Eingeweide, jedoch nicht das Herz – wurden durch einen Schnitt in der Bauchdecke entfernt, separat konserviert und in vier Krüge gelegt, die in einer Truhe verschlossen wur-

Wie früher die nordamerikanischen Mandan-Indianer und heute noch die indischen Parsen bevorzugen auch die Tibeter den Weg der „Luftbestattung" und bahren ihre Verstorbenen im Freien auf.

OBEN: In vielen Kulturen trägt man die Toten auf die einfachste Weise zu Grabe, ohne rituelle Kleidung oder Sarg. Hier eine Bestattung in Papua-Neuguinea.

den. Der Körper wurde 70 Tage lang mit Soda und aromatischen Harzen getrocknet, dann mit über der Brust gekreuzten Händen aufgebahrt und mit Bandagen umwickelt. Die erste Lage wurde mit Harz bestrichen und mit dem Grabschmuck der Verstorbenen besetzt. Weitere Bandagen folgten, wobei Leinenpolster oder Sand als Füllmaterial verwendet wurde.

Zum Abschluß wurde die Mumie bemalt und vergoldet und in den innersten einer ganzen Reihe ineinandergeschachtelter Särge gestellt. Am Tag der Beisetzung stellte man den Sarg auf einen Schlitten, der im Gefolge der trauernden Witwe und einer weiteren weiblichen Angehörigen (als symbolische Verkörperung der Göttinnen Isis und Nephthys) von Ochsen zum Nil gezogen wurde. Der Sarg wurde anschließend mit einem Boot zum Westufer des Stroms transportiert und zur Grabstätte gezogen. Dort stand er aufrecht, während der Priester das „Mundöffnungsritual" vollzog, das den Mund des Toten aufnahmefähig für mitgegebene Speisen und Getränke machen sollte.

Danach wurde der Sarg in die Grabkammer hinabgelassen, während die weiblichen Hinterbliebenen ihre Kleider zerrissen und Asche auf ihre Köpfe streuten. Diener brachten die konservierten Organe und alle notwendigen Beigaben für das Leben im Jenseits ins Grab hinunter. Unverzichtbar war unter anderem ein Kasten mit vielen kleinen Tonfiguren. Die sollten den Platz des Toten einnehmen, falls er im Jenseits aufgefordert würde zu arbeiten.

DAS ALTE ROM

Was genau nach dem Tod eines römischen Bürgers geschah, hing von seinem Wohlstand und seinem Platz in der Gesellschaft ab. Sklaven und die Ärmsten unter den Römern wurden mit geringem oder ganz ohne Zeremoniell auf einem öffentlichen Friedhof begraben. Wer es sich leisten konnte, gehörte zu einer der gemeinschaftlichen Beisetzungsgesellschaften (*Collegia Funeraticia*), die das ausgedehnte Katakombensystem entwickelt hatten. Die wohlhabenderen Familien besaßen entlang der Straßen, die aus der Stadt herausführten, eigene Grabstätten, wie solche, deren Überreste noch heute an der Via Appia zu sehen sind.

In dem Moment, in dem ein Mann seinen letzten Atemzug tat, wurde sein Name laut ausgerufen – wie es immer noch der Brauch beim Tod eines Papstes ist. Wenn er nichts erwiderte, wurde er für tot erklärt. Der Tote wurde gewaschen und (sofern er dazu berechtigt war) in eine Toga gekleidet. Der Tod wurde den zuständigen Verwaltungsstellen formal bestätigt, und die kommenden Beisetzungsfeierlichkeiten wurden öffentlich bekanntgegeben.

Am festgesetzten Tag zog die Beerdigungsprozession eines wohlhabenden Mannes zuerst zum Forum, manchmal begleitet von bezahlten Schauspielern und Narren. Sogar Gladiatorenkämpfe waren nicht unüblich. Beim Begräbnis des Publius Licinius im Jahr 183 n. Chr. kamen 120 Männer beim Schaukampf ums Leben. Im Forum hielten dann

Familienangehörige und Freunde Lobreden auf den Verstorbenen, woraufhin sich die Prozession durch die Stadttore zum Ort der Beisetzung begab.

Nach römischem Gesetz waren Begräbnisse und Feuerbestattungen innerhalb der Stadtmauern verboten, ebenso wie Friedhöfe in der Nähe von Wohngebieten – weshalb die Familiengrabstätten auch entlang der Handelsstraßen gebaut wurden, die aus der Stadt herausführten. Die Grabmäler trugen in den Stein gehauene Inschriften, zu denen biographische Informationen über die Toten gehörten und manchmal auch ein Gebet, das sich als erinnernde Mahnung an Passanten richtete. Häufig schmückten die Gräber auch Porträtbüsten der Verstorbenen. Und selbst als die Einäscherung sich durchgesetzt hatte, wurde ein kleiner Teil des Körpers, normalerweise ein Knochen des kleinen Fingers, zurückbehalten und konserviert.

Die Zeitspanne der öffentlichen Trauer betrug neun Tage. Nach deren Ablauf wurden am Grab Totengaben dargeboten, und im Haus des Verstorbenen wurde ein Festmahl abgehalten. Die private Trauerzeit innerhalb der Familie dauerte bis zu zehn Monaten. Generell glaubten die Römer nicht daran, daß die Seelen der Verstorbenen sich an einen fernen Ort begaben, sondern daß sie als Geister unter den Lebenden blieben, und so hielt man jedes Jahr zu ihren Ehren ein Fest ab.

DER HINDUISMUS

Die Zeremonien um den Tod sind im Hinduglauben, der stark von Vorstellungen über die Seele *Atman* und ihre Reinkarnationen (vgl. Kapitel 6) beeinflußt wird, von großer Bedeutung. Alle Hindus hoffen auf die Geburt mindestens eines Sohnes, da nur ein Sohn alle nötigen Bestattungsrituale ausführen kann, die den erfolgreichen Aufstieg der Seele gewährleisten. Diese Rituale sind meist lang und kompliziert; sie variieren je nachdem, welcher Kaste der Verstorbene angehörte.

Wenn der Tod absehbar wird, versammeln sich die Angehörigen, und hohe Priester, die Brahmanen, werden gerufen. Wenn möglich, sollte der Sterbende ein Kuh berühren, die dann dem höchsten Brahmanen als Geschenk überreicht wird. Sowohl Verstorbene als auch Hinterbliebene betrachtet man als verunreinigt, und sie müssen sich verschiedenen Reinigungsritualen unterziehen.

Üblich sind Feuerbestattungen, die in der Nähe einen Flusses, nach Möglichkeit beim heiligen Ganges, abgehalten werden. Es gelten strikte Regeln über den Umgang mit dem Leichnam, etwa wie er umwickelt werden muß und wie sich das Grabgeleit zu verhalten hat. Ebenso strenge Richtlinien sind bei der Plazierung des Scheiterhaufens, seiner Größe und dem zu verwendenden Holz zu beachten.

Viele Jahrhunderte lang erwartete man von der trauernden Witwe, daß sie ihrem verstorbenen Gatten in den Feuertod folgte. 1829 wurde diese Sitte unter britischer Herrschaft für illegal erklärt, doch wurde sie insgeheim noch bis vor nicht allzu langer Zeit praktiziert.

Weitere Bestimmungen legen den Ablauf der Reinigungszeremonien um den Scheiterhaufen herum und die Rückkehr des Grabgeleits nach Sonnenuntergang fest. Nach der Bestattung gelten die Hinterbliebenen noch zehn Tage lang als unrein und müssen sich von anderen fernhalten. Auch ihr Verhalten während dieser Zeit unterliegt strengen Bestimmungen – sie dürfen beispielsweise den Veda, die alten heiligen Schriften des Hinduismus, nicht lesen oder ihre Haare schneiden und müssen täglich Zeremonien ausführen, die es der befreiten Seele ermöglichen sollen, einen neuen spirituellen Körper zu finden. Werden sie vernachlässigt, bleibt die Seele als Geist unter den Lebenden gefangen. Zu diesen Ritualen gehören das Bereitstellen von Milch, Wasser und Reisbällchen.

Später findet dann eine zweite Bestattungszeremonie statt, bei der die Knochen von der Ein-

OBEN: Die Verstorbenen wohlhabender römischer Familien (oder ihre Asche) wurden in den Grabstätten beigesetzt, die heute noch die Via Appia in Rom säumen.

GANZ LINKS: Bei der Vorbereitung eines Leichnams zur Mumifizierung wurden die inneren Organe entnommen und in Krügen wie diesem separat konserviert.

OBEN: Viele Hindus können sich die Kosten für eine rituelle Feuerbestattung nicht leisten, und so werden viele Leichname unverbrannt den Wassern des Ganges anvertraut.

RECHTS: Zerfallende Grabsteine auf dem alten jüdischen Friedhof in Prag. Die Steine stehen dicht gedrängt über- und nebeneinander, weil der jüdischen Gemeinde nur ein sehr kleines Areal für ihre Toten zugestanden wurde und nach jüdischem Recht die Beerdigung die einzig legale Bestattungsform war.

äscherungsstätte gesammelt und in Urnen gefüllt werden, die man anschließend dem Fluß anvertraut. Einige Hindu-Glaubensrichtungen schreiben eine zweite Einäscherung der zermahlenen Knochen vor. Wenn es für die Trauernden Zeit wird, zum Alltagsleben zurückzukehren, wird ein neues Feuer im Haus entzündet. Weitere Gaben an den Toten folgen zu festgelegten späteren Zeitpunkten.

DAS JUDENTUM

Das Alte Testament beschreibt viele Bestattungsrituale der frühen jüdischen Gemeinschaften, etwa das Zerreißen von Kleidung oder auch Selbstverstümmelung, doch diese wurden von älteren Völkern übernommen, und einige davon wurden später als heidnisch verboten. Das 3. Buch Mose 19,28 schreibt vor: „Ihr sollt um eines Toten willen an eurem Leibe keine Einschnitte machen noch euch Zeichen einätzen." Und im 5. Buch Mose 14,1 heißt es: „Ihr sollt euch um eines Toten willen nicht wund ritzen noch kahl scheren über den Augen." Die Beerdigung wurde zur bevorzugten Bestattungsart, möglichst im Heimatland Israel „bei den Ahnen". Kein ordentliches Begräbnis zu

bekommen war eine Schande, und die Klagerituale am Grab von fast ebenso großer Bedeutung wie die Beerdigung selbst.

Im modernen Judentum sind viele der alten Bräuche erhalten geblieben, doch der hervorstechendste Aspekt einer jüdischen Beerdigungszeremonie ist ihre bemerkenswerte Schlichtheit. Ein Sterbender, der den Tod herannahen spürt, beichtet seine Sünden und spricht das *Schema Israel*: „Höre, o Israel, den HERRN, unseren Gott, der HERR ist eins". Der Leichnam wird auf dem Boden aufgebahrt, und Psalmen werden rezitiert, vornehmlich Psalm 91: „Wer unter dem Schirm des Höchsten sitzt und unter dem Schatten des Allmächtigen bleibt, der spricht zu dem HERRN: Meine Zuversicht und meine Burg, mein Gott, auf den ich hoffe." Dann wird der Tote gewaschen und in weiße Leintücher gehüllt.

Oft werden Waschung und Beerdigungszeremonie von Mitgliedern freiwilliger oder gewerblicher Organisationen überwacht, die als „Heilige Bruderschaften" bezeichnet werden. Der Leichnam wird in einen billigen Holzsarg (möglicherweise nicht viel mehr als einfache aneinandergenagelte Bretter) gelegt oder direkt im Leichentuch in die Erde gebettet, und ein Handvoll Erde aus Israel wird ins Grab gestreut. Die Andacht besteht aus Psalmen, Lobreden auf den Toten, Gebeten für den Frieden seiner Seele und einem abschließenden Rezitieren des *Kaddisch*, eines Totengebets zum Lob Gottes.

Nach der Rückkehr von der Zeremonie nehmen die Hinterbliebenen ein einfaches Mahl zu sich, das Freunde oder Nachbarn für sie zuberei-

ten. In orthodoxen Familien zerreißen die nächsten Verwandten ihre Oberbekleidung und verbringen sieben Tage im Haus, wo sie auf niedrigen Hockern sitzen müssen. Die Trauerzeit dauert zwischen einem Monat und einem Jahr. Diese Phasen der Rückkehr Hinterbliebener zu ihrem normalen Leben werden als Spiegelbild der Annäherung der Seele des Verstorbenen ans Jenseits verstanden.

DER ISLAM

Es gibt gewisse Gemeinsamkeiten zwischen den Gebeten, die an islamischen und jüdischen Totenbetten gesprochen werden. Ein sterbender Muslim erklärt laut seinen Glauben: „Es gibt keinen Gott außer Allah, und Mohammed ist sein Prophet", während die 36. Sure aus dem Koran zitiert wird, in der es um das Jüngste Gericht geht.

Dann wird der Leichnam in Richtung Mekka aufgebahrt und nach exakten Regeln gewaschen. Die Augen werden geschlossen, die Füße aneinandergebunden. In die Körperöffnungen steckt man Baumwolle, und der ganze Leichnam wird anschließend mit Rosenwasser und Kampfer gewaschen. Er wird in mehrere Lagen Leichentücher gehüllt, deren Anzahl stets ungerade sein muß, Farbe und genaue Zahl variieren jedoch. Danach wird das Totengebet *Salat Aldjinaza* gesprochen. Für gewöhnlich wird eine Totenwache gehalten, und manchmal verlesen eigens dafür bestellte Männer dabei die passenden Koranstellen.

Die Bestattung findet möglichst rasch im Anschluß statt, meist innerhalb von 24 Stunden. Die Totenbahre wird – gleich, ob der Leichnam

einer Frau oder einem Mann gehört – nur von Männern getragen. Es gilt als ehrenvoll, der Prozession zu Fuß zu folgen (da auch die Engel des Todes stets zu Fuß gehen) und die Bahre 40 Schritte weit tragen zu helfen.

Das Grab wird sehr tief ausgehoben, so daß der Verstorbene darin aufrecht sitzen könnte, da man annimmt, daß er anschließend von den Engeln Munkar und Nakir auf seine Glaubensfestigkeit geprüft wird. Er wird mit dem Gesicht nach Mekka auf die rechte Seite gelegt. Darüber hinaus finden kaum Rituale statt. Ein Schal wird zerrissen, drei Handvoll Erde werden von den Hinterbliebenen ins Grab geworfen, und die 112. Sure wird rezitiert. Häufig flüstern zwei *Fiqis* (Lehrmeister) dem Toten die korrekten Antworten auf die Prüfungsfragen, die ihm später gestellt werden könnten, ins Ohr. Dann wird das Grab geschlossen.

In der Nacht nach der Beerdigung, so glaubt man, betreten Munkar und Nakir das Grab und prüfen den Glauben des Verstorbenen. Wenn er die richtigen Antworten weiß, öffnen sie eine Seite des Grabes, so daß er das Paradies sehen kann, das ihn erwartet. Versagt er aber, so wird er geschlagen, und seine Qualen dauern fort bis zum Ende der Welt.

Nach traditionellem islamischem Brauch sollte am Grab nicht öffentlich geklagt, keine Lobreden zu Ehren der Verstorbenen gehalten und auf Grabschmuck und Inschriften verzichtet werden. Nach

LINKS: Jüdische Frauen beklagen den Tod eines israelischen Soldaten.

UNTEN: Eine muslimische Beerdigungsprozession in der chinesischen Zinjiang-Provinz. Die Bahre wird ausschließlich von Männern getragen, und es gilt als besonders ehrenhaft, sie 40 Schritte weit tragen zu helfen.

islamischem Recht sind Nachbarn und Freunde zu Kondolenzbesuchen bei den Hinterbliebenen verpflichtet. Die Frauen klagen drei Wochen lang an jedem Donnerstag und gehen freitags zum Grab, was einige Jahre lang beibehalten werden kann.

DAS CHRISTENTUM

Die Toten zu betrauern gehörte nicht zu den frühchristlichen Begräbnisritualen, da man glaubte, der Verstorbene sei bereits zu Gott aufgestiegen und erwarte seine endgültige Erlösung. Daher betrachtete man Begräbnisse als Anlaß zur Freude, und die Hinterbliebenen trugen Weiß statt Schwarz.

Doch um das achte Jahrhundert herum hatte die Furcht vor dem Tod auch den christlichen Glauben erfaßt: Bei Begräbnissen trug man Schwarz und sprach Gebete für die Erlösung der Seele. Im späten Mittelalter hatte sich die heute bekannte Form des Beerdigungsrituals durchgesetzt.

Die christlichen Bräuche unterscheiden sich je nach katholischer Kirchenzugehörigkeit (römisch-katholisch, griechisch- oder russisch-orthodox) und auch innerhalb der protestantischen Kirche erheblich, doch gibt es einige grundlegende Gemeinsamkeiten. Die protestantischen Rituale sind für gewöhnlich eine modifizierte und vereinfachte Version ihrer katholischen Vorläufer. Zu einem römisch-katholischen Sterbenden wird ein Priester gerufen, der ihm die Beichte abnimmt, Absolution erteilt, die heilige Kommunion und die Letzte Ölung mit vom Bischof gesegnetem Öl ausführt. Vor der Beisetzung werden Totengebete gesprochen, und am Tag der Beerdigung wird eine Form des Requiems rezitiert, der Leichnam im Sarg mit Weihrauch gesegnet und mit Weihwasser besprengt.

Auch bei den Protestanten kommt in der Regel der Pfarrer an das Sterbebett, um gemeinsam mit dem Sterbenden zu beten. Außerdem ist es üblich, bei dem Gemeindegottesdienst am Sonntag nach einem Todesfall ein kurzes Gebet für den Verstorbenen zu sprechen. Die Trauerandacht selbst kann in unterschiedlicher Form abgehalten werden und wird manchmal von Reden oder anderen Beiträgen der Angehörigen und engen Freunde ergänzt.

Die Begräbnisse der Quäker verlaufen wie die meisten ihrer Veranstaltungen ruhig und relativ informell. Mindestens ein Anwesender trägt persönlich etwas über den Verstorbenen vor, andere lesen vielleicht ein paar passende Worte, doch die meiste Zeit wird in schweigender Kontemplation verbracht. Danach wird der Leichnam in einer einfachen Zeremonie beerdigt oder in einem Krematorium eingeäschert.

Griechisch-orthodoxe Verstorbene werden zunächst nur für drei oder vier Jahre begraben. Dann wird ihr Körper in einer Familienzeremonie mit anwesendem Priester exhumiert. Die Knochen werden (manchmal mit Wein) gewaschen, an der Sonne getrocknet, in einen Sarg gelegt und in einer Sammelgrabstätte, dem Kolumbarium, zur Ruhe gebettet.

DER BUDDHISMUS

Wie in der christlichen Welt gibt es auch viele unterschiedliche Bestattungsrituale unter den Buddhisten der verschiedenen Glaubensrichtungen. Die verbreitetste Methode ist die Feuerbestattung, wenn auch Begräbnisse, Einbalsamierungen und Luftbestattungen praktiziert werden. Manchmal wird der Leichnam auch begraben oder einbalsamiert und erst geraume Zeit danach eingeäschert.

Im Buddhismus wird großer Wert darauf gelegt, daß Sterbende sich gründlich auf den Tod vorbereiten. Der Tod ist nicht das Ende, sondern

Der Tod bricht ins blühende Leben ein: Schwarzgekleidete Trauergäste ziehen in Rumänien auf ihrem Weg zur Kirche durch ein Blumenmeer.

der Beginn einer neuen Existenz, und nur die wahrhaft Erleuchteten können darauf hoffen, daß sie von weiteren Erdenleben erlöst ins Nirvana eingehen dürfen (vgl. S. 101).

Viele Bestattungsrituale zeugen aber auch deutlich vom Bestreben der Hinterbliebenen, das kommende Schicksal der Verstorbenen günstig zu beeinflussen: Verdienstvolle Taten werden im Namen der Verstorbenen vollbracht, um so ihre Strafe zu mildern, und Mantras werden mit dem Gesuch um Gnade für die Seele der Toten rezitiert. Totenwachen sind weithin üblich, manchmal wird zusätzlich ein ausführliches Tempelritual mit Weihrauch, Glaubensbekenntnissen und einer Anrufung des Buddha durchgeführt.

Für Chinesen und Japaner, deren Religion sich aus dem Buddhismus entwickelte, ist es zum Teil immer noch üblich, bei Bestattungen Weiß zu tragen. Eine Quelle aus dem 19. Jahrhundert mit dem Titel *The Faiths of the World* beschreibt ein japanisches Begräbnis folgendermaßen:

Nachdem der Leichnam von einem vertrauten Diener sorgfältig gewaschen und sein Kopf rasiert wurde, kleidet man ihn je nach Wetterlage (bei Frauen in ihr schönstes Gewand), genau so, als wenn er noch leben würde, außer daß die Schärpe nicht zur Schleife gebunden, sondern mit zwei Knoten befestigt wird, was anzeigt, daß sie niemals wieder gelöst wird. Dann wird der Leichnam mit einem auf ganz bestimmte Weise gefalteten Leintuch bedeckt und in der Mitte des Eingangsbereichs mit dem Kopf in Richtung Norden auf einer Matte aufgebahrt. Speisen werden ihm dargereicht, und die ganze Familie versammelt sich zur Totenklage.

Nach 48 Stunden wird der Leichnam kniend in einen wannenförmigen Sarg gestellt, der in einem rechteckigen Kasten mit dachförmigem Deckel namens Quan verschlossen wird ...

Der Quan wird in Gefolgschaft des ältesten Sohnes und der Familie, der Bedien-

steten, Freunden und Bekannten in einer Prozession mit Fahnen, Laternen usw. zu einem der benachbarten Tempel getragen, wo er nach bestimmten hauptsächlich vom Priester ausgeführten Zeremonien von den Angehörigen zu Grabe getragen wird ...

Die Wanne mit dem Leichnam wird aus dem Quan gehoben und ins Grab hinabgelassen, das anschließend mit Erde aufgefüllt und mit einer flachen Steinplatte abgedeckt wird. Über dem Ganzen stellt man abschließend den Quan auf ...

Hat der Verstorbene eine Einäscherung verfügt, wird der Quan auf den Gipfel eines nahestehenden Berges gebracht, wo in einer kleinen Hütte eine Art Brennofen für diesen Zweck steht. Der Sarg wird aus dem Quan herausgehoben und in den Ofen gestellt. Ein großes Feuer wird entfacht. Während der Leichnam brennt, spricht der Priester Gebete. Dem ältesten Sohn wird eine tönerne Urne gereicht, in die erst die Knochen, danach die Asche gefüllt werden. Die Urne wird versiegelt. Dann wird sie zum Grab gebracht, dort vergraben und der Quan wieder darübergestellt.

Der älteste Sohn und seine Brüder sind in weiße Gewänder aus ungebleichtem Hanfstoff gekleidet, ebenso wie die Sargträger und alle weiblichen Trauergäste ... Der älteste Sohn und Erbe, ob durch Geburt oder durch Adop-

Drei von Kopf bis Fuß in Weiß gekleidete Frauen folgen einer chinesischen Beerdigungsprozession in Macao.

RECHTS: Vorbereitungen für eine Feuerbestattung im Gebirge in Nepal. Priester und Trauernde schauen zu, wie der Leichnam hinter einem großen Tuch gewaschen wird.

tion, trägt außerdem einen breitkrempigen Hut aus Binsen und darf in dieser Trauertracht niemanden grüßen und mit niemandem sprechen.

Dasselbe Werk befaßt sich auch mit chinesischen Bestattungsritualen:

Sobald jemand stirbt, wird sein Leichnam in einem luftdichten Sarg verschlossen und sieben Wochen lang im Haus aufgebahrt. Während dieser Zeit ist jeder vierte Tag speziellen Bestattungszeremonien gewidmet. Dem Toten werden Speisen dargeboten ... und buddhistische bzw. taoistische Priester sprechen Gebete ... In China ist das Trauern vor allem Aufgabe der Frauen, und oft ist es wirklich anrührend zu sehen, wie sie auf einsamen Friedhöfen knien und an den Gräbern ihrer Männer oder Kinder klagen.

Die Grabstätten liegen in öden Hügel- und Berglandschaften, doch manchmal auch in Höhlen. Die Leichname werden in großer Zahl in einfachen Brettersärgen viele Jahre über der Erde stehengelassen. Manchmal sieht man bis zu 15 oder 20 verstorbene Mitglieder ein und derselben Familie Seite an Seite in offenen Hütten liegen. Die buddhistischen Priester verbrennen die Leichname und setzen sie in einer Gemeinschaftsgruft bei.

In Tibet spielt das *Bardo Thödol*, das sogenannte „Totenbuch" eine bedeutende Rolle bei den Bestattungsritualen. Ein Lama liest daraus der Tradition nach am Sterbebett laut vor, was den Sterbenden auf die furchtbaren Erfahrungen

UNTEN: In traditionelles Weiß gekleidete Trauergäste ziehen bei einer chinesischen Beerdigungsprozession durch die Straßen.

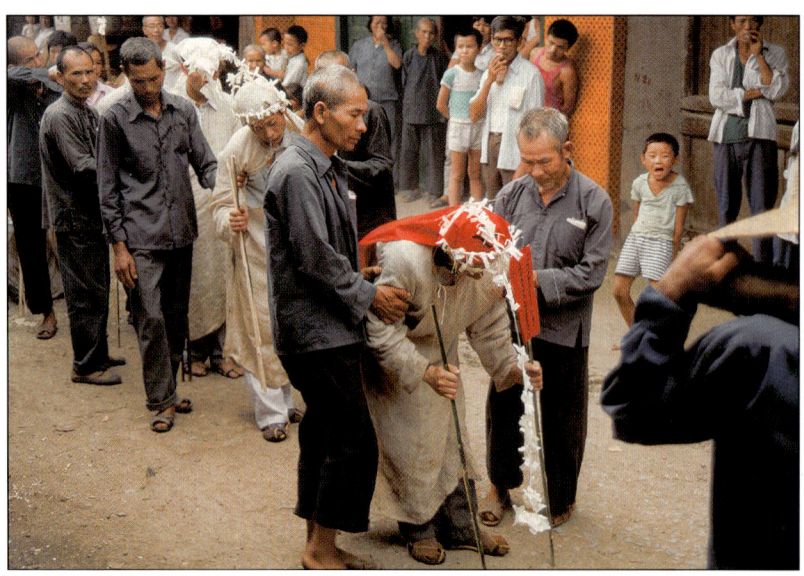

während der 49 Tage zwischen Tod und Wiedergeburt vorbereiten soll.

Es ist wichtig, daß der Sterbende dabei so lange wie möglich bei Bewußtsein bleibt. Zu diesem Zweck legt man ihn in der als „Löwenposition" bekannten Yogastellung auf die rechte Seite, und die Halsschlagader wird massiert, um der Bewußtlosigkeit entgegenzuwirken.

Wenn der Tod eingetreten ist, wird das Gesicht mit einem weißen Tuch bedeckt, und Türen und Fenster werden verhängt. Der Lama setzt sich neben den Kopf des Toten und untersucht ihn, um zu bestimmen, wann das Lebensprinzip schließlich den Körper verlassen hat. Das kann zwischen zwölf Stunden und vier Tagen in Anspruch nehmen. Ein Astrologe erstellt ein Horoskop für den Zeitpunkt des Todes, das für die Festlegung der passenden Bestattungsrituale hilfreich ist.

Nach dieser Zeitspanne wird der Tote in eine Ecke des Raums gesetzt, und die Angehörigen versammeln sich zu einem Leichenschmaus, der bis zu zwei Tagen andauern kann, während derer auch dem Verstorbenen Speisen und Getränke dargereicht werden. Danach wird der Leichnam eingeäschert oder in den Bergen den Einflüssen der freien Natur überlassen. Ein hölzernes Abbild des Verstor-

benen wird in seine Kleider gesteckt, und die restlichen 49 Stunden lang intonieren die Lamas verschiedene Liturgien vor dem Holzbildnis. Schließlich wird es dann geschmückt und in Teile zerlegt.

AFRIKANISCHE RELIGIONEN

Anders als die großen Weltreligionen besitzen die
afrikanischen Glaubensanschauungen keine heiligen Schriften, die Regeln und Rituale vorschrei-
ben. Es wird also alles von den Stammesältesten
mündlich von Generation zu Generation überliefert. Daher kann es schon in einer einzigen politischen Region Hunderte abweichender religiöser
Traditionen geben.

Die Anthropologie teilt die traditionellen
Gesellschaften in zwei Typen ein: Jäger- und Samm-
ler- sowie Ackerbaugesellschaften. Jäger und Samm-
ler scheinen den Tod eher als natürliche, unabän-
derliche Gegebenheit zu begreifen und pflegen
kaum oder überhaupt keine Vorstellungen vom
Jenseits. Eine anthropologische Beobachtung zum
Volk der Hazda aus dem nördlichen Tansania:

*Eine Trauerzeit mit einer zweiten Ritualphase
gibt es nicht, und die Besitztümer der Verstorbenen werden unverzüglich und ohne weitere
Zeremonie aufgeteilt. Der Tod hat hier
anscheinend weder gesellschaftliche noch übernatürliche Konsequen-
zen für die Lebenden
... Die soziale und spi-
rituelle Existenz des
Toten endet mit der
Beerdigung des Leich-
nams.*

Ackerbaugesellschaf-
ten hingegen verehren ih-
re Vorfahren meist in Ah-
nenkulten (vgl. S. 113)
und vertreten einen deut-
lich definierten Stand-
punkt zum Leben im Jenseits. Sie ziehen keine kla-
re Grenze zwischen Leben und Tod; der Tod wird
eher als Statusveränderung betrachtet, denn die
Toten, so nehmen sie an, bleiben als Geister real
in der Gemeinschaft anwesend. Daher werden sie
mit angemessenen Ritualen beigesetzt; und Speisen, Kleidung sowie Kochtöpfe werden ihnen für
ihre weitere Existenz mit ins Grab gelegt.

> ACKERBAUGESELLSCHAFTEN ZIEHEN
> KEINE KLARE GRENZE ZWISCHEN
> LEBEN UND TOD; DER TOD WIRD
> EHER ALS STATUSVERÄNDERUNG
> BETRACHTET, DENN DIE TOTEN
> BLEIBEN ALS GEISTER REAL IN DER
> GEMEINSCHAFT ANWESEND.

FEUERBESTATTUNG IM CHRISTENTUM

Jahrhundertelang stellten Christen sich gegen die
Praktik der Feuerbestattung, da sie der Lehre von
der Auferstehung des Fleisches widerspricht, und
viele Katholiken sind immer noch dieser Meinung.
Bis ins späte 19. Jahrhundert war die Einäscherung in Europa gesetzlich untersagt, und der Bann,
mit dem die katholische Kirche sie belegt hatte,
wurde erst 1964 aufgehoben. Bereits im 17. Jahrhundert schrieb jedoch der englische Arzt und
Schriftsteller Sir Tho-
mas Browne (1605–82):
„Aus unseren Gräbern
gerissen zu werden, aus
unseren Schädeln Trink-
becher und aus unseren
Knochen Flöten gefer-
tigt zu sehen, die unsere
Feinde ergötzen, das
sind tragische Abscheu-
lichkeiten, denen man
durch den ‚Verbren-
nungstod entgeht."

Im 19. Jahrhundert beunruhigten die sanitären
Probleme, welche die Grundwasserverschmutzung
durch überfüllte Friedhöfe verursachte, sowie deren
wachsenden Bodenansprüche immer mehr Menschen. 1847 reichte in Mailand ein Ärzte- und Che-
mikerausschuß eine Petition wegen einer Geset-
zesklausel ein, die die Einäscherung möglich
machen sollte. Im selben Jahr formierte sich auch

In Äthiopien trösten Freunde und Verwandte die junge Witwe eines Stammes-oberhauptes, die auf seiner Beerdigung weint. Sie trägt den Gewehrgurt ihres verstorbenen Mannes.

CHOLERA.

THE DUDLEY BOARD OF HEALTH,

HEREBY GIVE NOTICE, THAT IN CONSEQUENCE OF THE

Church-yards at Dudley

Being so full, no one who has died of the CHOLERA will be permitted to be buried after **SUNDAY** next, (To-morrow) in either of the Burial Grounds of *St. Thomas's*, or *St. Edmund's*, in this Town.

All Persons who die from CHOLERA, must for the future be buried in the Church-yard at Netherton.

BOARD of HEALTH, DUDLEY.
September 1st, 1832.

W. MAURICE, PRINTER, HIGH STREET, DUDL

die englische Feuerbestattungsgesellschaft Cremation Society als Befürworter dieser Bestattungsform. Der Begründer der Gesellschaft Sir Henry Thompson (1820–1904) erklärte, der Vorteil der Feuerbestattung liege auf der Hand: „Ein Leichnam kann rasch, sicher und auf relativ angenehme Weise in Kohlensäure, Wasser und Ammoniak verwandelt werden."

Die Cremation Society ließ verlauten: *Wir mißbilligen die gegenwärtige Methode, die Toten zu begraben, und möchten statt dessen eine Vorgehensweise einführen, bei der der Leichnam durch einen Prozeß, an dem die Lebenden keinen Anstoß nehmen können und der die Überreste absolut unschädlich macht, rasch in seine elementaren Bestandteile zerlegt wird. Bis eine bessere Methode zur Verfügung steht, möchten wir diejenige übernehmen, die im allgemeinen als Einäscherung bekannt ist.*

Viele Hindernisse stellten sich der Gesellschaft in den Weg. Der Grunderwerb wurde ihr verwehrt – bis es ihr 1878 gelang, ein Stück Land in Surrey zu kaufen. 1882 starben zwei Menschen, die ausdrücklich in ihrem Testament vermerkt hatten, daß sie dort eingeäschert werden wollten. Diesbezüglich reichte man ein Gesuch an den Innenminister ein, das jedoch zunächst abgelehnt wurde, woraufhin man die beiden Leichname konservierte, bis ein Mitglied der Gesellschaft ein Krematorium auf seinem Privatgrundstück in Dorset bauen ließ, wo sie schließlich verbrannt wurden. Ein Jahr später starb er selbst und wurde ebenfalls dort eingeäschert. Das Innenministerium reagierte darauf noch nicht. Doch 1884 verkündete Dr.

William Price aus Glamorgan in Wales öffentlich, daß er den Leichnam seines 5 Monate alten Sohns einäschern lassen wolle. Price war ein glühender Anhänger des Druidentums, liebte archaische Bräuche und praktizierte die „freie Liebe". Seinen Sohn, der geboren wurde, als Price immerhin schon 83 Jahre alt war, taufte er auf den Namen Jesus Christus. Nach dessen Tod und der darauffolgenden Einäscherung wurde Price verhaftet und in Cardiff vor Gericht gestellt. Der Richter befand jedoch, daß die Einäscherungen legal seien. 1885 fand die erste überwachte Feuerbestattung auf dem Gelände der Cremation Society in Surrey statt, und im Jahr 1893 wurde Price selbst dort bestattet.

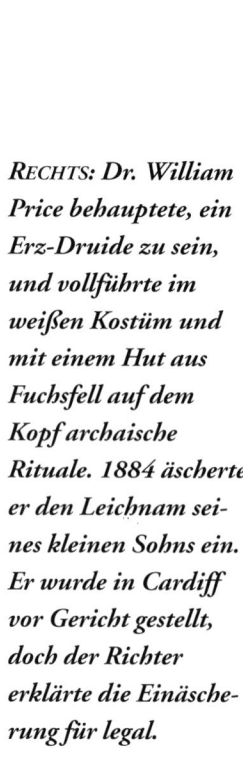

In den 1880er Jahren wurden in den USA zahlreiche Feuerbestattungsgesellschaften gegründet, und im frühen 20. Jahrhundert war die Feuerbestattung in den meisten Ländern legal geworden.

Die wenigsten machen sich klar, wie hohe Temperaturen tatsächlich nötig sind, um einen menschlichen Körper zu Asche zu verbrennen. Mörder, die versuchen, sich eines Opfers durch Verbrennung zu entledigen, haben dabei selten Erfolg. In Krematorien verwendet man Brennöfen, die normalerweise mit Öl, Erdgas oder elektrisch betrieben werden und Temperaturen bis zu 1500 °C erreichen. Bevor der Leichnam in den Brennofen kommt, muß er von jeglicher Kleidung, sämtlichem Schmuck, Zahnersatz, Prothesen und anderen Fremdkörpern wie etwa Herzschrittmachern befreit werden. In Deutschland wird der Leichnam zusammen mit dem Sarg verbrannt.

UNTER KREMATORIUMSBEDINGUNGEN IST EIN DURCHSCHNITTLICHER LEICHNAM NACH ZWEI BIS DREI STUNDEN VERBRANNT UND LÄSST DREI BIS SECHS KILOGRAMM ASCHE UND KNOCHENFRAGMENTE ZURÜCK.

Unter den typischen Krematoriumsbedingungen ist ein durchschnittlicher Leichnam nach zwei bis drei Stunden gänzlich verbrannt und läßt drei bis sechs Kilogramm Asche und Knochenfragmente zurück. Wenn der Brennofen abgekühlt ist, werden verbleibende Metallrückstände mit einem Magneten entfernt und die Überreste zu feinem Staub zermahlen, der dann in einem besonderen Behältnis der Familie übergeben wird und später auf viel kleinerem Raum, als ein Sarg benötigt, beerdigt oder ausgestellt werden kann. In einem französischen Bericht von 1973 wurde errechnet, daß die Feuerbestattung in nur einem Jahr in Großbritannien dieselbe Grundmenge einspart, wie sie 607 Fußballplätze einnehmen würden.

Was letztlich mit der Asche geschieht, wird durchaus unterschiedlich gehandhabt. Einige verfügen testamentarisch, daß ihre Asche an Orten verstreut werden soll, die sie zu Lebzeiten geliebt haben. Nach der Feuerbestattung des amerikanischen Arbeiterführers Joe Hill versandte man Päckchen seiner Asche an Gewerkschaften und Arbeiterorganisationen in der ganzen Welt. Einige Mitglieder einer Feuerbestattungsgesellschaft im

kalifornischen San Diego wünschten, daß ihre Asche mit dem Hausmüll oder durch das Abwassersystem entsorgt würde (was illegal ist).

Die Überreste von Kasimir Liszinski, der 1689 als Ketzer in Polen verbrannt wurde, wurden aus einer Kanone in die Luft geschossen – ein Beispiel, das in jüngerer Zeit mit dem Gebrauch von Patronen und Feuerwerkskörpern Nachahmer fand. Im 19. Jahrhundert schlug der Franzose Abbé François-Valentine vor, aus Asche und Knochen könnten Erinnerungsstücke in Form von Glasmedaillons gefertigt werden. Einmal wurde die Asche auch mit Farbe vermischt und zu einem posthumen Porträt des Verstorbenen für dessen Familie verarbeitet. Und vor kurzem ließ ein Witwer aus Florida die Asche seiner Frau in Kapseln füllen und schluckte jeden Tag eine davon.

Es ist dabei natürlich auch schon häufig zu Fehlern und Verwechslungen gekommen. Die Neptune Society in Los Angeles händigte Asche an eine Witwe aus, deren verstorbener Mann vier Monate später im Kühlfach eines Leichenschauhauses entdeckt wurde. Eine Frau in Florida fand eine Zahnprothese in den angeblichen Überresten ihres Mannes – er hatte aber gar keine. Sie erfuhr, daß seine echte Asche gegen seinen ausdrücklichen

Moderne Krematorien sind mit Maschinen zum Transport der Leichname ausgestattet, so daß kein physischer Kontakt mehr stattfindet.

Über das Schicksal der Überreste des englischen Schriftstellers D. H. Lawrence herrschen einige Unklarheiten, doch in dieser kleinen Kapelle auf der Ranch in New Mexico, wo er zwischen 1922 und 1925 lebte, soll seine Asche stehen.

Willen irrtümlich über dem Meer verstreut worden war, und erhielt eine halbe Million Dollar Entschädigung.

Der englische Schriftsteller D.H. Lawrence starb 1930 in Frankreich, in einem Sanatorium bei Antibes. 1935 wurde sein Leichnam exhumiert und eingeäschert, und Angelo Ravagli, der damalige Liebhaber von Lawrences Witwe Frieda, brachte seine Asche nach Amerika. Sie wollte sie in New Mexico in einer von Ravagli gebauten Kapelle auf einer Ranch in Taos verwahren. Doch auf dem Weg dorthin wurde die Urne zweimal fehlgeleitet und einmal auf einem Bahnsteig vergessen. Unter einigen von Lawrences Freunden kursierte sogar der Plan, sie zu stehlen und im Freien zu verstreuen. Über das endgültige Schicksal seiner Asche herrschen einige Zweifel: Bestimm-

ten Berichten zufolge landete sie schließlich doch in Taos, andere glauben zu wissen, sie seien mit Zement vermischt und zu einem Kamin im Ranchhaus verarbeitet worden.

1943 sandte man die Asche des amerikanischen Journalisten Alexander Woollcott per Post zum Hamilton College im Staat New York, wo sie verwahrt werden sollten. Doch wurde sie irrtümlich der Colgate-Universität überstellt. Man schickte sie ans Hamilton College zurück, und dort kam sie schließlich auch an – mit 67 Cent Nachporto.

LEBENDIG BEGRABEN?

Eine der großen Ängste vieler Menschen ist es, vorzeitig für tot erklärt (vgl. Kapitel 1) und bei lebendigem Leib begraben oder verbrannt zu werden. Zur wahren Obsession steigerte diese Angst sich im 19. Jahrhundert, als viele Bücher zu diesem Thema erschienen. Eines davon aus dem Jahr 1895 stammt von einem Autor namens Franz Hartmann und führt mehr als 700 (angebliche) Fälle bei lebendigem Leib Begrabener an: Zischlaute aus Särgen oder Grüften, Körper, deren Haltung sich nach der Grablegung verändert hatte, zerrissene Leichentücher, Holzsplitter unter den Fingernägeln, die von den verzweifelten Versuchen der noch nicht Verstorbenen stammen sollten, sich aus dem Sarg zu befreien, ja sogar schwangere Frauen, die noch nach ihrer Beerdigung Kinder gebaren.

Das *British Medical Journal* urteilte das Buch 1896 zwar als unglaubwürdig ab, doch die Ängste legten sich nicht. Im selben Jahr erfand ein russischer Arzt namens Graf Karnice-Karnicki von der juristischen Fakultät der Universität Löwen einen beeindruckenden Apparat. Im Prinzip ging es dabei um eine Röhre, die man in den Sarg einlegte und auf der Brust des Beerdigten befestigte. Jede Bewegung innerhalb des Sarges brachte ein Glöckchen zum Läuten, öffnete einen Schacht, der Licht und Luft in den Sarg ließ und entrollte eine Signalfahne über dem Grab. Der Graf war zum erstenmal auf den Schrecken des Begräbnisses bei lebendigem Leib aufmerksam geworden, als bei der Beerdigung einer jungen Belgierin, an der er teilnahm, die vermeintlich Tote von der auf den Sarg fallenden Erde aus der Lethargie gerissen wurde. Ihre mitleiderregenden Schreie hatten ihn seitdem nicht

Die bemerkenswerte Erfindung des Grafen Karnice-Karnicki, um der Möglichkeit eines vorzeitigen Begräbnisses entgegenzuwirken. Eine Glaskugel auf einer Feder wurde auf der Brust des Beerdigten angebracht. Jede Bewegung innerhalb des Sarges brachte ein Glöckchen zum Läuten, öffnete einen Schacht, der Licht und Luft in den Sarg ließ und entrollte eine Signalfahne über dem Grab.

mehr losgelassen. In München unterhielt man zehn „Warte-Leichenhallen", in denen die Toten noch zehn Tage nach ihrem erklärten Tod aufgebahrt verblieben. Ihre Finger waren mit einem komplizierten System aus Zugleinen verbunden, und bei jeder Bewegung ging beim Pförtner eine Klingel los.

Einige trafen vor ihrem Tod andere Vorsichtsmaßnahmen und baten darum, daß ihre Arterien durchtrennt werden sollten, bevor man sie begrub. Und der Antiquar Francis Douce hinterließ 1834 in seinem Testament folgende Verfügung: „Ich zahle an Sir Anthony Carlisle [einen renommierten Chirurgen] 200 Pfund dafür, daß er meinen Kopf vom Körper trennt oder mein Herz aus dem Leib schneidet, um damit die Möglichkeit der Rückkehr zum Leben auszuschließen."

Im Amerika wurde die Furcht vor dem vorzeitigen Begräbnis Ende des 19. Jahrhunderts durch die zunehmend praktizierte Einbalsamierung der Toten gedämpft. War ein Körper einmal dieser radikalen Behandlung unterzogen worden, stellte sich die Frage nach seinem Überleben nicht mehr.

DIE LETZTE EHRE

Wenn jemand stirbt, quält die Überlebenden häufig ein gewisses Schuldgefühl. Haben sie dem Ver-

storbenen auch genügend Zuwendung und Respekt entgegengebracht, als er noch lebte, hätten sie sein Leben vielleicht verlängern oder gar retten können? Dieses Gefühl ist es, das zumindest teilweise für das Bedürfnis Hinterbliebener verantwortlich ist, einem Toten mit einem Besuch vor der Beerdigung noch die „letzte Ehre" zu erweisen.

Allein die Ausstellung des Leichnams in seinem Sarg oder seine physische Präsenz bei einer Totenwache zeugen von diesem Bedürfnis. Wenn der Tote – von seinem Ansehen her oder durch Film und Fernsehen – nicht nur Familie und Freunden, sondern Tausenden oder sogar Millionen bekannt ist, muß ein Weg gefunden werden, Massen von Menschen eine Ehren- oder auch Trauerbezeigung zu ermöglichen. Wenn also ein Prominenter stirbt – eine politische oder geistige Führungspersönlichkeit, ein königliches Familienmitglied oder ein Popstar – muß der Leichnam für eine lange Aus-

In der Mitte einer Doppelriege Ehrengardisten steht der Sarg von Eva Perón, der Frau des argentinischen Staatsoberhauptes Juan Domingo Perón. Bei dem Auflauf der Massen, die ihr 1952 die letzte Ehre erweisen wollten, gab es mehr als 20 Todesfälle und rund 4 500 Verletzte.

stellungszeit präpariert werden. Die Massen, die anschließend kommen, um ihre Gefühle am Sarg auszudrücken, unter Kontrolle zu halten, kann ein Problem für die zuständigen Behörden darstellen.

1885 drängten sich mehr als 300 000 Menschen in der New York City Hall, um den Leichnam des amerikanischen Präsidenten Ulysses S. Grant zu sehen, und über 300 Polizisten hatten alle Hände voll zu tun, die erregten Massen im Zaum zu halten. Selbst „Buffalo Bill" Codys Leichnam lockte 1917 im Colorado State Capitol 25 000 Menschen an. In diesem Fall sorgte ein Zirkusdirektor mit Zylinder und Stock im Saal für Ordnung, der immer wieder laut mahnte: „Bitte zügig voran, Herrschaften, hinter Ihnen sind noch viele andere, bitte recht zügig!"

Als der Stummfilmstar Rudolph Valentino 1926 starb, kam es zu hysterischen Ausbrüchen, sogar zu mehreren Selbstmorden. Sein Leichnam wurde am New Yorker Broadway ausgestellt, und schon bald hatte eine Menge aus schätzungsweise 80 000 Menschen den Verkehr völlig zum Erliegen gebracht. 250 Polizisten versuchten vergeblich, die Menge unter Kontrolle zu bringen. Bereits nach einer Stunde war alles im Gebäude geraubt worden, das man im entferntesten als Souvenir betrachten konnte; Fenster wurden zerbrochen, Autos umgestürzt und Hunderte von Menschen niedergetrampelt. Letztlich hatten dann mehr als 90 000 Menschen einen sekundenlangen Blick auf den Leichnam werfen können.

Mehr als 20 Todesfälle und rund 4 500 Verletzte wurden von der Ehrenbezeigung am ausge-

stellten Sarg von Eva Perón, der Frau des argentinischen Staatsoberhauptes Juan Domingo Perón, gemeldet. Zwischen zwei und drei Millionen standen bis zu 16 Stunden eng in eine 30 Häuserblocks lange Schlange eingereiht, um ihren Sarg zu berühren und den Glasdeckel zu küssen.

Die Ereignisse nach Elvis Presleys Tod 1977 in Memphis beschreibt Malcolm Forbes in seinem Buch *They Went That-A-Way:* „Bereits eine Stunde nach der Bekanntgabe seines Todes hatten sich an diesem Nachmittag mehr als 1 000 Menschen um die Tore von Graceland versammelt. Als am nächsten Tag Elvis' Leichnam nach der Autopsie für letzte Ehrenbezeigungen in seinem Haus ausgestellt wurde, pilgerten etwa 80 000 Menschen zu ihm. Hunderte fielen in Ohnmacht, ein Mann hatte einen Herzinfarkt, bei einer Schwangeren setzten die Wehen ein, und schließlich mußte die Nationalgarde gerufen werden."

Andere letzte Ehrenbezeigungen wurden mit mehr Würde – und weniger Opfern – begangen. In England begann die Sitte, den Leichnam eines verstorbenen Königs auszustellen, mit der Beerdigung Heinrichs II. 1189. Den Leichnam Eduards VII. sahen 1910 in der Westminster Hall innerhalb von drei Tagen eine halbe Million Menschen. Über 800 000 standen 1936 Schlange, um am selben Ort dem toten König Georg V. die letzte Ehre zu erweisen. Amerikanische Präsidenten sind für gewöhnlich im Capitol in Washington D. C. zu sehen. Zu James Garfield, der 1881 bei einem Attentat ermordet

wurde, zog es innerhalb von zwei Tagen 150 000 Menschen. John F. Kennedy lag nach seinem gewaltsamen Tod 1963 in einem geschlossenen Sarg, doch nichtsdestoweniger erwiesen ihm noch 250 000 Menschen die letzte Ehre.

Doch den Rekord hält wohl Abraham Lincoln. Mehr als sieben Millionen Amerikaner kamen, um den Leichnam des ebenfalls einem Attentat zum Opfer gefallenen Präsidenten zu sehen, als der Zug, der ihn von Washington zur Beerdigung in Springfield, Illinois, brachte, langsam durch das Land rollte. Bei jedem Halt – Baltimore, Harrisburg, Philadelphia, New York, Albany, Buffalo, Cleveland, Columbus, Indianapolis und Chicago – wurde der Sarg geöffnet, um Lincolns Gesicht Tausenden trauernder Menschen zu zeigen, und in Springfield, wo er noch 24 Stunden lang ausgestellt wurde, kamen noch 75 000 dazu.

Staatsbegräbnisse sind im allgemeinen recht pompöse Veranstaltungen mit einem hohen Anteil an Prunk und Zeremonie. Eine Ehrengarde des Militärs wird angefordert, Trauermusik erklingt, und ein Ehrengeleit unter Beteiligung anderer Staatsoberhäupter begleitet den Sarg. Als hingegen 1970 Frankreichs Präsident Charles de Gaulle starb, legte man seine Leichnam in einen einfachen Holzsarg, den ein ortsansässiger Schreiner angefertigt hatte, und begrub ihn auf dem kleinen Friedhof seines Heimatdorfes Colombey-les-deux-Églises. An der Beerdigung nahmen ausschließlich seine Familie, Freunde und Nachbarn teil.

Die Lokomotive, die Abraham Lincolns Leichnam von Washington zur Beerdigung in Springfield, Illinois, brachte. Mehr als sieben Millionen Amerikaner sollen auf diesem Weg den toten Präsidenten gesehen haben.

KAPITEL 5

IN MEMORIAM

Der Brauch, am Grab eines Verstorbenen eine Art Gedenkzeichen zu hinterlassen, existiert schon seit frühester Urzeit. In Kulturen, in denen der Glaube herrscht, daß die Seelen der Toten weiterhin unter den Lebenden weilen, können Grabmäler als eine Art „Behausung" interpretiert werden, und tatsächlich füllte man sie teilweise mit Haushalts- und Gebrauchsgegenständen. Als sich dann der Glaube an ein Leben nach dem Tod in einer anderen Welt durchsetzte, betrachtete man die Beigaben eher als Utensilien für den Weg der Verstorbenen ins Jenseits. Beliebte Gaben waren Speisen und Getränke, Haustiere oder Pferde, Bedienstete, manchmal auch ein Wagen oder ein Schiff. Also mußten Grabkammern gebaut werden, die all das beherbergen konnten.

BLEIBENDE MONUMENTE

Ganz ohne Zweifel waren es die alten Ägypter, die für ihre Toten die größten Gedenkstätten aller Zeiten schufen. Zunächst (um 3000 v. Chr.) fanden ihre Beisetzungen in unterirdischen Kammern statt, die über der Erde nur kleine steinerne Bauten anzeigten. Diese Bauten entwickelten sich langsam zu geduckten Gebäuden mit flachem Dach, die man heute als *Mastaba* (arabisch „Steinbank") bezeichnet. Die Wände schmückten innen Gemälde und Reliefs, die den Verstorbenen bei seinen Lieblingsbeschäftigungen und seine Diener bei der Verrichtung täglicher Arbeiten zeigten.

Das früheste bekannte Grabmassiv dieser Art ließ der Pharao Djoser 2680 v. Chr. in Sakkara bei Memphis errichten. Es war ca. 8 Meter hoch und quadratisch im Grundriß, die Seiten waren etwa 63 Meter lang. Später wurde das Massiv erweitert und neue Ebenen von abnehmender Größe angebaut, bis jede Seite an die 100 Meter maß und der ganze Bau 60 Meter hoch ragte. Diese Stufenpyramide ist die erste ihrer Art in Ägypten. Innen erstreckt sich ein kompliziertes System aus Gängen und Räumen mit einem zentralen Schacht von 25 Metern Tiefe und 8 Metern Breite, auf dessen Grund sich die Grabkammer befindet. Das heute noch stehende Bauwerk ist von einem riesigen ummauerten Hof umgeben, auf dem sich mehrere weitere Grabmalbauten befinden.

Ein Jahrhundert später ordnete der Pharao Snofru im südlich von Sakkara gelegenen Dahschur einen Bau von ähnlicher Form an. Die Seiten sind im Grundriß 188 m lang, die Höhe beträgt 98 Meter. Ihre Struktur ist ungewöhnlich, da die Seiten in der unteren Hälfte steiler abfallen als in der oberen. Snofru ließ ein weiteres Bauwerk in Meidum errichten, das heute als die erste wirkliche Pyramide gilt. Im ersten Stadium war der Bau noch eine kleine Stufenpyramide, die dann schritt-

GEGENÜBERLIEGENDE SEITE: In Mexiko werden die Toten an den ersten Novembertagen vorübergehend wieder in der Welt der Lebenden willkommen geheißen. In den Straßen sieht man Gerippe und Skelette aller Art – auch in Bussen und Bahnen.

LINKS: Die erste Grabmalpyramide in Ägypten war die stufenförmige Mastaba des Pharaos Djoser 2800 v. Chr. Sie bringt es auf eine Höhe von über 60 Metern.

OBEN: Der größte Grabhügel in Europa ist Silbury Hill im englischen Wiltshire. Er stammt aus etwa der gleichen Zeit wie die Djoser-Pyramide. Der Legende nach liegt tief darunter ein großer englischer König begraben.

OBEN RECHTS: Eine Innensicht des Ganggrabs West Kennet Long Barrow, ebenfalls in Wiltshire, wo Grabkammern mit über 40 menschlichen Skeletten gefunden wurden.

weise auf acht Ebenen vergrößert wurde. Dann füllte man die Stufenlücken mit Steinen aus und bedeckte sie mit einer glatten Schicht Kalkstein. Snofru wird auch eine weitere Pyramide in Dahschur zugeschrieben. Mit 220 Metern Seitenlänge im Grundriß und 104 Metern Höhe ist sie fast so groß wie die berühmten Pyramiden von Giseh.

Diese drei großen Pyramiden stehen auf einem Plateau vor Kairo. Die größte und älteste der drei ist die Cheopspyramide, die Snofrus Sohn und Nachfolger, der Pharao Cheops (ägyptisch Khufu), etwa 2528 v. Chr. errichten ließ. Ursprünglich war sie in ihrer Grundfläche 230 Meter lang und 147 Meter hoch – man hat errechnet, daß darin der Petersdom, alle Kathedralen von Florenz und Mailand, Westminster

URSPRÜNGLICH WAR DIE CHEOPS-PYRAMIDE IN IHRER GRUNDFLÄCHE 230 METER LANG UND 147 METER HOCH – MAN HAT ERRECHNET, DASS DARIN DER PETERSDOM, ALLE KATHEDRALEN VON FLORENZ UND MAILAND, WESTMINSTER ABBEY UND ST. PAULS CATHEDRAL PLATZ FINDEN WÜRDEN.

Abbey und St. Pauls Cathedral Platz finden würden. Obwohl es eine zentrale Kammer, die sogenannte Königskammer, gibt, in der ein schlichter Granitsarkophag steht, gibt es keinen Beweis dafür, daß Cheops wirklich dort bestattet wurde.

In späteren Jahrhunderten bestanden ägyptische Grabstätten für gewöhnlich aus einer Reihe in den Fels eines Berges gehauenen Kammern. Geschnitzte Bildnisse des Verstorbenen und seiner Ehefrau standen in der innersten Kammer. Einige kleinere Pyramiden wurden auch für Privatpersonen gebaut. Sie waren meist 3 bis 4 Meter hoch, und die Grabkammer mit dem Sarg belegte einen Großteil des Innenraums. Im achten Jahrhundert v. Chr. wurde Ägypten von Völkern aus dem Norden, die vom Sudan her kamen, erobert. Deren Könige ließen für ihre eigenen Grabstätten Pyramiden bauen. Die letzten dieser sudanesischen Pyramiden aus dem dritten und vierten vorchristlichen Jahrhundert sind relativ bescheidene Backsteinbauten.

Noch älter als die Großen Pyramiden, doch wesentlich simpler in der Bauweise, sind die Hügelgräber, die die Völker der Jungsteinzeit und frühen Bronzezeit schon vor fast 10 000 Jahren in Europa errichteten. Das größte Grabmal dieser Art ist Silbury Hill im englischen Wiltshire, das aus der Zeit um 2600 v. Chr. stammt und 40 Meter in die Höhe ragt. Der Legende nach liegt tief darunter ein großer englischer König begraben, doch bisher wurde noch kein greifbarer Beleg für diese Theorie gefunden.

Viele kleinere Hügel wurden aus Erde über riesigen Steinen, den Megalithen, errichtet. Man bezeichnet diese Stätten auch als Hünengräber. Das Ganggrab West Kennet Long Barrow in der Nähe von Silbury Hill ist 100 Meter lang und enthält Steinkammern, in denen über 40 menschliche Skelette untergebracht waren. Tausende solcher Hügelbauten findet man beispielsweise auf den britischen Inseln, in der Bretagne und in Skandinavien, und nicht alle sind Grabstätten. Von vielen ist mittlerweile (durch Menschenhand oder auch durch die Wetterbedingungen) die Erdschicht entfernt worden, und nur das steinerne Grundgerüst blieb stehen.

Ähnliche Grabhügel existieren auch im mittleren Osten der USA, besonders in den Tälern des Mississippi und des Ohio. Man nimmt an, daß sie zwischen 1000 und 700 v. Chr. errichtet worden sind. Weiter nördlich, in der Region um die Großen Seen, wurden Hügel in Form von Tieren, Vögeln und anderer Figuren gefunden. Viele davon sind nie ausgehoben worden, so daß nicht bekannt ist, ob es sich um Grabmäler handelt oder nicht.

Den europäischen Hügelgräbern auffallend ähnlich sind die sogenannten Stupas der buddhistischen Länder. Der indische Kaiser Asoka (274–232 v. Chr.) soll alle Reliquien des Buddha, derer er habhaft werden konnte, gesammelt und anschließend im ganzen Land an 84 000 verschiedenen Stätten verteilt haben. Die Stupas, Grabmonumente riesenhafter Größe, wurden errichtet, um darin die Reliquien zu verwahren, doch nur wenige sind erhalten geblieben. Der große Steinstupa in Sanchi, einem kleinen Ort in Madhya Pradesh, ist einer der drei erhaltenen von acht durch Asoka errichteten Stupas. Sein Durchmesser beträgt 32 Meter, und er ist 13 Meter hoch.

LINKS: Die alten Griechen errichteten sogenannte Stelen, aufrechte Pfeiler mit einem in den Stein gehauenen Gesicht und einer Inschrift – um an ihre Toten zu erinnern.

LINKS: Den europäischen Grabhügeln ähnliche Stätten existieren im mittleren Osten der USA, besonders in den Tälern des Mississippi und des Ohio. Man nimmt an, daß sie zwischen 1000 und 700 v. Chr. errichtet worden sind. Um diesen Hügel in Marietta, Ohio, herum liegen die Gräber einige Siedler aus dem 19. Jahrhundert.

In Sri Lanka ließ König Dutthagami einen hohen Stupa eigens für die heilige Fußspur des Buddha errichten. Der Backsteinbau mißt im Durchmesser 88 Meter und ist 81 Meter hoch.

In Japan wurden zwischen dem dritten und dem sechsten Jahrhundert Grabhügel gebaut, in denen Könige und hochrangige Adlige begraben wurden. Einige der von Gräben umgebenen Bauten sind von beeindruckender Größe: Die Grabstätte der Kaisers Nintoku bei Osaka ist 486 Meter lang und 35 Meter hoch.

> DIE FRÜHESTEN FÜR PRIVATPERSONEN ERRICHTETEN GRABMÄLER, DIE MAN HEUTE KENNT, SIND DIE STELEN VON 1680 V. CHR., DIE MAN IN MESOPOTAMIEN ENTDECKTE.

Die frühesten für Privatpersonen errichteten Grabmäler, die man heute kennt, sind die Stelen, die man in Mesopotamien entdeckt hat, etwa die des Königs Hammurapi von 1680 v. Chr., die nun im Louvre in Paris zu sehen ist. Etwa vom sechsten vorchristlichen Jahrhundert an begannen auch die Griechen, an den Gräbern ihrer Toten Stelen zu errichten – steinerne Pfeiler, die man bemalte oder Inschriften hineinritzte.

Zunächst waren es steinerne Bildnisse der Toten, später kamen auch Schilderungen bestimmter Szenen aus ihrem Leben hinzu. Die Stele der Hegeso zeigt, wie sie ein Schmuckstück aus einer Schachtel entgegennimmt, die ihr Diener ihr reicht, und das Grab des jungen Soldaten Dexileos, der 394 v. Chr. im Kampf starb, zeigt ihn beim Töten eines feindlichen Soldaten.

Mit der Zeit gaben die Griechen immer größere Gedenksteine für ihre Gräber in Auftrag. In Halikarnassos zieren die Statuen des König Mausolos und seiner Frau ein riesiges Grabmalmonument – woher sich der Name „Mausoleum" ableitet. Bald gab es in allen großen griechischen Städten – wie Alexandria, Antiochia, Pergamon und Ephesos – ähnlich gewaltige Monumente für ihre Herrscher. Weiter östlich im Süden Jordaniens sind praktisch

UNTEN: Die Grabanlagen im jordanischen Petra wurden in einem Stück aus den Felswänden gehauen. Das sogenannte „Schatzhaus" ist ein dreikammriges Königsgrab.

OBEN: Die Grabstätten in den jüdisch-römischen Katakomben waren durch einen neun- oder siebenarmigen Leuchter (Menora) markiert.

die einzigen Überreste der Nabtäermetropole Petra ihre Grabanlagen. Das sogenannte „Schatzhaus" dort ist ein dreikammriges Königsgrab mit bemerkenswerter klassischer Fassadenbildhauerei, Säulen und zweigeschossigen Pedimenten, die in einem Stück aus einer Felswand gehauen wurden.

In Rom wurden die wohlhabenderen Familien in privaten Familiengrabstätten beigesetzt. Solche Bauten wurden mit imponierender Kunstfertigkeit geschaffen, oft gehörte ein Porträtrelief oder eine Büste und eine Inschrift dazu (vgl. S. 89).

Obwohl sie später zu einer christlichen Grabstätte wurden, wurden die römischen Katakomben doch vermutlich ursprünglich von der jüdischrömischen Bevölkerung ausgehoben. Die weite Ebene, die Rom umgibt, besteht aus Schichten vulkanischen Gesteins. Eine davon, körniger Tuff, ist porös und relativ leicht zu stechen, gleichzeitig aber auch haltbar genug, um Grabkammern und Galerien zu stützen. Die Gräber waren in den Frühzeiten der jüdischen Katakomben einfach durch einen neun- oder siebenarmigen Leuchter (*Menora*) markiert. In den christlichen Katakomben bettete man die Toten zuerst in kleine Räume, die man von den Gängen aus betreten konnte. Als dann später die Zahl der Leichname zu stark anstieg, hob man schmale Grabnischen aus den Gangwänden aus – manchmal bis zu zwölf übereinander – und verwendete zum Teil auch den Boden mit. Der Hauptschmuck dieser Grabräume und -nischen bestand aus Fresken, die Szenen aus dem Alten und Neuen Testament darstellten. An den

OBEN: In Paris wurde 1803 der Père-Lachaise-Friedhof eröffnet. Dort befinden sich die Gräber vieler bedeutender Persönlichkeiten, u. a. Balzac, Chopin und Oscar Wilde.

einzelnen Nischen finden sich Gedenktafeln mit relativ kurzen, üblicherweise in griechisch abgefaßten Inschriften wie „Julia, in Frieden mit den Heiligen" oder „In deine Gebete schließ uns mit ein, denn wir wissen, du lebst in Christus."

Mit der Verbreitung des Christentums in Europa wurde das Begräbnis zur bevorzugten Bestattungsmethode. Die meisten Grabmäler blieben weiterhin recht unscheinbar. Nur hochgestellte Persönlichkeiten wurden mit einer Grablegung in Kirchen, Abteien oder Kathedralen geehrt.

In der Renaissance kam der klassische Stil für Grabmonumente wieder in Mode. Leonardo da Vinci (1452–1519) entwarf eine prächtige Grabstätte für den Mailänder Herrscher Gian Giacomo Trivulzio. Sie wurde nie gebaut, doch Leonardos Entwurfsskizzen sind erhalten – auf dem gewaltigen Sockel sollte eine lebensgroße Staue Trivulzios stehen, der triumphierend auf seinem Pferd sitzt, das sich über einem kauernden Gegner aufbäumt.

OBEN: Das Grabmal Abraham Lincolns ist ein hervorragendes Beispiel für die Neubelebung des klassischen Denkmalstils. Es entstand zwischen 1914 und 1922.

RECHTS: Moderner Grabschmuck kann als Ehrung der Vergangenheit des Verstorbenen viele Formen annehmen. Hier krönt ein Linienflieger ein Grab in Madagaskar.

RECHTS: Moderner Grabschmuck kann als Ehrung der Vergangenheit des Verstorbenen viele Formen annehmen. Hier krönt ein Linienflieger ein Grab in Madagaskar.

UNTEN: Im 19. Jahrhundert wurden die Grabmäler äußerst kunstvoll; beliebt waren Engelsstatuen und Figuren, die Trauernde darstellen.

Ein weiteres unvollendetes Grabmonument entwarf Michelangelo (1475–1564) für Papst Julius II. 1505. Es sollte 47 Statuen (u. a. Moses und zahlreiche Sklaven) zeigen, die um eine riesige Statue des Pontifex versammelt stehen. Später konnte Michelangelo seinen hierhingehenden Ehrgeiz in dem berühmten Grabmal für Giuliano und Lorenzo de' Medici in der Kapelle in Florenz verwirklichen.

Michelangelos Beispiel folgten bald andere. Denkmäler für Herrscher und berühmte Heeresführer findet man mittlerweile in allen großen europäischen Städten, auch wenn nur wenige den eigentlichen Ort des Grabes kennzeichnen (eine berühmte Ausnahme stellt das Marx-Grabmal auf dem Londoner Highgate-Friedhof dar). Viele wurden in der klassischen Säulenform errichtet, etwa der Washingtonobelisk in Washington, D. C., oder die Nelsonsäule auf dem Trafalgar Square in London.

Im 19. Jahrhundert fand eine Renaissance des altgriechischen Brauchs statt, dem einfachen Soldaten Denkmäler zu errichten. Er begann nach dem Bürgerkrieg in den USA, besonderer Ausdruck wurde ihm jedoch in den Jahren nach dem Ersten Weltkrieg verliehen. Das Grab des Unbekannten Soldaten in der Westminster Abbey beherbergt den Leich-

nam eines nicht identifizierten britischen Soldaten, den man nach diesem Krieg zusammen mit der Erde von den Schlachtfeldern Frankreichs nach England zurückbrachte.

Vom 16. Jahrhundert an kauften sich wohlhabende Männer, die nichts anderes als Ihr Reichtum berühmt gemacht hatte, imposante Grabmäler. Weniger wohlhabende, aber verdiente Mitglieder der Gesellschaft ehrte man durch Inschriften auf Messingschildern und selbst vergleichsweise arme Menschen legten Geld für einen Grabstein beiseite.

Im 19. Jahrhundert erreichte diese Entwicklung ihren Höhepunkt; Bankiers und Kaufleute, sogar Geldverleiher und Ladenbesitzer wetteiferten in Größe und Pracht ihrer Grabmäler miteinander. Die Friedhöfe von Kensal Green in London und Père-Lachaise in Paris sind für ihre prunkvollen Grabmäler berühmt.

Im 20. Jahrhundert begann man, wieder eine Vorliebe für das Einfache zu entwickeln. Der Schauspieler Sir Peter Ustinov hat bereits über seine Grabinschrift entschieden. „Auf mein Grab", sagt er, „sollen sie schreiben: ‚Rasen betreten verboten'."

FIGURENBILDNISSE

Die Tradition der Abbildung eines Verstorbenen in Form von Figuren und Plastiken an seinem Grab reicht viele Jahrhunderte zurück. Sie begann in Ägypten, wo die Statue des Pharao Djoser in seiner Stufenpyramide als ältestes Beispiel ihrer Art zu bewundern ist. Die großen Denkmäler griechischer Könige, die Porträtbüsten der Römer und auch die späteren Monumente für Herrscher und Päpste gehören zwar auch in diese Kategorie, doch sind sie im Grunde streng formalisierte Elemente, und nicht so sehr als repräsentierende Bildnisse angelegt.

In der etruskischen Grabkunst ging es schon etwas persönlicher zu; dort sieht man die Verstorbenen teilweise mit ihren Frauen auf den Särgen abgebildet. Während der römischen Besatzungszeit in Ägypten in den ersten Jahrhunderten n. Chr. wurden einige der Mumiensärge ebenfalls mit Porträts der Toten verziert.

Im Frankreich und England des Mittelalters wurden von verstorbenen Königen und Königinnen Maskenabdrücke genommen und für die Anfertigung hölzerner Totenbildnisse verwendet, die man auf den Sarg legte, während der Sarg für die letzten Ehrenbezeigungen ausgestellt wurde. In England wurden sie später in der Westminster Abbey aufgestellt. Das früheste bekannte Bildnis dieser Art, das Eduard III. († 1377) darstellt, zeigt deutlich die Gesichtsverzerrungen, die ein Schlaganfall mit sich brachte, der ihn das Leben kostete.

LINKS: Das früheste bekannte durch einen Maskenabdruck angefertigte Totenbildnis ist das Eduards III. in der Westminster Abbey. Es zeigt auf der linken Gesichtshälfte deutlich die Kennzeichen des Schlaganfalls, der ihn das Leben kostete.

Es scheint, daß nur englische Exemplare solcher frühen Totenmasken erhalten geblieben sind, die französischen wurden während der französischen Revolution 1789 zerstört. Die schönste soll die von Heinrich VII. († 1509) gewesen sein. Spätere Bildnisse, wie das von Wilhelm III. von Oranien († 1702) und seiner Frau Maria Stuart († 1694), wurden aus Wachs hergestellt. Als der zweite Duke of Buckingham 1735 auf einer Europa-

UNTEN: Eine ausgedehnte Familienversammlung wird an dieser Grabstätte in Indonesien ausgestellt.

RECHTS: Der ausgestopfte Leichnam von Jeremy Bentham, den man auf seine Verfügung hin präpariert und im University College in London in einem Glaskasten ausgestellt hatte. Sein Gesicht ist ein Wachsmodell, der echte Kopf befindet sich in der Schachtel zu seinen Füßen.

GANZ RECHTS: 1891 erfand der Pariser Chirurg Dr. Varlot eine Methode, wie man einen Leichnam mit einer dünnen Kupferschicht überziehen und daraus eine Galvanoplastik herstellen konnte.

GEGENÜBERLIEGENDE SEITE: 1780 verlegte man die Gebeine von über 20 000 Pariser Bürgern vom Friedhof Les Innocents in einen ehemaligen Steinbruch, ein Labyrinth unterirdischer Gänge. Später kamen unzählige weitere hinzu. Diese Aufnahme stammt von dem französischen Pionierfotografen Felix Nadar. Sie ist eine der ersten, bei denen man künstliches Licht verwendete.

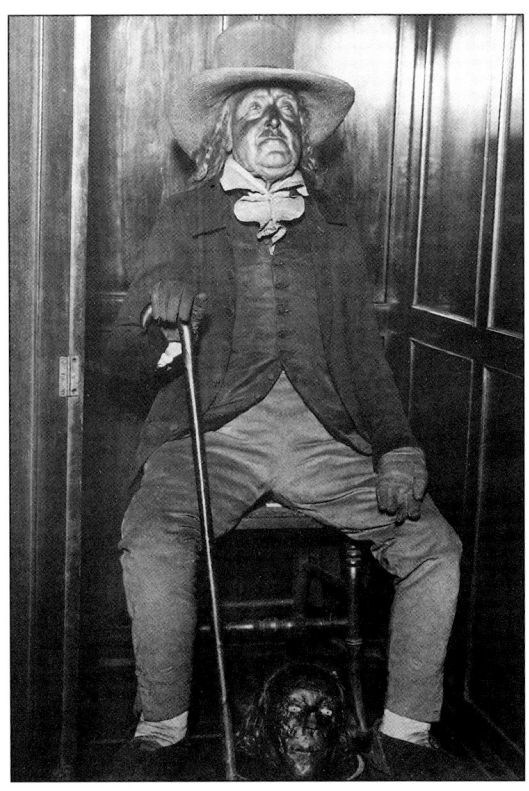

reise starb, wurde sein Leichnam konserviert und eine Replik aus Wachs, Leder und Holz angefertigt, die auch in der Westminster Abbey zu sehen ist.

Das sonderbarste Bildnis wurde vielleicht von dem englischen Reformator Jeremy Bentham angefertigt, der 1832 starb. Er bat darum, seinen Leichnam nach seinem Tod von Dr. Southwood Smith öffentlich sezieren zu lassen. Das Skelett sollte dann wieder mit Draht zusammengefügt, mit seinen Sachen bekleidet und in einen gläsernen Kasten gestellt werden. Das ganze Gebilde nannte er „Auto-Icon". Sein Kopf sollte einbalsamiert werden, weshalb er für diesen Fall 20 Jahre lang ein Paar Glasaugen bei sich trug. Doch aus irgendeinem Grund scheiterte das Unterfangen, und es mußte ein Wachskopf angefertigt werden, der sich bis heute in einem Glaskasten im Senior Common Room des University College in London befindet, während der echte Kopf in einer Schachtel zu ihren Füßen aufbewahrt wird.

Eine erfolgreichere Methode, Tote zu konservieren, fand der Pariser Chirurg Dr. Varlot 1891. Er benutzte einen Leichnam als Grundlage für eine Galvanoplastik. Nachdem er in Kupfersulfat getaucht worden war, konnte man die Form des mit einer millimeterdicken Kupferschicht überzogenen Körpers exakt erhalten.

ÜBERFÜLLTE FRIEDHÖFE

Im Lauf der Jahrhunderte wurden die europäischen Friedhöfe immer überfüllter. Der Anstieg der Bevölkerungszahlen und das Anwachsen der Städte verschlimmerte die Lage zusehends. Mediziner begannen langsam zu erkennen, daß mit verwesenden Leichen angefüllte Friedhöfe eine ernsthafte gesundheitliche Gefahr darstellten.

1763 ordneten die Pariser Behörden an, daß alle Kirchfriedhöfe in der Stadt geschlossen und statt dessen acht städtische Friedhöfe außerhalb der Stadtgrenze eingerichtet werden sollten. Die Kirche stellte sich jedoch strikt dagegen, und viele Jahre lang trat der Erlaß nicht in Kraft. Schließlich wurde 1780 einer der größten Friedhöfe, Les Innocents, geschlossen, und mehr als 20 000 Skelette wurden exhumiert und in ein Labyrinth unterirdischer Tunnel im Süden der Stadt geschafft, wo vorher ein Steinbruch gewesen war. Nach einiger Zeit wurden die Gebeine dann in ordentlichen

Reihen ausgelegt und die „Katakomben" der Öffentlichkeit zugänglich gemacht. Später kamen unzählige weitere Knochen aus anderen geschlossenen Friedhöfen hinzu.

In England wurden Beerdigungen auf Kirchhöfen noch bis 1830 durchgeführt, als der Platzmangel schließlich städtische Friedhöfe unerläßlich machte. Den Anfang machte der Highgate-Friedhof in Nordlondon, der seine Tore 1839 vor einem sieben Hektar großen Gelände öffnete, von denen ein kleiner Teil nicht als heiliger Boden geweiht war und für Agnostiker und Andersgläubige verwendet werden konnte. Etwa 170 000 Menschen wurden dort begraben.

Der geräumigste Friedhof in ganz Großbritannien ist Brookwood Necropolis in Surrey. Er ist über 200 Hektar groß und wurde 1854 eröffnet. Ungefähr eine Viertelmillion Leichname liegen dort begraben. Der dichtest bevölkerte Friedhof Europas liegt ebenfalls in England. Es handelt sich um den City of London Cemetery in Wanstead. Eine halbe Million Menschen fand dort ihre letzte Ruhe, und viele davon wurden im 19. Jahrhundert auf Anordnung der Obrigkeit hin von anderen Friedhöfen dorthin gebracht.

In Kalifornien gibt es fünf sogenannte „Forest Lawns" (dt.: baumbestandene Wiesen), von denen der größte in Glendale bei Los Angeles liegt. Sie sind nach dem Plan von Dr. Hubert Easton entstanden, der sich einen großen Park ohne alle kitschigen Grabmäler oder andere Symbole des menschlichen Todes vorstellte, sondern ihn mit majestätischen Bäumen, grünen Rasenflächen, plätschernden Brunnen, schönen Statuen und denkwürdiger Architektur füllen wollte. Dr. Eastons Plan findet (wie viele andere auch) Erfüllung in der Welt größtem Gemälde der Kreuzigungsszene (60 x 13 m), der Auferstehung (20 x 15 m) und einer Buntglasszene des Letzten Abendmahls (10 x 4 m), die alle einen modernen „Theme-Cemetery" bilden.

Der größte Friedhof der Welt ist Rookwood Necropolis im australischen Sydney. Auf 283 Hektar sind über 600 000 Tote und 200 000 Urnen bestattet.

In Shenhu im östlichen China sind seit 1988 60 000 Gräber geleert worden, um Land für den Ackerbau zu gewinnen. Die Leichname wurden eingeäschert und in eine siebenstöckigen Gruft verlegt. Die Memorial Necropole Ecumenica bei

Sao Paulo ist zehn Stockwerke hoch; ein ähnliches Gebäude steht auch in Genua.

GRABINSCHRIFTEN

Wenn wir an eine Grabstätte kommen, möchten wir auch wissen, wer dort begraben liegt. Die frühesten Inschriften auf Gräbern und Särgen, die erhalten geblieben sind und übersetzt werden konnten, sind die der alten Ägypter. Wie später bei den Römern auch findet man auf diesen ägyptischen Inschriften kaum mehr als eine knappe biographische Information über die verstorbene Person, vielleicht eine Bitte an die Götter um freundliche Aufnahme im Jenseits und eine rechtliche Warnung an jeden, der wagen sollte, das Grab zu entweihen.

Einige römische Sarkophage sind mit der mysteriösen Buchstabenfolge „nf. f. ns. nc." versehen. Sie steht für „non fui – fui – non sum – non curo", was man übersetzen könnte als „Ich war nicht – ich war – ich bin nicht – ich sorge mich nicht darum". Im Vergleich dazu ist vielleicht eine Inschrift aus dem 19. Jahrhundert interessant, die in Mississippi gefunden wurde: „Einmal war ich nicht. Dann war ich. Nun bin ich niemals wieder."

Der Dichter Vergil (70–19 v. Chr.) verfaßte seine Grabinschrift selbst:

Mantua me genuit, Calabri rapuere, tenet nunc Parthenope: Cecini pascua, rura, duces.

(„Mantua hat mich geboren, Kalabrien hat mich fortgerissen, nun hält mich Neapel. Ich habe von Wiesen, Feldern, großen Männern gesungen.")

Die alten Griechen gestalteten ihre Inschriften ein wenig poetischer und häufig in Form von Epigrammen. Die bei der Schlacht zwischen Spartanern und Persern bei den Thermopylen (480 v. Chr.) gefallenen Helden wurden durch eine Serie von Grabsprüchen geehrt, die Simonides von Kea (ca. 556–467 v. Chr.) zugeschrieben wird. Der berühmteste dieser Verse lautet:

Eine militärische Ehrengarde marschiert 1994 durch den Piskrevsko-Friedhof in Leningrad, um den 50. Jahrestag des Endes der deutschen Blockade der Stadt feierlich zu begehen. Auf dem Friedhof liegen etwa eine halbe Million Opfer der Belagerung.

Die Inschrift auf dem Grabstein von William Bradford, der 1752 auf dem Friedhof der Trinity Church in New York beigesetzt wurde. Dieser Grabstein ist der älteste der ganzen Stadt.

Wanderer, kommst du nach Sparta, verkünde dort, du habest uns hier liegen gesehen …

Viele Jahrhunderte lang blieben die Grabinschriften in Europa, die für gewöhnlich in Latein abgefaßt waren, auf nüchterne Tatsachen beschränkt. Doch ein wenig griechischer Witz findet sich auch in der Inschrift des niederländischen Sprachgelehrten Jan van Pauteren (1460–1520):

Here lies the Body of Mr. WILLIAM BRADFORD Printer, who departed this Life May 23, 1752, aged 92 Years: He was born in Leicestershire, in Old England, in 1660; and came over to America in 1682, before the City of Philadelphia was laid out: He was Printer to this Government for upwards of 50 Years and being quite worn out with Old age and labour, he left this mortal State in the lively Hopes of a blessed Immortality.

Reader, reflect how soon you'll quit this Stage, You'll find but few atain to such an Age. Life's full of Pain. Lo here's a Place of Rest, Prepare to meet your GOD, then you are blest.

Here also lies the Body of Elizabeth Wife to the said William Bradford who departed this Life July 8. 1731 aged 68 Years.

RESTORED WITH THE ORIGINAL INSCRIPTION BY THE VESTRY OF TRINITY CHURCH MAY. 1863

Grammaticam scivit, multos docuitque per annos; Declinare tamen no potuit tumulum.

(„Er kannte die Grammatik und lehrte sie viele Jahre lang, das Grab jedoch konnte er nicht deklinieren (=ableugnen).")

Die kurze Inschrift, die der römische Dichter Martial (40–104 n. Chr.) verfaßte, fand später auch ihren Weg auf viele englische Grabsteine: „Sit tibi terra levis" („Möge die Erde sich leicht auf dich legen"). Der Engländer Abel Evans (1679–1737) nahm darauf 1726 in seinem Grabspruch für John Vanbrugh, einen Architekten vieler großer Bauten, satirisch Bezug:

Lege dich schwer auf ihn, Erde, denn er legte manch schwere Last auf dich.

Erst im späten Mittelalter begannen die Landessprachen das Lateinische auf den Grabsteinen zu verdrängen. Noch 1776 allerdings antwortete der Klassizist Samuel Johnson (1709–84), als man ihn bat, für das Grab des Dramatikers Oliver Goldsmith in der Westminster Abbey eine Inschrift auf Englisch zu schreiben, er könne die ehrwürdigen Mauern der Abtei niemals derartig entweihen, und verfaßte sie auf Latein – was ihm den Tadel vieler Freunde und Kollegen einbrachte.

Eine ernsthafe Warnung steht auf William Shakespeares Grabstatt zu lesen, die er jedoch vermutlich nicht selbst verfaßt hat. Sinngemäß übersetzt lautet sie folgendermaßen:

Lieber Freund, laß um Christi Willen davon ab, nach dem Staub, der hier verborgen liegt, zu graben.
Gesegnet sei, wer diese Statt verschont, verflucht, wer meine Gebeine raubt.

1791 veröffentlichte John Bowden aus Chester in Buch mit dem detaillierten Titel: *The Epitaph-Writer; consisting of six hundred original epitaphs, moral, admonitory, humorous and satirical… chiefly designed for those who wish to write or engrave inscriptions on tombstones* („Der Grabinschrift-Dichter: bestehend aus sechshundert Original-Grabinschriften moralischer, ermahnender, heiterer oder satirischer Art, geschrieben für all diejenigen, die Grabinschriften zu schreiben oder zu gravieren wünschen"). Ein Beispiel daraus in freier Übertragung:

Hier ruht ein lüsterner Kerl, der, als er noch atmete, Mitten im Leben schon den Tod suchte:

*Den er auch bald fand, denn er bezahlte es
mit dem Leben,
Daß er sein Bett mit der Frau eines anderen
Mannes teilte.*

Die ernsthaftesten Inschriften loben die Tugenden derer, die sie ehren sollen, meist stark übertrieben, sind aber in jeder anderen Hinsicht banal. Gedenkschriften, die jedoch mit aufrichtigem Empfinden verfaßt sind, können sehr anrührend sein. Manchmal merkt man ihnen auch das Bemühen an, den Schmerz über den Verlust in Form von humorvoller Wort- und Reimwahl zu bewältigen, wie bei diesem Spruch aus Gloucestershire:

*Here lie two babbies, dead as nits,
Who died in agonising fitts;
They were too good to live with we,
So God did take to live with He.*

(„Hier ruhen zwei Kinder, tot wie Nissen,/Die in schmerzvollen Zuckungen starben./Sie waren zu gut, um mit uns zu leben,/Also nahm Gott sie sich zur eigenen Gesellschaft.")

In Schottland findet man humorvoll gereimte Inschriften dieser Art. Hier zwei aus Aberdeen:

*Here lie I, Martin Elginbrod,
Have mercy on my soul, Lord God.
As I on you, were I Lord God
And you were Martin Elginbrod.*

(„Hier ruhe ich, Martin Elginbrod,/Sei gnädig meiner Seele, Herr, mein Gott,/Wie ich es deiner wäre, wäre ich der Herrgott,/Und du wärst Martin Elginbrod.") und

*Here lie the bones of Elizabeth Charlotte,
Born a virgin, died a harlot.
She was aye a virgin at seventeen,
A remarkable thing in Aberdeen.*

(„Hier ruhen die Gebeine von Elizabeth Charlotte,/geboren als Jungfrau, gestorben als Hure./Sie war noch Jungfrau mit 17 Jahren,/was für Aberdeen bemerkenswert ist.")

Manchmal beruht der Witz einer Inschrift auf fehlerhafter Grammatik:

*Errichtet zum Gedenken an
John MacFarlane,
Der den Tod fand in den Wassern von Leith,
Durch einige liebende Freunde.*

Und der auf zweierlei Weise deutbare Spruch:

*Geweiht dem Andenken an
Captain Anthony Wedgwood,
irrtümlich erschossen von seinem Wildhüter*
*auf der Jagd.
Gut gemacht, du glaubenstreuer Diener.*

Vom 18. Jahrhundert an wurden Anspielungen auf den Beruf des Verstorbenen üblich. Der Spruch, den Benjamin Franklin für seinen eigenen Grabstein schrieb, ist für diese Richtung typisch:

*Der Leichnam von
B. Franklin, Buchdrucker,
Wie ein alter Buchdeckel
Mit herausgerissenem Inhalt,
Ohne Aufdruck und Vergoldung
Liegt hier, als Fressen für die Würmer,
Doch das Werk soll nicht ganz verloren sein,
Denn es wird, wie er glaubt,
Neu erscheinen,
In einer frischen und vollkommeneren Ausgabe,
verbessert und erweitert
vom Autor selbst.*

Auf dem Grabstein eines Braumeisters aus Liverpool steht zu lesen:

*Poor John Scott lies buried here,
Though once he was hale and stout.
Death stretched him on his bitter bier,
In another world he hops about.*

(„Der arme John Scott liegt hier begraben,/War er auch einst kräftig und stämmig ("Stout" auch Biersorte),/So hat ihn der Tod doch auf seiner bittren Bahre ("Bitter" auch Biersorte) lang hingestreckt,/In einer anderen Welt springt er fröhlich umher.")

Treffend und knapp fällt der Grabspruch für Thomas Campbell aus, einen Handelsreisenden aus Chicago, der 1862 verstarb:

Das Grab von Benjamin Franklin in Philadelphia ziert eine Inschrift, die er selbst verfaßt hat.

In den Marmorboden im Mittelschiff der St. Paul's Cathedral eingelassen, steht die Gedenkschrift für Sir Christopher Wren, der die Kathedrale von 1675 bis 1711 wieder aufbaute, nachdem sie bei dem Großfeuer, das 1666 in London wütete, zerstört worden war.

Meine Reise ist zuende.
Schickt meine Muster heim.

Isaac Pitman, der Erfinder des Stenographiersystems, das heute noch verwendet wird, war ein begeisterter Befürworter von Rechtschreibreformen. Die Grabinschrift seiner Frau auf dem Lansdown-Friedhof in Bath ist in einer eher ungewöhnlichen phonetischen Schreibweise verfaßt, die man etwa so wiedergeben könnte:

Imm Gedänken ann
Meri Pitman,
Ehefrau fon Mr Eizak Pitman,
Fonetischa Drukka disa Statt,
Vastorben am 19. August 1857 imm Alta
vonn 64 Jaren.
„Sai berait für dainen Gott"

Einige Grabinschriften enthalten eine Klage der Hinterbliebenen über die Behandlung, die dem Verstorbenen zu Lebzeiten zuteil wurde. Auf einem Grabstein in Pennsylvania steht beispielsweise:

RANSOM BEARDSLEY
Verstorben 24. Jan. 1850
Im Alter von 56 Jahren, 7 Monaten, 21 Tagen,
Freiwilliger im Krieg von 1812,
Keine Pension.

Ein Teil der Grabinschrift für Jonathan Tute, der 1763 in Vernon, Vermont, begraben wurde, besagt:

Doch obgleich seine Seele sich hoch erhob,
Muß sein Körper doch hier verwesend liegen.
Seht nur die erstaunliche Wirkung,
Die eine Impfung hervorrufen kann:
Was ihm das Leben hätte retten sollen,
Brachte ihn schnurstracks ins Grab.

Die Inschrift der 26jährigen Ellen Shannon in Girard, Pennsylvania, erklärt sich noch präziser:

Die zu Tode kam
am 21. März 1870
bei einem Brand, verursacht von einer Lampe,
gefüllt mit „R.E. Danfords feuerungefährlicher
Brennflüssigkeit"

Im frühen 19. Jahrhundert stellte der Leichenraub ein goßes Problem dar. Als Ruth Sprague 1816 in Hoosick Falls im Staat New York starb, grub ein Medizinstudent den Leichnam heimlich zu Studienzwecken aus und sezierte ihn. Ihre erbosten Verwandten holten ihre Überreste zurück und errichteten einen neuen Grabstein:

Sie wurde aus dem Grab geraubt
von Roderick R. Clow
und seziert in Dr. P. M. Armstrongs Praxis
in Hoosick, NY, von wo
ihre verstümmelten Überreste
erstattet wurden und nun hier liegen.
Ihr Körper wurde von bösen Menschen
zerschnitten,
ihre Knochen zerlegt,
ihre Seele, so glauben wir fest, ist zu Gott
aufgestiegen,
wohin nur selten ein Arzt gelangt.

Noch viele Seiten könnte man mit Inschriften füllen, prägnant kurzen und geschwätzig ausführlichen, pathetischen, ironischen oder auch komischen – doch wie der Spruch auf Joshua Piggs Grabstein in Norfolk ganz richtig feststellt:

Verse auf Gräbern sind vergebens gesungene
Lobeshymnen,
Eines Mannes guter Name ist der beste
Gedenkstein.
Und daher soll hier die Grabinschrift stehen, die
John Cam Hobhouse (1786–1869) für das Grab
des besten Freundes von Lord Byron verfaßte:
Unter diesen Steinen ruhen die Gebeine
eines Geschöpfs,
das Schönheit ohne Eitelkeit besaß,
Stärke ohne Dreistigkeit, Mut ohne Wildheit,
und alle anderen Tugenden des Menschen ohne
seine Laster.
Dieses Lob, das bedeutungslose Schmeichelei wäre,
stünde es als Inschrift über menschlicher Asche,
ist allein ein Beitrag zum Gedenken an
BOOTSMANN, einen Hund.

DER TOTEN GEDENKEN

Die Grabinschrift erfüllt zwei Funktionen. Einerseits kann sie als kurzes Zeugnis des von den Verstorbenen geführten Lebens dienen, andererseits gemahnt sie uns, diesen Menschen und seine Existenz nicht zu vergessen.

Am Volkstrauertag, der ursprünglich als öffentliche Trauerkundgebung zum Tod von Millionen Soldaten im ersten Weltkrieg eingeführt wurde, wird heute auch derer gedacht, die im 2. Weltkrieg ihr Leben verloren.

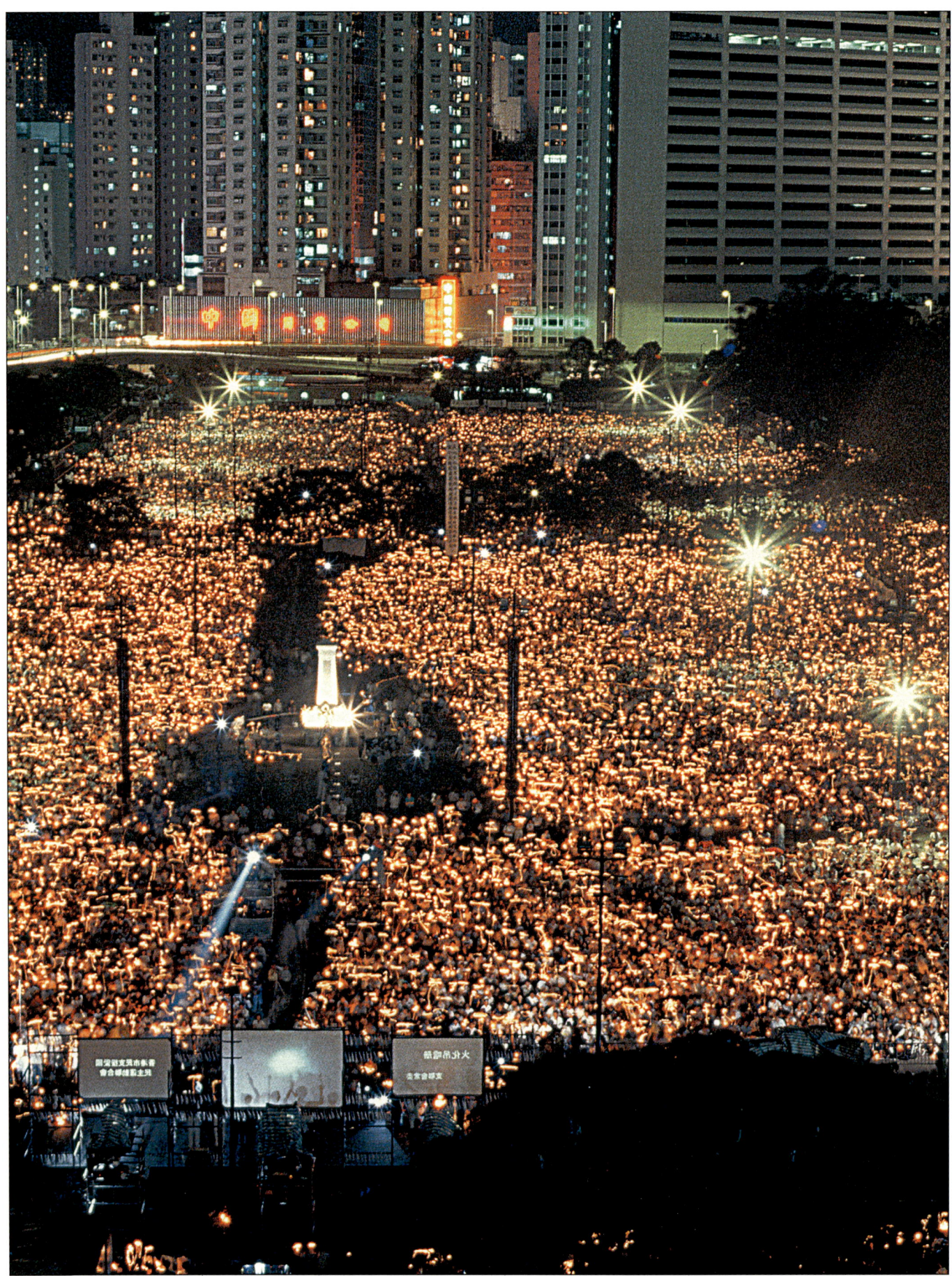

USA und in Deutschland (hier am Volkstrauertag jeweils am zweiten Sonntag vor dem ersten Advent) feierlich an den Tod von Millionen Soldaten, die im Ersten Weltkrieg fielen, erinnert wird. Nach dem Verlust so vieler junger Männer in diesem Krieg – der auf seine Weise einen ähnlichen Effekt auf die europäischen Bevölkerungszahlen hatte wie einst der Schwarze Tod – mußte eine Möglichkeit öffentlicher Trauerbezeigung gefunden werden, die nun auch mit dem Gedenken an jene verknüpft ist, die im Zweiten Weltkrieg ihr Leben verloren.

Viel früher wurde eine weitere Gelegenheit zum Gedenken an die Toten von der römisch-katholischen Kirche ausgerufen, und zwar auf die Initiative des Abts des Benediktinerklosters Cluny, Odilo († 1048), hin. Es handelt sich um den Aller-seelen-Tag, der offiziell am 2. November gefeiert wird (oder am 3. November, falls der 2. auf einen Sonntag fällt). Der im Anschluß an Allerheiligen am 1. November, dem Gedenktag aller verstorbenen Gläubigen im Himmel – begangene Feiertag sollte dem Gedächtnis all derer dienen, die man noch im Fegefeuer glaubte.

In vielen Ländern sind die beiden Tage mittlerweile jedoch vermischt worden. In Frankreich pflanzt man am 1. November blühende Chrysanthemen in Blumentöpfen um die Gräber herum. In Mexiko wird der „Tag der Toten" ebenfalls am 1. November begangen. In Anlehnung an die alten Rituale werden die Toten mit Kleider- und Speisengaben vorüberge-hend wieder in der Welt der Lebenden willkommen ge-heißen. Man lockt sie mit Pfaden ausgestreuter Rin-gelblumen in die Häuser ihrer Nachfahren oder hält neben den Gräbern Feste mit Musik und Tanz ab. Den Kindern schenkt man Toten-köpfe aus Marzipan oder Schokolade, und man sieht überall auf den Straßen Skelette. Auf diese Weise zeigt man, wie eng die Welt der Toten mit der Welt der Lebenden verwoben ist.

In vielen alten Kulturen wurde der Todestag eines Menschen feierlich begangen. In jüngerer Zeit sind diese Festlichkeiten – wenn sie überhaupt begangen werden – weniger öffentlicher Natur als eher stille Familienangelegenheiten. Meist bestehen sie nur aus einem Besuch am Grab oder einem symbolischen persönlichen Ausdruck der Trauer um den Toten.

Doch es gibt Ausnahmen. In England gedenken einige beispielsweise noch immer der Ereignisse des englischen Bürgerkriegs bei der Statue Oliver Cromwells (1599–1658) in London – und andere begehen eine ähnliche Gedenkfeier zu Ehren Königs Karl I., der auf Cromwells Betreiben hin 1649 hingerichtet wurde. In Deutschland ehrt man auf ähnliche Weise das Grab Goethes (1749–1832) und anderer Kulturikonen. In Frankreich kommt es am Grab des Rockmusikers Jim Morrison (1943–1971) auf dem Père-Lachaise-Friedhof in Paris immer noch häufig zu hysterischen Demonstrationen seiner Fans.

Die größte internationale Gedenkfeier für die Toten findet jedes Jahr Mitte November statt, wenn in Belgien, Frankreich, Großbritannien, in den

eus in adiutorium meum intende.
Dñe ad adiuuandum me festina.
Gloria patri et filio τ spiritui sco.
Sicut erat et c̄. hympne.

KAPITEL 6

LEBEN NACH DEM TOD

Nur wenige ertragen den Gedanken, daß der Tod die sofortige und totale Auslöschung jedes Teils ihrer selbst bedeuten könnte. Selbst wenn der Körper nicht mehr lebt, kann doch die gesammelte Erfahrung eines ganzen Lebens voller Arbeit, kreativer Aktivität, voller Bildung und Sorge um andere nicht einfach ausgeblasen werden wie eine Kerze? Wenn tatsächlich nichts, absolut nichts übrig bleiben sollte, nachdem ein Körper in einfache chemische Stoffe umgewandelt wurde, hätte das Leben dann überhaupt noch einen Sinn?

Selbst von einem grundlegend anthropologischen Standpunkt aus betrachtet, gibt es einiges, was dafür spricht. Wir sprechen zu Recht von der Evolution der menschlichen Rasse. Wenn es keine innere Kraft gäbe, die uns vorantriebe, dann wäre ja kein Grund vorhanden, warum die Menschheit nicht auf der Stufe des *Homo pithecanthropus* hätte stehenbleiben sollen, als sie kaum etwas anderes war als eine der vielen Tiergattungen, die sich unverändert weiter durch Jahrmillionen fortpflanzen, ähnlich dem Krokodil oder der Kakerlake.

Jede menschliche Generation leistet einen Beitrag für die folgende. Im Lauf der Jahrhunderte haben wir immer mehr über uns und das Universum, in dem wir leben, gelernt und dieses neue Wissen entsprechend eingesetzt. Wir haben uns das Wissen angeeignet, Krankheiten zu heilen und das Leben zu verlängern. Wir haben ausgeklügelte Transportsysteme ersonnen, entdeckt, wie natürliche Ressourcen genutzt werden, haben komplexe Bauten errichtet, und wir haben aus bildender

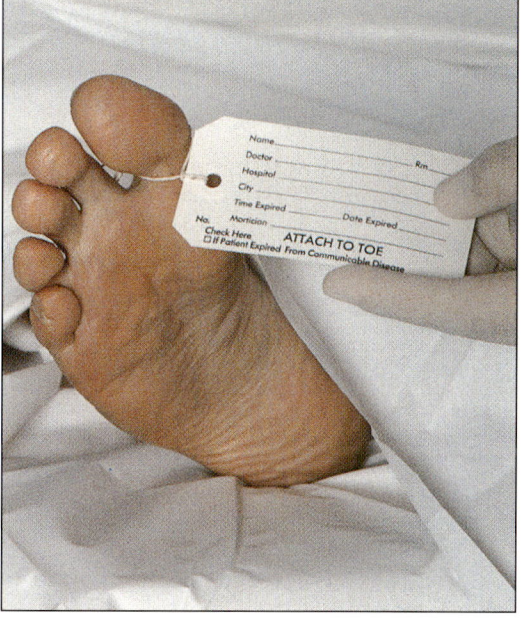

LINKS: Ist ein toter Mensch nichts weiter als ein Leichnam in einer Leichenhalle, so anonym, daß eine Karte an den Zeh gebunden werden muß, um ihn zu identifizieren? Oder überlebt noch etwas anderes?

Kunst, Musik und Philosophie hochentwickelte Fertigkeiten gemacht.

Natürlich leiden die Menschen noch in vielenLändern auf der Welt Not und Armut, doch auch dort trägt man Kleidung, baut Häuser und bereitet Nahrung zu. Und auch dort zeichnen die Menschen sich als Führer, Denker oder Künstler von Weltrang aus – ein weiteres Beispiel dafür, daß Verbesserungen tatsächlich möglich und machbar sind.

Doch den meisten Menschen reicht der Gedanke, nur der Antriebsstoff für die Weiterentwicklung der nächsten Generation zu sein, nicht aus. Sie sehnen sich verzweifelt danach, daß ein Teil ihrer selbst als Rechtfertigung für die viele Mühsal, die sie im Leben ertragen haben, über-

GEGENÜBERLIEGENDE SEITE: Die Auferstehung der Toten aus den Gräbern. Eine Illustration aus dem Stundenbuch, das die Brüder von Limburg im 15. Jahrhundert für den Herzog von Berry illustrierten.

97

Dante schildert in seiner Göttlichen Kömodie *in* Die Hölle, *wie der römische Dichter Vergil ihn durch die neun Höllenkreise führt. Im achten Kreis findet er die verlorenen Seelen, deren Strafe darin besteht, daß ihre Köpfe rückwärts auf den Schultern sitzen. Diese Behandlung erwartet diejenigen, die es gewagt hatten, im Leben die Zukunft vorauszusagen.*

lebt. Aus diesem Wunsch erwuchs vielleicht auch die Ursehnsucht nach der Unsterblichkeit.

Die lebende Zelle ist in gewissem Sinn unsterblich. Sie kann sich teilen und vermehren, wobei eine Kopie ihrer selbst entsteht – manchmal eine verbesserte Version, und genau darum geht es im Grunde beim gesamten Evolutionsprozeß. Bakterien und andere Einzellerorganismen können sich bis in alle Ewigkeit vermehren, wenn die Bedingungen stabil bleiben. Das Muster, wie eine Pflanze zu wachsen hat, das im Kern ihrer Zellen festgeschrieben steht, gewährleistet eine ähnliche Form von Unsterblichkeit. In den höher entwickelten Formen lebender Organismen tragen Eizelle und Spermium die Botschaft des Lebens für alle Zeiten in sich.

Doch gibt es noch etwas darüber hinaus? Schon in Kapitel 1 war einmal von einem „Lebensprinzip" die Rede. Wenn auch einige Biologen es lieber leugnen würden, scheint es doch in einem lebenden Organismus etwas mehr als den rein chemikalischen Inhalt zu geben. Und noch etwas anderes spielt eine Rolle, etwas noch schwerer greifbares: Wir Menschen sind uns unserer Existenz, unserer individuellen Persönlichkeit bewußt. Die meisten haben sogar das Gefühl, daß viele Tiere dieses Bewußtsein bis zu einem gewissen Grad teilen.

Ist diese Empfindung des Ichs vielleicht eine Manifestation des Lebensprinzips? Und sollte man es „Seele" nennen?

DIE UNSTERBLICHE SEELE

Die Vorstellung von der Seele als einer Art spirituellem Element, das separat vom greifbaren Körper existiert, ist schon sehr alt. Sie hat in beinahe jedem Glauben ihren Platz. Man stellt sich die Seele im allgemeinen als unsichtbare Substanz vor, die vom Körper getrennt werden kann und für diejenigen Vorgänge verantwortlich ist, die die Lebenden von den Toten unterscheiden. Und einigen Überzeugungen nach sind Krankheit und Bewußtlosigkeit auf die vorübergehende Abwesenheit der Seele im Körper zurückzuführen. Der Koran besagt, daß Allah die Seele aus dem Körper holt, und das nicht nur nach dem Tod, sondern auch jede Nacht im Schlaf, und sie beim Erwachen wieder zurückgibt.

Erlebnisse beim Träumen und „außerkörperliche Erfahrungen" (vgl. S. 129) haben einige Erkenntnisse darüber erbracht, daß das Bewußtsein in der Lage ist, sich frei durch Raum und Zeit zu bewegen, während der Körper an ein und demselben Ort verbleibt. Da das Bewußtsein ein we-

sentlicher Bestandteil eines lebendigen menschlichen Körpers ist, lag der Schritt nicht fern, es mit der Seele gleichzusetzen.

Auch wenn die Seele im allgemeinen als unsichtbar gilt, muß sie doch deshalb nicht völlig substanzlos sein. In einigen Religionen ist sie mit dem Atem oder dem Schatten eines Menschen verglichen, ja sogar gleichgesetzt worden. Und daraus erwuchs der Gedanke der „verlorenen Seele", die sich sogar sichtbar als Geist zeigen kann.

In vielen primitiveren Glaubensrichtungen fällt es schwer, die Unterscheidung zwischen Seelen und Geistern zu finden. Die Gond, ein Stamm aus Zentralindien, glauben beispielsweise, daß ein Kind in der Gebärmutter noch leblos ist, bis ihm die Obergottheit Bhagavan die Lebenssubstanz *Jiv* eingibt. Bei Eintritt des Todes kehrt das *Jiv* dann wieder zu Bhagavan zurück, doch die Persönlichkeit des Toten bleibt als *Sanal* zurück. Der *Sanal* bleibt, so glaubt man, in der Nähe des toten Körpers und folgt der Bestattungsprozession zum Friedhof oder der Einäscherungsstätte. Nach Abschluß der Bestattungsrituale begibt die Trauergemeinde sich zum nächsten Fluß und stellt dort einen kleinen Hocker, einen Zweig zur Reinigung der Zähne und einen Becher Wasser auf. Man weist den *Sanal* an, sich auf den Hocker zu setzen und spült ihm symbolisch den Mund aus, um ihn vom Tod reinzuwaschen. Dann wird ein Huhn oder eine Ziege geopfert, zubereitet und dem *Samal* angeboten. Später kehrt dieser dann in das Haus seiner Angehörigen zurück und nimmt an deren Festmahl teil.

Diese Auffassung von der entleibten Seele – die sich so oder ähnlich in zahlreichen Bestattungsritualen überall auf der Welt wiederfindet – ähnelt dem Glauben der alten Griechen. Diese fürchteten den Tod so sehr, daß sie ihn nicht beim Namen nennen wollten und statt dessen Euphemismen verwendeten: Der Schatten des „Verschiedenen" ging zum „Haus des Hades". Hades war ein Sohn der Titanen, der Bruder des Zeus und des Poseidon. Sein Reich war ein abscheulicher Ort. In der *Odyssee* bemerkt der Schatten des Achilles, daß er lieber

als Sklave eines besitzlosen Pächters leben würde, als der König im Totenreich zu sein.

Gleichzeitig setzte sich bei den Griechen die Vorstellung der *Psyche* durch, des immateriellen Aspekts der menschlichen Seele. Psyche erhielt eine bildhafte Gestalt in Form eines irdischen Mädchens, deren Schönheit Eros, den Gott der Liebe, so überwältigte, daß er Zeus überredete, sie unsterblich zu machen und zu den Göttern aufsteigen zu lassen. Platons Philosophie zufolge belegt dieser Mythos die These, daß Liebe in ihrer höchsten Form ein wesentlicher Wirkstoff für die Entwicklung der Seele ist.

IN VIELEN PRIMITIVEREN GLAUBENSRICHTUNGEN FÄLLT ES SCHWER, DIE UNTERSCHEIDUNG ZWISCHEN SEELEN UND GEISTERN ZU FINDEN.

Die Liebe zwischen Eros und Psyche, wie der italienische Bildhauer Antonio Canova (1757–1822) sie sah. In der griechischen Philosophie steht Psyche für die immateriellen Aspekte der menschlichen Seele. Platon betrachtete die Liebe als Wirkstoff für die seelische Entwicklung.

Der Ba – ein Bestandteil des Körpers, der gängigen Vorstellungen von der Seele sehr nahekommt – wurde als Vogel mit Menschenkopf dargestellt.

Die alten Ägypter hingegen stellten sich die Persönlichkeit des Menschen als Gebilde vor, das aus vielen einzelnen Bestandteilen zusammengefügt ist. Der *Ka* stellte eine Art Körperdouble dar, eine Lebenskraft, ohne die der Körper nicht existieren konnte. „Zu seinem Ka gehen" war ein euphemistischer Ausdruck, um den Tod zu umschreiben. Wer glaubte, daß die Toten in der Grabstatt weiterlebten, ließ dort eine *Ka*-Statue errichten. Der *Ba* war, obgleich er der Vorstellung von der Seele näherkam, eine eher unabhängige Wesenheit, die beim Todeseintritt vom Körper getrennt wurde, doch in der Nähe verblieb. Er wurde als Vogel mit Menschenkopf dargestellt. Ein weiterer wichtiger Bestandteil war das Herz, doch war es mehr als nur das rein körperliche Organ. Es wurde als „Gott im Menschen" bezeichnet und als eine Art Spei-

DAS HERZ WURDE ALS „GOTT IM MENSCHEN" BEZEICHNET UND ALS EINE ART SPEICHERMEDIUM FÜR DAS GESAMTE VERHALTEN BETRACHTET, DAS EIN MENSCH IM VERLAUF SEINES LEBENS AN DEN TAG LEGTE.

chermedium für das gesamte Verhalten betrachtet, das ein Mensch im Verlauf seines Lebens an den Tag legte. Ägypter, die es sich leisten konnten, legten also großen Wert auf die Rituale, die ihrem Tod folgen sollten. Wenn diese nämlich korrekt ausgeführt wurden, würden sie, so hofften sie, in die vergöttlichte Seinsform *Ach* verwandelt.

Im Hinduglauben bezeichnet man die Seele als *Atman*. Doch die Beschreibungen ihrer Natur variieren in den heiligen Schriften der verschiedenen Glaubensrichtungen stark. In einer ursprünglichen Bedeutung bezeichnet *Atman* den „Atem", eine zentrale Lebenskraft – worin auch alle Atemübungen des modernen Yoga wurzeln. In den *Upanischaden*, den Sanskrit-Abhandlungen, welche vor etwa 2 500 Jahren die Hindu-Philosophie definierten, wird *Atman* mit Brahman gleichgesetzt, dem absoluten, ewigen Prinzip des gesamten Universums. Die individuelle Persönlichkeit des Menschen ist in dieser Hinsicht zwar erfahrbar, doch nicht exakt definierbar. „Dieses Ich – was läßt sich darüber sagen als ‚nein, nein!‘ Es ist unfaßbar, denn es läßt sich nicht greifen; unzerstörbar, denn es läßt sich nicht vernichten; frei von Bindungen, denn es ist an nichts gebunden, nicht gefesselt. Es wankt nicht, noch kann es verletzt werden.“

Die Seele des Einzelnen ist also nur ein Teil des alles durchdringenden Brahman. Einige Kommentare haben die Gesamtheit aller Existenz mit einem Rad verglichen – das Brahman ist sowohl Nabe als auch Felge, während die einzelnen Individuen die Speichen bilden, welche beide verbinden. Anders als die meisten Religionen jedoch setzt der Hinduismus nicht eine einzige irdische Existenz voraus, nach der die Seele bereits für die Ewigkeit mit dem Brahman vereint wäre. Die Hindus betrachten das Leben als eine Erfahrung, die konstanter Erneuerung unterliegt. In jedem Leben können die Taten des Einzelnen zu Gewinn oder Verlust führen. Das Karma, ein Sanskrit-Begriff, der wörtlich „Taten“ oder Arbeit“ bedeutet, ist „das moralische Gesetz von Ursache und Wirkung, bei dem die Summe der Taten eines Menschen in jedes neue Leben mitgenommen wird und zu einer Verbesserung oder Verschlechterung seines zukünftigen Schicksals führt“. Doch es existiert keine exakte Definition der Karma-Menge, die ein Mensch angesammelt haben muß, bevor er von der Last weiterer irdischer Existenzen erlöst wird. Das berühmte indische Gedicht *Bhagavad Gita* (um 300 v. Chr.) spendet ein wenig Trost. Hier wird Vischnu-Krischna als der oberste Gott beschrieben, als „die Basis, auf die das Brahman sich stützt – das unsterbliche Brahman, das keinen Wechsel kennt – und die auch das ewige Gesetz von Gerechtigkeit und absoluter Seligkeit trägt.“ Erkennt er seine eigene Unsterblichkeit, wird der einzelne Mensch selbst zu Brahman. Auf diese Weise führt das *Bhagavad Gita* wie die Schriften Platons und viele christliche Texte das duale Konzept der Liebe von Gott zu den Menschen und der Liebe der Menschen zu Gott ein. Die letzte Bestimmung der Einzelseele war jedoch nach wie vor nicht definiert.

Religionsstifter Siddharta Gautama, besser bekannt als Buddha, der in Indien im sechsten Jahrhundert v. Chr. erschien, meinte die Antwort gefunden zu haben: „Wir leben in einer Welt des Leidens, in die wir immer wieder zurückkehren und aus der es augenscheinlich kein Entrinnen gibt.“ Der Grund für das Leiden, so Gautama, ist das Verlangen; der Weg zur Erlösung liegt also darin, das Verlangen zu beseitigen. Der Buddha erklärte einen Weg, der zur Transzendenz des irdischen Daseins führt. Er nannte ihn den

„Edlen Achtfachen Pfad“: rechte Anschauung und Gesinnung, rechtes Reden, Handeln und Leben, rechtes Streben, Denken und Sichversenken. Indem man diesem Pfad folgt, kann man den ewigen Kreis des Karma durchbrechen und ins Nirvana eingehen, welches „das Ende allen Verlangens“ bedeutet, „und daher auch allen Werdens und Vergehens“. Wer dieses Ziel im Leben erreicht, wird glücklich von allen Sehnsüchten befreit und betritt „eine zeitlose Zitadelle, zu der all die scheinbaren Vergnügungen und wirklichen Leiden, die unser Leben verwirren, keinen Zugang haben“.

Die buddhistische Philosophie scheint also die Frage nach der Existenz einer individuellen

Der große Hindu-Gott Vischnu-Krischna. Er wird beschrieben als „die Basis, auf die das Brahman sich stützt – das unsterbliche Brahman, das keinen Wechsel kennt – und die auch das ewige Gesetz von Gerechtigkeit und absoluter Seligkeit trägt.“

101

OBEN: Um ins Nirvana eingehen zu können, muß ein Buddhist dem „Edlen Achtfachen Pfad" folgen. Diese beiden Figuren stammen aus einem Fries, das die Phasen der Erleuchtung darstellt.

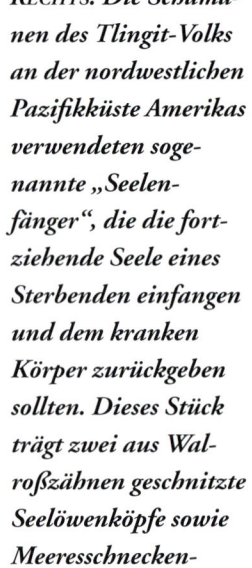

RECHTS: Die Schamanen des Tlingit-Volks an der nordwestlichen Pazifikküste Amerikas verwendeten sogenannte „Seelenfänger", die die fortziehende Seele eines Sterbenden einfangen und dem kranken Körper zurückgeben sollten. Dieses Stück trägt zwei aus Walroßzähnen geschnitzte Seelöwenköpfe sowie Meeresschneckenhäuser als Verzierung.

hierbei gegenüber. Die eine, der Traduzianismus, hielt sich eng an die Doktrin der Erbsünde und lehrte, die Seele werde mittels Fortpflanzung von den Eltern an die jeweils kommende Generation weitergegeben. Die andere, der Kreationismus, befand, daß Gott jede einzelne Seele von neuem erschaffe. Was mit ihr dann im Moment des Todes geschah, war nicht klar. Thomas von Aquin betonte, die Seele sei für den Körper geschaffen, doch er erklärte, daß sie vorübergehend davon getrennt existieren könne, nämlich zwischen dem Eintritt des Todes und dem der Auferstehung.

Im Islam existieren zwei Begriffe für die Seele. Die unabhängige Seele, also das Äquivalent zu Platons Psyche, ist Nafs. Dabei handelt es sich um den niederen, menschlichen Aspekt der Seele, der auf eine Veränderung durch Verbesserung der Lebensführung hinausläuft, um Frieden zu finden. Die höhere Seele ist Ruh, was vielleicht am ehesten durch „Geist" wiedergegeben wird. Der persische Mystiker Suhrawardi betrachtete Ruh als die Quelle des Guten und Nafs als den Ursprung des Übels, wobei beide in ständigem Kampf miteinander begriffen sind.

Ruh verleiht der Menschheit ihre spirituelle Würde und erhebt sie über die Tiere, ja sogar über die Engel. Sie ist

Seele zu umgehen, wenn sie auch das Gesetz des Karma und die Möglichkeit des letztlichen Eingehens des Ichs in die Unendlichkeit anerkennt. Der traditionelle Theravada-Buddhismus lehrt, daß Erlösung nur die wenigen finden können, die dem Edlen Achtfachen Pfad auch wirklich bis ins Nirvana folgen. Eine liberalere Richtung, der Mahajana-Buddhismus, stellt für alle Erlösung in Aussicht. Wer aber „die Erleuchtung eines Buddha" erlange, könne wählen, ob er, anstatt ins Nirvana einzugehen, als Bodhisattva auf der Erde zurückbleiben möchte, um niederen Sterblichen dabei zu helfen, Erleuchtung zu finden.

Die frühen Christen steckten in bezug auf ihre Sicht der Seele in einem Dilemma: Sie setzten voraus, daß Körper und Seele zwei verschiedene Dinge sind, doch lehnten sie den platonischen Glauben ab, daß die Seele unabhängig vom Körper existiere und unsterblich sei. Vor allem zwei Denkschulen standen sich

> IM ISLAM EXISTIEREN ZWEI BEGRIFFE FÜR DIE SEELE ... RUH, DIE QUELLE DES GUTEN, UND NAFS, DER URSPRUNG DES ÜBELS. BEIDE SIND IN STÄNDIGEM KAMPF MITEINANDER BEGRIFFEN.

unsterblich; nach dem Tod des Körpers gelangt sie in den Himmel, um gerichtet zu werden und kehrt dann ins Grab zurück, um dort den letzten Schiedsspruch abzuwarten. Die *Ruh*-Seele mancher Ausnahmeerscheinungen wie Propheten oder Märtyrer jedoch steigt direkt in den Himmel auf, ohne sich erst einem Gericht unterziehen zu müssen.

Doch wo im Körper soll man die Seele lokalisieren? Als Lebensprinzip sollte sie eigentlich im gesamten Organismus vorhanden sein, aber als Ausdruck des Ichs sollte sie da nicht ihren Sitz im Verstand haben?! Viele Jahrhunderte lang stellten die Philosophen sich dieselben Fragen.

Schon früh herrschte unter anderem die Annahme, als möglicher Fundort käme die Leber in Frage, was aber wohl eher daran lag, daß man diesem Organ noch keine andere Funktion hatte zuweisen können. Aristoteles (384–322 v. Chr.) erschien das Herz am sinnvollsten, doch sein Zeit-

genosse, der Anatom Herophilus, beschloß, daß die Seele einen kleinen Bereich direkt über dem Hirnstamm bewohne – eine These, die besonders in Betracht neuerer Definitionen des Todes (vgl. Kapitel 1) interessant erscheint. Andere griechische Philosophen hielten das Gehirn ebenfalls für die wahrscheinlichste Fundstätte, wenn ihre Äußerungen auch nicht ganz so deutlich ausfallen.

OBEN: Petrus empfängt die Seele eines Mannes in Begleitung von Paulus am Himmelstor.

Viele Jahrhunderte später verlegte der französische Mathematiker und Philosoph René Descartes den Sitz der Seele in die Zirbeldrüse, ein erbsengroßes Organ im oberen Mittelhirn. Wie auch bei der Leber war ihre Funktion zu dieser Zeit noch unbekannt. Heute wissen wir, daß sie Informationen von Augen und Gliedmaßen verarbeitet. In der modernen alternativen Medizin kennt man sie auch als sogenanntes „drittes Auge", das starken Einfluß auf die Körperfunktionen ausübt.

AUFERSTEHUNG

Eine ganz andere Idee als die Unsterblichkeit der Seele manifestiert sich mit der Vorstellung von der Auferstehung des Fleisches – die Rückkehr der Toten ins Leben mit Leib und Seele. In alten Religionen war die Auferstehung ein Vorrecht der Götter. Der Gedanke ergab sich aus der Beobachtung des Kreislaufs der Jahreszeiten, dem scheinbaren Tod der Vegetation und ihrer Wiedergeburt im Frühjahr.

Die Mythen aus dem alten Ägypten, Mesopotamien und Syrien beschreiben alle, wie ein Gott getötet und sein Körper in einen Fluß geworfen wird. Doch eine Göttin trauert um ihn, macht sich auf die Suche nach seinem Leichnam, und als sie ihn findet, erweckt sie ihn wieder zum Leben, wobei gleichzeitig auf wundersame Weise die Pflanzenwelt wieder erwacht.

Die Trauerrituale der Sumerer für ihren Gott Tammuz sollten Ernte und Viehbestand erhalten helfen. Sie glaubten nicht, daß sie irgendeine Art von Überleben nach dem Tod erwartete, sondern waren wie die Hebräer überzeugt, daß menschliche Unsterblichkeit allein im Fortbestand der Generationen gesichert sei.

Eine der ersten Vorstellungen von der Auferstehung Verstorbener findet sich im Zoroastrismus. Zoroaster (oder Zarathustra) lebte im siebten Jahrhundert v. Chr. und erklärte sich selbst zum Propheten des Gottes Ahura Masda, „des weisen Herrn". Die Botschaft Zoroasters war, daß Gott eins ist, heilig, gerecht und der Schöpfer aller

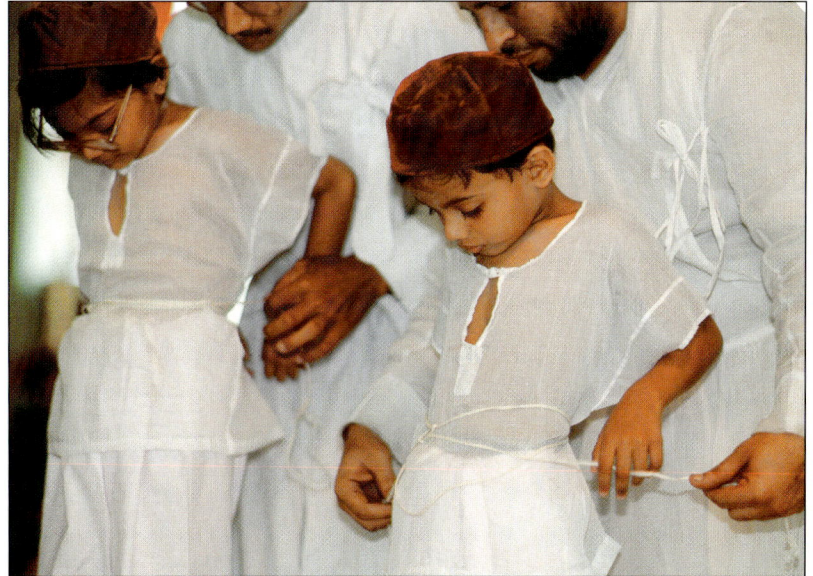

Dinge durch seinen heiligen Geist. Der Religion hängt immer noch eine relativ kleine Glaubensgemeinschaft im Iran an, außerdem aber über 100 000 Parsen in Indien. Der Zoroastrismus war für seine Zeit bemerkenswert, da er die Möglichkeit des freien Willens in Betracht zog, anstatt von der strikten Vorsehung der Götter auszugehen: Ein Mensch konnte wählen, ob er sich gut oder schlecht verhalten wollte, dem Weg des Ahura Masda folgen oder seinem Erzfeind Ahriman.

Das brachte es mit sich, daß über die Toten gerichtet werden mußte. Beim Eintritt des Todes mußte die Seele die „Brücke der Vergeltung" überqueren. Für die Gerechten war die Brücke breit und gangbar, doch für die Bösen wurde sie „schmal wie eine Rasiermesserschneide", so daß sie hilflos in den Abgrund der Hölle stürzten. Vorübergehend verblieben die Seelen im „Haus der Lieder" (Himmel) oder im „Haus der Lügen" (Hölle), während Ahura Masda und Ahriman ihren Kampf um die Welt führten. Am Ende, so der erfreuliche Ausblick, würde Ahura Masda siegen, die Seelen würden mit ihren Körpern vereint in einem Meer aus geschmolzenem Metall gereinigt, und alle Schöpfung würde fortan ewige Seligkeit genießen.

Trotz einiger verwirrender Aspekte seiner elementaren Philosophie ist der Zoroastrismus eine grundsätzlich monotheistische Religion, und der Gedanke an Gericht und Auferstehung wurde in den späteren Religionen des Judentums, Christentums und des Islam aufgenommen und weiterentwickelt.

Junge Parsen bei einem Initiationsritual. Parsen bilden die größte zeitgenössische Anhängerschaft des alten Glaubens Zoroastrismus.

105

LINKS: Ein frei der Phantasie nachempfundenes Porträt des jüdischen Gelehrten Moses Maimonides aus dem 18. Jahrhundert.

In den alten jüdischen Schriften finden sich kaum Hinweise auf die Auferstehung. In der jüdischen Literatur des zweiten Jahrhunderts v. Chr. erscheint sie als die physische Wiederbelebung des toten Körpers, wie im Buch Daniel, 12,2: „Und viele, die unter der Erde schlafen liegen, werden aufwachen, die einen zum ewigen Leben, die andern zu ewiger Schmach und Schande." Das Judentum ist jedoch kein Erlösungsglaube: Das Leben auf der Erde wird als an sich gut betrachtet und gilt auch ohne das Versprechen eines ewigen Lebens im Jenseits als lebenswert. Zu diesem Paradox sagt ein Rabbi im zweiten Jahrhundert n. Chr.:

Lieber eine Stunde guter Taten in dieser Welt als das ganze Leben in der nächsten – doch lieber eine Stunde Glückseligkeit in der nächsten Welt als alles Leben in dieser.

Die jüdische Religionsphilosophie wurde in diesem frühen Stadium in keinem Dogma festgehalten, und es wurde viel später Aufgabe der jüdischen Gelehrten, vor allem des Rabbi Moses Maimonides, ihre Glaubensgrundsätze schriftlich niederzulegen. Maimonides formulierte 13 Prinzipien, die in vielen jüdischen Gebetbüchern stehen. Das letzte Prinzip besteht in einer Erklärung über die Gewißheit der Auferstehung. Zu dieser Zeit glaubte man im allgemeinen, daß die Seele eines Verstorbenen an einem anderen Ort bis zur Wiederauferstehung weiterlebte, wenn sie wieder mit ihrem irdischen Körper vereint würde. Maimonides fügte seine Ansicht hinzu, daß die Auferstehung jedoch nur von kurzer Dauer sei und nur die Seele allein ewig existiert. Ein modernerer jüdischer Denkansatz weist darauf hin, daß diese Seele die fortbestehende Existenz der gesamten unabhängigen Persönlichkeit sei, und eben das wird in der Lehre von der Auferstehung impliziert.

Die frühen Christen hatten jedoch eine ganz andere Vorstellung von der Auferstehung. Einer ihrer fundamentalen Glaubenssätze war schließlich der, daß Jesus Christus von den Toten auferstanden war und mit seiner baldigen Rückkehr zu rechnen sei – woraufhin das Ende der alten Welt und eine allgemeine Auferstehung des Fleisches folgen würde. Als diese Rückkehr sich auf unbestimmte Zeit zu verschieben schien, fand eine radikale Neuordnung der christlichen Doktrin statt. Mittelalterliche Gelehrte widmeten von nun an viele Jahre der Debatte um die Implikationen des Auferstehungsgedankens: Bedeutete er, daß „die Gräber sich für ihre Toten öffnen" würden, oder sollte man das Ganze eher als ein spirituelles Phänomen betrachten? Obwohl Ikonen und Bildnisse weiterhin geöffnete Gräber und Lebende, die sich daraus erheben, darstellten, begannen die Gläubigen doch langsam, an der Möglichkeit der Auferstehung des Fleisches zu zweifeln. Würden sie wirklich in der

MITTELALTERLICHE GELEHRTE WIDMETEN VIELE JAHRE DER DEBATTE UM DIE IMPLIKATIONEN DES AUFERSTEHUNGSGEDANKENS, UND OBWOHL IKONEN UND BILDNISSE WEITERHIN GEÖFFNETE GRÄBER DARSTELLTEN, BEGANNEN DIE GLÄUBIGEN DOCH LANGSAM, AN DER MÖGLICHKEIT DER AUFERSTEHUNG DES FLEISCHES ZU ZWEIFELN.

GEGENÜBERLIEGENDE SEITE: Der christliche Glaube an die Auferstehung fand Unterstützung durch die Geschichte des von den Toten auferweckten Lazarus.

Verfassung aus ihren Gräbern auferstehen, in der man sie beerdigt hatte – ohne die Gliedmaßen, die sie vielleicht bei Unfällen verloren hatten oder mit ihren von Lepra oder Krebs zerfressenen Körpern?

Das heutige Christentum beharrt nicht länger auf der Vorstellung der fleischlichen Auferstehung, sondern zieht den Gedanken der ewigen Existenz der Seele vor, wenn auch einige Richtungen weiter an den alten Ideen festhalten.

Was den Islam betrifft, drückt der Koran sich zum Thema Auferstehung deutlich aus: „O ihr Menschen! Wenn ihr an der Auferstehung zweifelt, erinnern Wir euch, um euch zu überzeugen, daran, daß Wir euch erschaffen haben ... Allah ist die Wahrheit, weil Er die Toten zum Leben erweckt, weil Er allmächtig ist, weil das Ende der Welt kommen wird, daran

besteht kein Zweifel, und weil Allah diejenigen erwecken wird, die in ihren Gräbern liegen."

Das ägyptische Totengericht: Der schakalköpfige Gott Anubis richtet die Waage aus, während der ibisköpfige Thot das Ergebnis niederschreibt.

„JEDEN, DER ES WAGT, DIESE GRABSTATT ALS SEINEN BESITZ ZU BETRETEN, WERDE ICH PACKEN WIE WILDES FEDERVIEH; ER SOLL DAFÜR GERICHTET WERDEN DURCH DEN GROSSEN GOTT ..."

GERICHT ÜBER DIE TOTEN

Das letzte Gericht über die Toten ist (allerdings ohne die Beigabe fleischlicher Auferstehung) eine sehr alte Vorstellung. Die ersten Hinweise auf den Glauben daran stammen aus altägyptischen Schriften von ca. 2 400 v. Chr. Er scheint davon auszugehen, daß im Jenseits Klage gegen die Verstorbenen erhoben werden kann, wie es unter den Lebenden in einem Gerichtsprozeß möglich ist. Ein Beispiel dafür stellt die Grabinschrift von Herkhuf, einem assuanischen Adligen, dar, die mit einer Warnung an Grabräuber beginnt:

Jeden, der es wagt, diese Grabstatt als seinen Besitz zu betreten, werde ich packen wie wildes Federvieh; er soll dafür gerichtet werden durch den Großen Gott ... Ich war ein Mensch, der Gutes sprach und wiederholte, was gern gehört wurde. Niemals sprach ich zu einem Mächtigen übel von irgendeinem Menschen, denn ich wünschte, daß es mir ebenso erginge in Gegenwart des Großen Gottes.

Die Vorstellung, daß die Toten gerecht beurteilt würden, zeigte sich in dem Bild, wie ihre guten und schlechten Taten auf der Waage gegeneinander aufgewogen wurden. Ein berühmtes Papyrus, das heute im Britischen Museum zu London zu sehen ist, gibt die Szene wieder. Die Waage wird vom schakalköpfigen Gott Anubis ausgerichtet, in einer Schale liegt das Herz des Toten, in der anderen die Feder der Göttin Maat als Symbol der Wahrheit. Rechts steht Thot, der ibisköpfige Gott der Weisheit, der das Ergebnis niederschreibt.

Die jüdische Vorstellung dieses letzten Gerichts entstand zu einer Zeit, als sich das Volk Israel etwa zu Beginn des ersten vorchristlichen Jahrhunderts

einer Reihe von Verfolgungen ausgesetzt sah und auf göttliche Intervention und das Ende der bestehenden Welt zu hoffen begann. Im Apokryphenbuch Esra wird verkündet:

Und die Erde wird die herausgeben, die in ihr ruhen, ebenso wird der Staub die herausgeben, die er in der Stille beherbergt, und die geheimen Orte werden die Seelen wiederbringen, die ihnen anvertraut wurden. Und der Höchste wird auf dem Sitz des Gerichts erscheinen, und Mitleid wird vergehen, und langes Leiden wird schwinden, und nur das Gericht allein wird bleiben ...

Und der Abgrund der Qualen wird sich auftun, und hoch darüber wird der Ort des Friedens sein; und die Feuer der Hölle werden geschürt, und hoch darüber liegt das Paradies

Der Eingang zur Hölle wurde häufig als klaffendes Maul eines riesigen Ungeheuers dargestellt. Dem mittelalterlichen Christenglauben zufolge stieg Christus in dem Zeitraum zwischen Kreuzigung und Auferstehung in die Hölle hinab und bezwang dort den Tod.

109

der Freuden. Und dann wird der Höchste den Völkern verkünden, die von den Toten auferstanden sind: Schaut und begreift, wen ihr geleugnet habt, oder wem ihr nicht gedient habt, oder wessen Gebote ihr mißachtet habt. Schaut in diese Richtung und in jene: Hier ist Freude und Frieden, dort sind Feuer und Qualen. So wird er am Tag des Gerichts zu ihnen sprechen.

Dieses Bild beeinflußte den frühchristlichen Glauben stark und fand sein dramatischstes Echo im 20. Kapitel der Offenbarung des Johannes: *Und ich sah einen großen, weißen Thron und den, der darauf saß; vor seinem Angesicht flohen die Erde und der Himmel, und es wurde keine Stätte für sie gefunden. Und ich sah die Toten, groß und klein, stehen vor dem Thron, und Bücher wurden aufgetan. Und ein andres Buch wurde aufgetan, welches ist das Buch des Lebens. Und die Toten wurden gerichtet nach dem, was in den Büchern geschrieben steht, nach ihren Werken. Und das Meer gab die Toten heraus, die darin waren, und der Tod und sein Reich gaben die Toten heraus, die darin waren; und sie wurden gerichtet, ein jeder nach seinen Werken.*

Als die Wiederkehr Christi auf sich warten ließ, mußten Generationen von Christen sich mit der Erkenntnis abfinden, daß sie vor dem angekündigten Ereignis sterben würden. Es entstand die Idee eines vorläufigen Gerichts nach dem Tod, an das sich schließlich das Jüngste Gericht anschließen würde. Daher stammt auch die Vorstellung vom Fegefeuer: Sofort nach dem Todeseintritt wird die Seele gerichtet und ins Fegefeuer gesendet – es sei denn, ihre Sünden waren so groß, daß sie schon von vornherein jede Erlösung ausschlossen. Kleinere Sünden wurden im Fegefeuer gesühnt, so daß die Toten auf Vergebung beim Jüngsten Gericht hoffen durften und ihnen Einlaß ins Paradies gewährt wurde. Interessanterweise zeigen auch viele mittelalterliche Darstellungen des Jüngsten Gerichts, wie die Seelen in einer Waage abgewogen werden, so wie es

Beim Jüngsten Gericht werden die unerlösbaren Sünder zur ewigen Strafe in die Hölle verbannt. Hier ein Ausschnitt aus dem Gemälde „Das Jüngste Gericht" des niederländischen Malers Rogier van der Weyden (um 1400–1464).

LINKS: *Das Bild der beim letzten Gericht abgewogenen Seelen findet man nicht nur im alten Ägypten und im Islam, sondern auch in vielen mittelalterlichen christlichen Darstellungen. Hier eine Tafel aus Notre Dame in Paris.*

schon altägyptische Abbildungen über 2 000 Jahre früher taten.

Das Gericht, das die islamischen Toten durch die Engel Munkar und Nakir auf ihre Glaubensfestigkeit prüft (vg. Kapitel 4), gewährt denen, die richtig antworten, einen Blick aufs Paradies, die Ungläubigen jedoch bleiben bis ans Ende der Welt in ihrem Grab. Der Koran sagt:

O ihr Menschen, fürchtet euren Herrn! Das Ende der Welt wird schrecklich sein. Am Tag, da ihr es seht, wird jede Mutter das Kind, das sie stillt, verlassen, jede Schwangere wird fehlgebären, und ihr werdet Männer trunken sehen, die nicht trunken sind, so furchtbar wird die Strafe Allahs ... Wir haben über alle Taten bis ins kleinste verfügt und haben am Hals jedes Menschen die Berechnung seines Schicksals befestigt. Am Tag der Auferstehung werden Wir ihm ein Buch darbieten, das sich ihm weit auftut.

Daß in diesem Buch alles aufgezeichnet steht, impliziert, daß es zwecklos für einen Menschen wäre, sich verteidigen zu wollen; doch räumt ein Kapitel im Koran diese Möglichkeit ein. Man findet auch dort viele Verweise auf Waagschalen, in denen gute und schlechte Taten gegeneinander aufgewogen und je nachdem, welche Seite schwerer wiegt, gerichtet werden. In den alten indischen Schriften des *Veda* war es der Richter der Unterwelt, König Yama, der

entschied, wer aufrichtig war und wer gelogen hatte. Spätere indische Texte beschreiben ebenfalls ein Abwiegen der guten und bösen Bestandteile. Im chinesischen Buddhismus gibt es einen eigenen Richter für die Toten namens Yen-lo Wang; in Japan heißt der entsprechende Richter Emma-O; er wiegt den Sünder, und dessen Sünden erscheinen in einem Spiegel, bevor er das Urteil fällt.

UNTEN: *Ein fröhlicher Blick auf die Wege zum Himmel und zur Hölle, der hier im 18. Jahrhundert in Indien als Spiel mit Schlangen und Leitern dargestellt wird.*

KAPITEL 7

DIE GEISTER SIND UNTER UNS

Der Brauch, um verstorbene Familienmitglieder einen „Ahnenkult" zu betreiben, hat seinen Ursprung in dem Glauben, daß die Verstorbenen zunächst in der Nähe der Lebenden verbleiben, und zwar unter Umständen für geraume Zeit. Daher sollte man ihrer angemessen gedenken, sie mit allem versorgen, was sie benötigen, sie beruhigen, damit sie sich nicht hinderlich in das Leben ihrer Nachfahren einmischen, sie aber gleichzeitig darum bitten, den Lebenden als vermittelnde Kraft zwischen Menschen und Göttern behilflich zu sein.

LINKS: In Papua-Neuguinea wird der Schädel eines verstorbenen Vorfahren ehrfürchtig mit einer Federkette geschmückt.

AHNENKULT

Vor allem findet man solche Bräuche in Gesellschaften, in denen die Familienstrukturen von großer Bedeutung und die Generationen sehr eng miteinander verbunden sind, wie es vor allem noch in Afrika und Melanesien der Fall ist. Bei den Manus vom Bismarckarchipel in Papua-Neuguinea galt beispielsweise der Geist des lebenden männlichen Familienoberhaupts als der „Gott" der Familie. Wenn er starb, rückte sein Nachfolger an seine Stelle, aber der Schädel des Verstorbenen wurde über die Haustür gestellt, wo er die Familie vor bösen Einflüssen schützte und die Familienmitglieder entsprechend ihrer guten oder schlechten Taten belohnte oder bestrafte – wobei die Strafe für Fehlverhalten Krankheit oder sogar den Tod bedeuten konnte.

Die Toten der Trobriand-Insulaner hatten zwei Geister. Einer war der einfache Totengeist, der nach ein paar Tagen verschwand, der andere jedoch existierte als Geist der Ahnen *Baloma* auf ewig im

GEGENÜBERLIEGENDE SEITE: Jedes Jahr feiern die Bewohner der Trobriand-Inseln bei Papua-Neuguinea die Geister ihrer Toten in dem Glauben, daß sie ihnen bei der nächsten Ernte helfen können.

RECHTS: *Auf diesem Foto, das 1890 heimlich in South Dakota aufgenommen wurde, versammeln sich die Sioux, um ihren „Geistertanz" zu vollführen.*

UNTEN: *Mit ihren „Geisterhemden" bekleidet glaubten sich die Sioux vor Kugeln sicher. Doch beim Massaker von Wounded Knee erwiesen sich die Hemden als wirkungslos gegen die Gewehre, und rund 350 Männer, Frauen und Kinder wurden niedergeschossen.*

Reich der Toten. Der *Baloma* wurde angebetet, und man glaubte, er könne zu einer guten Ernte verhelfen. Jedes Jahr kehrte er in sein Heimatdorf zurück, um an einem Festmahl teilzunehmen, und häufig erschien er seinen Nachfahren in Träumen und Visionen. Die Pueblo-Indianer aus dem nordamerikanischen Südwesten feierten ihre Vorfahren in ausgedehnten Ritualen. Man bat sie in Zeremonien um Regen, reiche Ernte und andere Segnungen. Ein neuer Glaubenskult entstand 1870 bei den Paiute-Stämmen in Nevada und gruppierte sich um einen Seher namens Wovoka (die Weißen nannten ihn „Jack Wilson"). Am 1. Januar 1889 fand eine Sonnenfinsternis statt, von der Wovoka später berichtete:

Als die Sonne starb, stieg ich zum Himmel auf und sah Gott und all die Menschen, die vor langer Zeit gestorben sind. Gott sagte zu mir, ich solle zurückgehen und meinen Leuten sagen, daß sie gut zueinander sein und einander lieben sollen und nicht kämpfen, stehlen oder lügen. Er gab mir diesen Tanz, den ich an sie weitergeben will.

Wovoka sagte, das Land ihrer Vorfahren würde den Indianern zurückgegeben und es gäbe eine große Wiedervereinigung zwischen den Lebenden und ihren Vorvätern. Dafür müßten sie nur dem Alkohol abschwören, den Ackerbau und ihre traditionellen Begräbnisrituale einstellen – und regelmäßig den „Geistertanz" aufführen. Dieser ähnelte keinem der anderen zeremoniellen Tänze. Die Tänzer, Männer wie Frauen, stellten sich in mehreren Innen- und Außenkreisen auf, faßten sich bei den Händen und wanderten langsam entgegen den Uhrzeigersinn dem Lauf der Sonne nach. Der Tanz wurde an fünf oder sechs aufeinanderfolgenden Tagen vollführt, begleitet von Gesängen, doch ohne instrumentale Beteiligung. Wovokas Botschaft breiteten sich rasch aus und erreichte die Sioux-Indianer in den Großen Ebenen im Oktober 1890. Kicking Bear und Short Bull brachten Häuptling Sitting Bull Wovokas Nachricht, daß im folgenden Frühjahr der Boden mit frischer Erde bedeckt sein würde, die alle Weißen unter sich begrübe. Diejenigen, die den Geistertanz getanzt hätten, würden in den Himmel erhoben, während die Erdwelle vorbeizöge und dann wieder heruntergelassen, zu den Geistern ihrer Ahnen.

Kicking Bear bereicherte den neuen Glauben um einen eigenen Zusatz: das „Geisterhemd", das aus Stoff oder Wildleder gefertigt und mit magischen Symbolen bemalt wurde, um seinen Träger vor Gewehrkugeln zu schützen. Um in direkten

Kontakt zu ihren Ahnen treten zu können, verfielen die Sioux in hypnotische Trancezustände.

Gegen Ende des Jahres wurde der Geistertanz im gesamten amerikanischen Westen getanzt, und obwohl Wovokas Botschaft pazifistischer Natur war, waren die Behörden der Weißen doch keineswegs damit einverstanden und ordneten Sitting Bulls Festnahme an. Am frühen Morgen des 15. Dezember 1890 wurden der alte Häuptling und 13 weitere Männer seines Stammes erschossen, der Rest floh in die Badlands zu Kicking Bear. Bei der Bucht von Wounded Knee stellten sie sich ihren weißen Verfolgern im Kampf. Doch die Geisterhemden erwiesen sich als wirkungslos gegen die Gewehre, und rund 350 Männer, Frauen und Kinder wurden gnadenlos niedergeschossen.

Die Geistertanzbewegung setzte sich im Südwesten noch einige Jahre fort, besonders beim Stamm der Kiowa, doch das Massaker von Wounded Knee hatte die Hoffnungen auf die Rückkehr der Ahnen zerstört.

Die bekannteste Form des Ahnenkults ist die in China und Japan praktizierte, obwohl er dort im 20. Jahrhundert stark zurückgegangen ist. Die Verehrung alter Menschen war ein elementarer Teil der konfuzianischen Lehre im sechsten Jahrhun-

OBEN: Am Tag des Tsing-Ming-Festes, das der Verehrung verstorbener Ahnen gewidmet ist, nimmt diese chinesische Witwe auf einem Friedhof in Shanghai die Gebeine ihres Mannes aus der Urne heraus. Wenn sie sie sorgfältig gereinigt hat, legt sie sie bis zum nächsten Jahr in die Urne zurück.

LINKS: Gerahmte Bilder verstorbener Familienmitglieder sind hier in einer Straße in China als Ahnenschrein ausgestellt.

dert v. Chr. Die Familie wurde als eine eng miteinander verwobene Gruppe betrachtet, zu der Lebende ebenso wie Tote gehörten. Im Haus wurden Ahnenschreine aufgestellt, in denen Tafeln mit den Namen der Verstorbenen aufbewahrt wurden. Vor Tafeln, auf Friedhöfen und in speziellen Tempeln wurden Gedenkzeremonien für die Toten abgehalten.

Der Konfuzianismus mischte sich mit dem nach und nach an Einfluß gewinnenden Buddhismus, und im sechsten Jahrhundert n. Chr. erreichte der chinesische Buddhismus auch Japan. Dort existierte er neben dem Shintoismus und brachte in seiner japanischen Form vor allem die besondere Geltung von Bestattungsriten und Ahnenkult ins Land.

DIE GRUNDIDEE DER NEKROMANTIE BESTEHT DARIN, DASS DIE TOTEN DURCH IHRE STELLUNG ZWISCHEN LEBENDEN UND GÖTTERN IN DER LAGE SEIEN, ZU WISSEN, WAS DIE ZUKUNFT BRINGEN WIRD.

NEKROMANTIE

Die Vorstellung, daß die Toten durch ihre Stellung zwischen Lebenden und Göttern in der Lage seien, zu wissen, was die Zukunft bringen wird, findet sich gleichzeitig in mehreren Kulturen – in sehr hochentwickelten und weniger fortschrittlichen. So behaupteten nicht nur die Magier der frühesten Gesellschaften, die Geister der Toten heraufbeschwören zu können, um sich bei ihren Weissagungen helfen zu lassen, auch die Griechen und die Römer glaubten, daß Geister erscheinen könnten, um die Zukunft vorauszusehen.

Der Begriff Nekromantie kommt aus dem Griechischen und bedeutet wörtlich „Weissagung durch die Toten". In Lukans Epos *Pharsalia* ist eine höchst detaillierte Beschreibung einer nekromantischen Sitzung zu finden. Der Flottenkommandant Sextus Pompeius (66–35 v. Chr.) will während seines Kampfs gegen Rom herausfinden, was das Schicksal für ihn bereithält und befragt die Hexe Erichto. Erichto steht „auf gutem Fuß mit den infernalischen Mächten" und umgibt sich mit Fleisch und Knochen eingeäscherter Kinder. Um ihr Ritual ausführen zu können, verlangt sie einen frischen Leichnam mit intakter Lunge, denn „die lang Verstorbenen krächzen nur unverständlich".

GEGENÜBERLIEGENDE SEITE: Saul, der erste König von Israel, besucht die Hexe von En-Dor, die den Geist Samuels heraufbeschwört.

Nach Erhalt des Leichnams schneidet Erichto diesen auf, gießt eine ekelerregende Mixtur in die Adern und beginnt eine lange und lautstarke Anrufung aller alten Götter, die mit dem Tod verbunden waren. Ein Geist materialisiert sich, weigert sich jedoch zunächst, in den Leichnam zu fahren. Auf Drohungen mit Höllenqualen hin gehorcht er, der Körper bewegt sich und steht auf. Er beantwortet alle Fragen des Pompeius und wird zur Belohnung eingeäschert.

Später verbot das römische Recht die Nekromantie, und auch die Kirche betrachtete sie als die „schwärzeste aller schwarzen Künste", was dazu führte, daß ihre Ausübung bald mit der Todesstrafe belegt wurde. Als Beleg bzw. Rechtfertigung – sowohl für die Gefährlichkeit der Nekromantie als auch für deren Bestrafung – wurde das 1. Buch Samuel zitiert. Dort wird die Geschichte von Saul erzählt, der sich der Nekromantie bedient, als er sich von seinem Erzrivalen David und den Philistern bedroht sieht.

Da sprach Saul zu seinen Getreuen: Sucht mir ein Weib, das Tote beschwören kann, daß ich zu ihr gehe und sie befrage. Seine Männer sprachen zu ihm: Siehe, in En-Dor ist ein Weib, das kann Tote beschwören.

Saul geht zu dieser Frau und verlangt von ihr, den Geist des Samuel heraufzubeschwören.

Samuel aber sprach zu Saul: Warum hast du meine Ruhe gestört, daß du mich heraufsteigen lässest? Saul sprach: Ich bin in großer Bedrängnis, die Philister kämpfen gegen mich, und Gott ist von mir gewichen und antwortet mir nicht … darum hab ich dich rufen lassen, daß du mir kundtust, was ich tun soll. Samuel sprach: … Der HERR hat dir getan, wie er durch mich geredet hat, und hat das Königtum aus deiner Hand gerissen und David, deinem Nächsten, gegeben. Weil du der Stimme des HERRN nicht gehorcht … hast … Dazu wird der HERR mit dir auch Israel in die Hände der Philister geben. Morgen wirst du mit deinen Söhnen bei mir sein.

Drei von Sauls Söhnen müssen kurz darauf in der Schlacht von Gilboa ihr Leben lassen, wo-

1. *Samuel*, Chap. XXVIII. Ver. 15.

APPARITION OF SAMUEL

RECHTS: Der Mathematiker und Okkultist Dr. John Dee (1527–1608), der ein nekromantische Ritual ausgeführt haben soll.

raufhin der schwerverletzte Saul sich das Leben nimmt. Dazu schreibt die katholische Kirche:

Die Kirche leugnet nicht, daß die Seelen der Verstorbenen den Lebenden (mit einer besonderen Erlaubnis von Gott) erscheinen können und Letzteren sogar Dinge mitteilen, von denen sie nichts wußten. Doch als Kunst der Totenerweckung halten Theologen die Nekromantie für ein Werk böser Geister.

Dennoch wurde die Nekromantie heimlich noch bis ins Mittelalter hinein ausgeübt. Der Mathematiker und Okkultist Dr. John Dee (1527–1608) soll angeblich ein nekromantisches Ritual ausgeführt haben (ein Gerücht, das vermutlich auf die Furcht vor seinen okkulten Versuchen zurückzuführen ist), und im Volksglauben blieb die Vorstellung von Geistern, die erscheinen, um vor zukünftigen Ereignissen zu warnen, nach wie vor erhalten.

DER SPIRITISMUS

Im 18. Jahrhundert wich in Westeuropa der Glaube an magische und okkulte Praktiken langsam dem Rationalismus und der Überzeugung, daß sich alles durch natürliche Ursachen und Zusammenhänge erklären läßt. Doch wie Samuel Johnson (1709–1784) zur Möglichkeit der Geistererscheinung schreibt: „Alle Vernunft spricht dagegen, doch aller Glaube dafür."

1848 erlebte die Familie Fox in dem kleinen Ort Hydesville im Staat New York eine ganze Reihe sonderbarer Vorfälle. Drei Monate lang waren John Fox, seine Frau und seine zwei Töchter nachts

RECHTS: Im 19. Jahrhundert wurden oft sogenannte Séancen in den Häusern medial Interessierter abgehalten. Wem es gelang, Resultate hervorzubringen, der wurde auf diesem Gebiet bald zur Berühmtheit.

durch unerklärliche Klopfgeräusche wachgehalten worden. Mrs. Fox beschreibt die Ereignisse der Nacht des 31. März 1848:

Die Kinder ... versuchten, das Klopfen durch Fingerschnippen zu imitieren ... Dann sagte Margaretta im Scherz: „Jetzt mach du es mir nach, so, eins, zwei, der, vier" und klatschte dazu – und das Klopfen kam im gleichen Rhythmus zurück. Sie hatte Angst, es noch einmal zu wiederholen ... Dann dachte ich, ich könnte als Test eine Frage stellen, die niemand im Raum beantworten könnte. Ich forderte das „Klopfen" auf, das Alter meiner Kinder anzugeben. Ohne Zögern kam die Antwort, das Alter jedes meiner sieben Kinder wurde durch die Klopfzeichen korrekt angegeben ... dann eine längere Pause und danach drei heftige Töne, die genau das Alter meines Jüngsten wiedergaben, das gestorben ist. Ich fragte: „Ist das ein Mensch, der meine Fragen richtig beantwortet?". Kein Klopfen. Ich fragte: „Ist es ein Geist? Wenn ja, klopf zweimal". Kaum hatte ich das gesagt, kamen prompt die beiden Klopfzeichen.

Ganz ohne Frage muß dieser Bericht mit äußerster Skepsis betrachtet werden. Schon allein deshalb, weil Mrs. Fox' Behauptung, daß „niemand im Raum" ihre Fragen beantworten konnte, nicht stimmt, denn sowohl John Fox als auch seine beiden Töchter Margretta und Kate kannten die

Antwort aller Wahrscheinlichkeit nach. Die Nachricht vom „Spukhaus in Hydesville" verbreitete sich dennoch wie ein Lauffeuer, und Massen an Schaulustigen belagerten das Grundstück der Familie. Mrs. Fox brachte Margaretta und Kate zu einer ihrer verheirateten Töchter in Rochester, wo die zwei eine öffentliche Vorführung des „Klopfgeistes" gaben – mit sensationellem Erfolg, sie konnten eine ganze Tournee durch den Osten der USA anschließen. Es tat ihrer Popularität auch keinen Abbruch, daß zwei Professoren der Universität von Buffalo darauf hinwiesen, daß die Töne vermutlich durch die Kniegelenke der Mädchen produziert würden oder daß Kate zugegeben hatte, mit den Zehen zu knacken.

Der Behauptung der Mädchen, als „Medium" zwischen Geister- und Alltagswelt zu fungieren, folgte bald ein die ganze westliche Welt erfassendes populärwissenschaftliches Interesse an medialen Aktivitäten. Man begann, im eigenen Haus Sitzungen – sogenannte Séancen – abzuhalten und schloß sich zu Gesellschaften zusammen, die sich der weiteren Erforschung des Phänomens widmeten. Übersinnlich befähigte Medien, die eine Vorführung mit positivem Effekt praktisch garantieren konnten, führten ihre Begabung mit zuneh-

mendem Erfolg vor, und langsam gewann die Bewegung eher religiöse als wissenschaftliche Bedeutung – um 1870 herum nannten sich bereits viele der Gesellschaften „Kirchen".

Nach Großbritannien kam der frisch benannte Spiritismus 1852 mit dem amerikanischen Medium Mrs. Hayden. 1902 wurde das landesweite Bündnis Spiritualist's National Union Ltd. formiert, das dort bis heute das größte seiner Art ist. Auch in anderen europäischen Ländern fand der Spiritismus Anklang, doch das Zentrum der Bewegung bildeten zweifellos die USA und England. Dem Spiritismus erwuchs bald durch eine ähnliche Bewegung in Frankreich, die von Dr. Hippolyte Rivail (1804–1869) entwickelt wurde, Konkurrenz. Rivail, dem es vor allem um Reinkarnation ging (vgl. S. 124) nannte sich in Anlehnung an das, was er in einer Séance über eins seiner früheren Leben erfahren hatte, „Allan Kardec". Sein Buch The Book of Spirits wurde 1856 veröffentlicht, und ein Exemplar gelangte nach Südamerika, wo eine Spiritismus-Variante entstand, die Kardecs Reinkarnationsglauben mit christlichen und afrikanischen Voodoo-Anschauungen verband und sich auch auf andere Regionen, vor allem die Philippinen ausbreitete. Durch ihre Beschäftigung mit Heilverfahren wurde die Bewegung mit „Geisterheilern" in Verbindung gebracht, die angeblich Operationen ausführen können, ohne ein Anästhetikum zu verabreichen und ohne körperliche Spuren zu hinterlassen.

RECHTS: D. D. Home hielt 1868 eine Séance ab, bei der er sich angeblich hoch in die Luft erhob, aus einem der Fenster im dritten Stock hinaus- und zum nächsten wieder hineinschwebte.

GEGENÜBERLIEGENDE SEITE: 1874 veranstaltete Sir William Crookes eine Reihe Séancen mit Florence Cook, die behauptete, in Gestalt von Katie King, der Tochter des Piraten Henry Morgan, zu erscheinen. Dieses Foto wurde als Beweis angeführt.

UNTEN: Andere „Geisterfotografen" waren weit weniger überzeugend. Dieses Bild von einem Geist, der über einer Wiege erscheint, ist leicht als Fälschung zu erkennen.

In Europa und Nordamerika begnügte sich die rasch wachsende Gruppe an Medien nicht lange mit den „Klopfgeistern", sondern benötigte bald neue, möglichst sichtbare Manifestationen ihrer Kräfte. Tischrücken war eine beliebte Form, und einige Medien (das bekannteste war vielleicht der Schotte Daniel Dunglas Home (1833– 1886) konnten angeblich Objekte erscheinen lassen, diese ohne Berührung bewegen und sogar levitieren, das heißt frei im Raum schweben.

DIE SPIRITISTISCHE BEWEGUNG WURDE MIT „GEISTERHEILERN" IN VERBINDUNG GEBRACHT, DIE ANGEBLICH OPERATIONEN AUSFÜHREN KÖNNEN, OHNE EIN ANÄSTHETIKUM ZU VERABREICHEN UND OHNE KÖRPERLICHE SPUREN ZU HINTERLASSEN.

Als fotografische Techniken kommerziell genutzt werden konnte, gaben einige an, Fotografien von Geistererscheinungen zu besitzen. Der erste und bekannteste „Geisterfotograf" war William Mumler, ein Juwelier aus Boston, der 1861 mit einem Selbstporträt experimentierte. Als er die Platte entwickelte, entdeckte er etwas neben seiner eigenen Gestalt, das er für das Bild eines Geistes hielt. Zahlreiche Fotografien ähnlicher Art entstanden von da an bei Séancen, die meisten davon allerdings zeigen offensichtlich Lichteffekte oder Fälschungen.

Zu den typischen Entwicklungen im Spiritismus gehörte die Fähigkeit der Medien, sich in Trance versetzen zu lassen. Eine bestimmte Gruppe solcher Menschen behauptet, sich in direkten geistigen Kontakt zu den Geistern in deren Welt begeben zu können, und betrachte sie als ihre „Geisterführer". Sie empfangen Botschaften durch automatisches Schreiben, bei dem das Medium in eine leichte Trance versetzt wird und Botschaften niederschreibt, ohne sich des Schreibens bewußt zu sein, oder sprechen mit fremder Stimme. Manche Ergebnisse solcher Sitzungen sind beeindruckend, wenngleich man doch sehr wahrscheinlich davon ausgehen muß, daß die Botschaften wohl eher durch Telepathie entstanden als direkt von „Geistern" empfangen worden sind.

Der Glaube der Spiritisten läßt sich nicht so einfach verallgemeinern, aber bestimmte Grundsätze haben sie alle gemeinsam. Diese sind: Die Menschen bestehen aus zwei Komponenten, einem sterblichen Körper und einem unsterblichen Geist. Bei Eintritt des Todes verläßt der Geist den Körper und betritt eine „spirituelle Ebene". Es existieren sieben solcher Ebenen, von denen das Erdendasein die unterste darstellt. Die zweite Ebene (häufig als „Sommerland" bezeichnet) ist der Erde nicht unähnlich, nur gibt es dort keinen Schmerz und kein Leid. Von dieser Ebene aus besteht die Möglichkeit der spirituellen Weiterentwicklung. Menschen, die auf der Erde schlecht gehandelt

oder keine rechte Glaubensüberzeugung gezeigt haben, befinden sich nach ihrem Tod in einer Art nebliger Vorhölle. Sie haben eine zu starke Bindung an materielle Dinge entwickelt und können die Erde nicht verlassen. Diese Wesen erscheinen dann als Geister. Einige spiritistische Gesellschaften finden sich in regelrechten „Rettungskreisen" zusammen, um solche verlorenen Seelen zu Reue und Erlösung zu führen.

Zu den Statuten der 1893 gegründeten amerikanischen National Spiritual Association of Churches gehören folgende Punkte:

(1) Wir glauben an eine Unendliche Intelligenz. (2) Wir glauben, daß die Naturphänomene, sowohl physischer als auch spiritueller Art, Ausdruck der Unendlichen Intelligenz sind. (3) Wir bestätigen, daß das korrekte Verständnis dieses Ausdrucks und das Leben im Einverständnis damit die wahre Religion ausmachen. (4) Wir bestätigen, daß die Existenz und persönliche Identität des Einzelnen nach dem Wandel namens Tod weiterbestehen. (5) Wir bestätigen, daß die Kommunikation mit den sogenannten Toten eine Tatsache ist, die durch die Phänomene des Spiritismus wissenschaftlich erwiesen werden konnte.

Die Spezialbibliothek für parapsychologische Forschung, die der Oxford-Professor Harry Price, der berühmteste Parapsychologe der 30er Jahre, einrichtete.

DIE KREUZ-KORRESPONDENZEN

Eins der interessantesten Experimente der englischen Society for Psychical Research („Gesellschaft für psychische Forschung", S. P. R., vgl. Kapitel 8) ist als die „Kreuz-Korrespondenzen" bekannt geworden. Einige Mitglieder einigten sich darauf, nach ihrem Tod zu versuchen, Botschaften an ihre lebenden Freunde zu schicken. Aufgrund der folgenden Ereignisse nimmt man an, daß sie, um die Glaubwürdigkeit des Versuchs zu erhöhen, eine bestimmte Vorgehensweise besprochen hatten, wonach jeder nur einen Teil einer Gesamtbotschaft senden wollte, deren Bedeutung sich erst dann den

Hinterbliebenen offenbarte, wenn sämtliche Botschaften übermittelt worden waren. Das Experiment wurde in einem komplexen Bericht und mit vielen Anspielungen auf die klassische Literatur, die den betreffenden Mitgliedern geläufig war, ausgewertet. Hier nur ein Beispiel daraus:

Am 16. April 1907 notierte in Indien eine Mrs. Fleming, die nicht professionell als Medium tätig war, eine durch automatisches Schreiben erhaltene Botschaft, die besagte: „Maurice. Morris. *Mors*. Und damit fiel der Schatten des Todes auf ihn, und seine Seele verließ seine Glieder." Mors verstand man natürlich als das lateinische Wort für Tod. Am Tag darauf sprach in England das berühmte amerikanische Medium Leonora Piper, die als einzige ebenfalls zur Versuchsgruppe gehörte, die Worte „Sanatos ... Tanatos", als sie aus der Trance erwachte. *Thanatos* wurde als griechischer Begriff für Tod erkannt.

Am 29. April schrieb eine Mrs. Verrall eine lange Nachricht durch automatisches Schreiben nieder. Sie begann mit einem leicht verfälschten Zitat des Dichters Walter Savage Landor: „Beide Hände vor dem Feuer des Lebens gewärmt, erlischt es, und ich bin bereit zur Abreise", worauf ein lateinisches Vergil-Zitat folgte, das den frühen Tod des Neffen des Kaisers Augustus zum Thema hat. Dann die ersten Worte aus Shakespeares „Come away, Come away, death" und schließlich ein langes Zitat des römischen Dichters Horaz über den Tod.

Für sich allein genommen ist dieses Beispiel nicht sonderlich überzeugend; schließlich erwarteten die Damen ja bereits Botschaften von ihren verstorbenen Freunden. Doch als Gesamtexperiment betrachtet kann man die Kreuz-Korrespondenzen schwerlich einfach als Unfug abtun. Die Glaubensgrundsätze des Spiritismus konnte der Versuch allerdings trotz aller verblüffenden Sprachspielereien nicht bestätigen.

Das letzte Wort soll der mutmaßliche Geist des S. P. R.-Mitglieds F. W. H Myers haben:

Der beste Vergleich, den ich finden kann, um die Schwierigkeiten einer Nachrichtenübermittlung zu beschreiben, ist der, daß ich hinter einer Art Milchglasscheibe zu stehen scheine, die meine Sicht trübt und alle Klänge dämpft, und einer widerwilligen und einigermaßen begriffsstutzigen Sekretärin schwach zu diktieren versuche. Ein Gefühl schrecklicher Ohn-

macht bedrückt mich – es liegt nicht in meiner Macht, das mitzuteilen, was doch so viel bedeutet. Ich kann nicht mit denen in Kontakt treten, die mich verstehen und mir glauben würden.

Der Dichter und Essayist F. W. H. Myers, in den Gründungsjahren der Society for Psychical Research eines ihrer führenden Mitglieder.

REINKARNATION

Der Glaube an die Reinkarnation, also die Wiedergeburt nach dem Tod in einem neuen Körper, ist sehr alt. Den Religionen, die er kennzeichnet, hängen etwa zwei Drittel der modernen Weltbevölkerung an: Hindus, Buddhisten, Stammesgesellschaften in Afrika und Australasien und auch einige westliche Glaubensrichtungen.

Der Körper, in den die Seele zurückkehrt, muß nicht von menschlicher Gestalt sein. Die alten Griechen, unter anderem Pythagoras (580–500 v. Chr.), waren der Ansicht, daß die Wiedergeburt auch in Tierkörpern möglich sei, und die Hindus glauben, daß ein Mensch, der während seines Lebens entsprechend an Karma verloren hat (vgl. S. 101), als eine niedere Lebensform wiederkehren

RECHTS: *Pythagoras war fest von der Seelenwanderung überzeugt. Der Legende nach verschwand er einige Monate lang und teilte nach seiner Rückkehr seinen Freunden mit, er sei in der Unterwelt gewesen. Dieses Gemälde von Salvator Rosa (1615–1673) gibt die Begebenheit wieder.*

kann – als Kaktus, als Eidechse oder als Kröte. Einige australische Aborigines-Stämme glauben, daß die Seele selbst in scheinbar leblosen Dingen wie Steinen verkörpert werden könne.

Im frühen Buddhismus wird die Existenz einer separaten Einzelexistenz des Individuums gänzlich abgelehnt – demnach sind wir alle nur eine Folge sich kontinuierlich wandelnder physischer und mentaler Zustände. Und doch galt es als sicher, daß ein Mensch viele Leben lebte. Dieses scheinbare Paradox erklärt sich durch den Glauben, daß das, was von einem Leben ins nächste übergeht, ein gegenstandloses Etwas sei, wie eine Flamme, die von einer Kerze zur nächsten springt.

Der Zeitraum, der zwischen den Reinkarnationen verstreicht, variiert erheblich. Es kann sofort geschehen oder sich um Jahre oder gar Jahrhunderte handeln. Bodhisattvas, die Heilbringer, die als Hilfe für andere an der Schwelle zum Nirvana zurückbleiben, kehren freiwillig von Zeit zu Zeit

RECHTS: *Dem buddhistischen Glauben zufolge kehren Bodhisattvas, die Heilbringer, freiwillig von Zeit zu Zeit auf die Erde zurück – solange, bis alle Menschen gerettet sind.*

auf die Erde zurück – solange, bis alle Menschen gerettet sind. Die Tibeter glauben, daß der Bodhisattva Avalokitesvara als Dalai Lama wiedergeboren wurde und jeder folgende Dalai Lama seine Reinkarnation ist. Wenn ein Dalai Lama stirbt, nimmt seine Seele sofort den Körper eines Kindes in Besitz, das im Augenblick seines Todes geboren wird, und ein Lama-Spezialkomitee muß sich auf der Stelle auf die Suche nach dem Kind machen und es anschließend prüfen.

Im chinesischen Buddhismus läßt die Göttin Meng P'o alle Seelen der Toten von einem bittersüßen Getränk kosten, bevor sie in ein anderes Leben zurückkehren, so daß sie sich nicht mehr an ihre früheren Existenzen erinnern. Darin klingt der altgriechische Glaube an, daß die Toten aus den Wassern der Lethe tranken, des Flusses des Vergessens. Dennoch gibt es immer wieder „hochentwickelte Seelen", die sich an frühere Leben zu erinnern behaupten. Der griechische Philosoph Empedokles soll sich an ein Dasein als Fisch, Vogel,

arbeiten zu können. Diese als „Hypnoserückführung" bekannt gewordene Therapie hat zu einigen aufschlußreichen Beispielen für, wie man glaubt, frühere Leben geführt.

Breites öffentliches Interesse fand etwa der Fall „Bridey Murphy". 1953 führte ein amerikanischer Amateurhypnotiseur namens Morey Bernstein aus Pueblo in Colorado eine Reihe Rückführungen mit Mrs. Virginia Tighe durch, deren echte Identität er in seinem Buch *The Search for Bridey Murphy* (1956) unter dem Pseudonym Ruth Simmons verbarg. Mrs. Tighe sagte bei diesen Sitzungen, die auf Band aufgenommen wurden, unter Hypnose, daß sie vorher Bridey Murphy gewesen sei, die Tochter eines irischen Strafverteidigers, die am 20. Dezember 1798 in Cork geboren wurde. Von Sitzung zu Sitzung nahm die Sprechweise der Hausfrau aus Colorado einen immer breiteren irischen Akzent an, und sie wurde in ihren Beschreibungen immer persönlicher. Sie schilderte in allen Einzelheiten Szenen aus ihrer Kindheit und erzählte, wie sie als Protestantin im Alter von 20 Jahren den Katholiken Sean Brian Joseph MacCarthy geheiratet hatte und mit ihm nach Belfast gefahren war, um sich dort noch einmal trauen zu lassen, wobei sie die Kirche und den Pfarrer benannte.

Bernsteins Buch, das anschließend auch verfilmt wurde, zog großen Presserummel nach sich. Die *Chicago Daily News* brachte es als Fortsetzungsstory; der *Chicago American* griff es umge-

UNTEN: Die Tibeter glauben, daß der ursprüngliche Dalai Lama Bodhisattva Avalokitesvara in jedem seiner Nachfolger wiedergeboren wird. Wenn ein Dalai Lama stirbt, muß ein Lama-Spezialistenkomitee sich auf der Stelle auf die Suche nach einem Kind begeben, das genau im Augenblick seines Todes geboren wurde, und es auf Zeichen seiner Identität als Dalai-Lama-Reinkarnation prüfen.

Mädchen und junger Mann erinnert haben. Die Theosophin Annie Besant (1847–1933) glaubte, sie sei unter anderem die Märtyrerin Hypatia († 415 n. Chr.) und der Naturphilosoph Giordano Bruno (1548–1600) gewesen, der in Rom auf dem Scheiterhaufen der Inquisition verbrannt wurde. 1926 wurde in Delhi ein Mädchen namens Shanti Devi geboren. Schon als Kind erklärte sie, sie habe schon einmal gelebt und nannte den Ort ihrer früheren Existenz. Als man sie dorthin brachte, fand sie auch richtig die Verstecke, in denen sie früher heimlich ihr Spielzeug aufbewahrt hatte, und erkannte ihre Verwandten und ihren früheren Ehemann wieder.

Auch in der westlichen Welt, und dort vor allem in England und in Amerika, besteht ein reges Interesse an Reinkarnation, insbesondere in der Psychiatrie, wo man mit Hilfe von Hypnose versucht, Patienten dazu zu bringen, lang vergessene oder verdrängte traumatische Erfahrungen wieder ins Bewußtsein zu bringen, um sie so besser ver-

RECHTS: Arnall Bloxham (rechts), der Hypnotherapeut, der per Hypnose einige seiner Patienten in angeblich frühere Leben rückführte. In letzter Zeit sind einige seiner Fälle neuerlich ins Kreuzfeuer der Kritik geraten. So sind viele Experten davon überzeugt, daß die Hypnotisierten sich an unbewußt aufgenommene Ereignisse aus Filmen, Fernsehsendungen oder Büchern erinnert hatten.

hend an und behauptete (ohne Beweisquellen zu nennen), daß Mrs. Tighe die Informationen von einer irischstämmigen Tante erhalten habe. William Barker, ein Journalist der *Denver Post* verbrachte drei Wochen in Irland und versuchte, die Details in Mrs. Tighes Geschichte nachzuprüfen. Einige (z. B. die Namen der Geschäfte in Belfast, die sie genannt hatte) konnte er auch als korrekt bestätigen, doch stieß er auf ein unüberwindliches Hindernis: Geburten, Ehen und Todesfälle werden in Irland erst seit 1864 registriert, dem Jahr, in dem Bridey Murphy starb. Auch konnte er keine Spur der benannten Kirche oder des Pfarrers finden. Dennoch war Barker nach seiner Reise überzeugt, daß Mrs. Tighe wirklich von einem vergangenen Leben gesprochen hatte.

Weitere Fälle dieser Art machte der Hypnotherapeut Arnall Bloxham aus Cardiff in Wales bekannt, der 1972 zum Präsidenten der British Society of Hypnotherapists gewählt wurde. Eine seiner Patientinnen, Jane Evans, suchte ihn eigentlich wegen Rheumatismus-Beschwerden auf, erinnerte sich unter Hypnose dann jedoch an sieben vergangene Leben, unter anderem an eines als junge jüdische Mutter namens Rebecca,

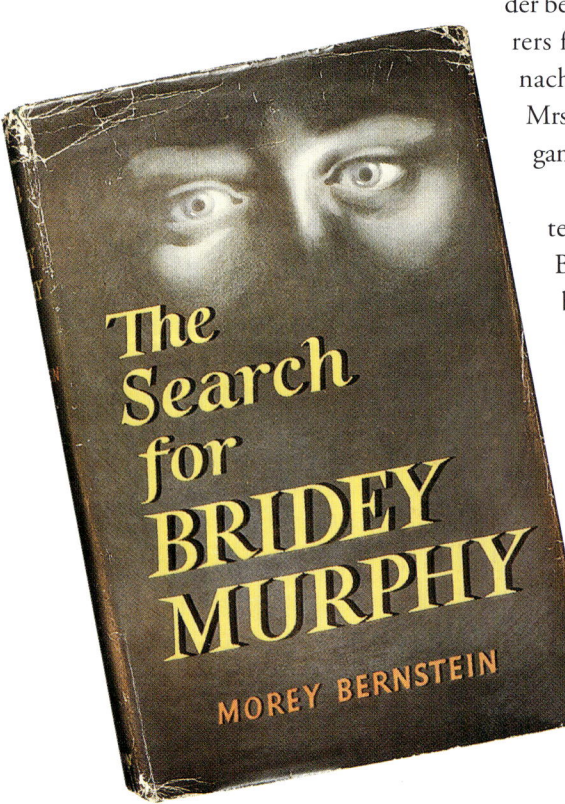

bei dem Massenmord an Juden im nordenglischen York des Jahres 1190 starb. Sie sprach vom Geldverleiher-Geschäft, das Juden in York und Lincoln betrieben und davon, daß sie ein Abzeichen tragen mußte, um ihre Religion kenntlich zu machen. Zunächst ließ dieses Detail ihren Bericht unglaubwürdig erscheinen, denn aus Rom kam erst im Jahr 1215 die Order, daß Juden in christlichen Ländern ein solches Zeichen tragen müßten. Doch dann fand Jeffrey Iverson, der Autor des Buchs *More Lives than One* (1976) heraus, daß viele Juden bereits im 12. Jahrhundert in England ein solches Abzeichen getragen hatten. Professor Barry Dobson von der Universität York, eine Koryphäe auf dem Gebiet der Geschichte der englischen Juden, war von den Aufnahmen der Sitzungen beeindruckt und bestätigte, daß einige Einzelheiten, die von Jane Evans beschrieben wurden, nur professionellen Historikern bekannt sein könnten. Und noch etwas war frappierend: Jane Evans hatte erzählt, wie Rebecca sich mit ihren Kindern in der Krypta einer Kirche versteckt hatte, bevor man sie tötete. Aber als Dobson besagte Kirche als St. Mary's Church in Castlegate tatsächlich ausfindig machen konnte, mußte er feststellen, daß es zu dieser Zeit in York noch keine Kirchen mit Krypten gegeben hatte. Doch dann entdeckten Arbeiter bei der Instandsetzung der St. Mary's Church ... eine zugemauerte Krypta.

In jüngerer Zeit haben Jane Evans Erinnerungen jedoch erneut Zweifel aufgeworfen. In seinem Buch *Sorry, You've Been Duped!* (1986) verwirft Autor Melvin Harris sie als „klaren Fall von Phantasterei ... eine Vermischung mindestens zweier verschiedener Verfolgungsgeschichten, die aus weit auseinanderliegenden Jahrhunderten stammen". Und er zitiert Professor Dobsons Widerruf seiner früheren Zustimmung, der unter anderem die Ansicht enthält, daß die entdeckte „Krypta" tatsächlich eine nachmittelalterliche Gruft sei.

Im selben Buch analysiert Harris einige weitere Inkarnationen der Jane Evans. Er kannte einige historische Romane, die sowohl faktische als auch fiktionale Einzelheiten enthielten, welche in ihren Erzählungen auftauchten. Das Phänomen sei also, so der Tenor, auf Ereignisse zurückzuführen, die die Hypnotisierten oft unbewußt aus Büchern, Filmen oder Fernsehsendungen aufgenommen hätten. Auch darf nicht außer acht gelassen werden, daß der Hypnotherapeut verständlicherweise auf die Entdeckungen der „vergangenen Leben" aufgeregt und fasziniert reagiert und schon mit seinen Fragen unabsichtlich ein wenig auf das hin arbeiten könnte, was er zu hören hofft.

Trotz solcher Rückschläge geht die Erforschung des Reinkarnationsphänomens weiter. Führende Experten auf diesem Gebiet sind die beiden amerikanischen Psychologen Ian Stevenson und Helen Wambach. Stevenson, der an der Universität von Virginia lehrt, brachte in seiner Dokumentation *Twenty Cases Suggestive of Reincarnation* (1974, dt. *Reinkarnation – Der Mensch im Wandel von Tod und Wiedergeburt*) und einigen weiteren Publikationen zum Thema Belege für Beispielfälle aus aller Welt, in denen Kinder eine vollkommen fremde Sprache plötzlich fehlerfrei beherrschten und genaue Einzelheiten über Orte kannten, an denen sie nie gewesen waren. Viele besaßen Muttermale oder Erbschäden, die zu der jeweils erlittenen gewaltsamen Todesart paßten.

Helen Wambachs Material, das sie vor ihrem Tod im Jahr 1983 in verschiedenen Büchern zusammentrug, scheint weniger überzeugend. In kleineren Hypnoseseminaren stellte sie ihren Patienten zehn Zeiträume der Vergangenheit zur Auswahl und fragte sie dann nach Einzelheiten aus ihrem Alltagsleben in der gewählten Periode. Diese Vorgehensweise bietet zweifelsohne zahlreiche Möglichkeiten der Beeinflussung seitens der Hypnotherapeutin, und die Ergebnisse, von denen sie berichtet, können wegen ihrer Vagheit und ihres Mangels an Genauigkeit kaum als Untermauerung der Reinkarnationsthese gelten.

Schamanen

Der englische Autor Eric Maple, der sich ebenfalls mit dem Thema Hexerei beschäftigt, weist darauf hin, daß die Anfänge der Spiritismusbewegung ins selbe Jahr fallen wie der Wechsel der amerikanischen Abteilung für indianische Angelegenheiten vom Kriegs- ins Innenministerium, nämlich 1849. Infolgedessen begann das öffentliche Interesse an den indianischen Traditionen zu wachsen, und einige Rituale ihrer Schamanen (der berühmten „Medizinmänner"), die unter anderem in Trance fielen und mit fremder Stimme sprachen, scheinen sich in den späteren Praktiken der spiritistischen Medien wiederzufinden.

UNTEN: Der Schamanismus war früher in weiten Teilen Nordasiens und Nordamerikas verbreitet. Diese Fotografie aus dem Jahr 1910 zeigt einen Inuit-Schamanen, der in Alaska einem kranken Jungen böse Geister austreibt.

Der Schamanismus war früher in weiten Teilen Nordasiens verbreitet und kam mit den ersten Siedlern über die Beringstraße nach Nordamerika. Auch im nordöstlichen Sibirien übten paläosibirische Schamanen ihre Kunst aus. Sie heilten Krankheiten, beaufsichtigten Opferrituale und führten die Seelen der Toten sicher ins Jenseits. Man erklärte sich die Erfüllung all dieser Aufgaben mit ihrer Fähigkeit, ihren Körper zu verlassen.

Ein russischer Anthropologe zeichnete auf, was ein Schamane aus Sibirien über die Prüfungen zu berichten hatte, die er erdulden mußte, um diesen privilegierten Status zu erreichen. Er war an Pocken erkrankt und dem Tod bereits so nahe gewesen, daß er drei Tage lang bewußtlos war und beinahe begraben worden wäre. Er sah sich in die Totenwelt hinabsteigen, woraufhin er auf eine Insel gebracht wurde, in deren Mitte eine junge Birke stand, die bis zum Himmel ragte. Es war der Baum des Herrn über die Erde, und ihm gab man davon einen Zweig, um daraus eine Trommel zu fertigen.

Der ehemalige Professor für Religionsgeschichte an der Universität von Chicago Mircea Eliade hat auf die bemerkenswerte Ähnlichkeit der nächsten Phase, in die ein Schamane eintritt, und dem Symbolismus hingewiesen, mit dem Alchimisten im Mittelalter ihre Versuche beschrieben, das Elixier des ewigen Lebens zu finden. Der Schamane kam zu einem Berg, in dem ein nackter Mann mit einem Blasebalg ein großes Feuer schürte. Der Mann packte ihn mit einem Haken und schnitt ihm den Kopf ab, der zur Erde fiel, so daß er die folgenden Ereignisse beobachten konnte. Sein Körper wurde in Stücke geschnitten und in einem großen Kessel auf dem Feuer gekocht. Als nichts außer dem Skelett übrig geblieben war, wurde er auf einem Amboß wieder zusammengeschmiedet und mit neuem Fleisch bedeckt. Der Schamane kam in seinem Zelt wieder zu

Ein sibirischer Schamane tanzt schreiend ums Feuer, wobei er seine Trommel schlägt, um das Stadium der Ekstase zu erreichen, bei dem er seinen Körper verlassen und die Welt der Geister betreten kann.

Bewußtsein, sah sich von seinen Angehörigen umringt, von seiner Krankheit geheilt und in der Lage, nun seine Aufgaben zu erfüllen.

Dadurch, daß er sich in Trance begab, konnte der Schamane seinen Körper verlassen. Dann konnte er in den Himmel aufsteigen und seinem Gott Opfergaben darbieten, er konnte sich auf die Suche nach der Seele eines Kranken machen und sie wieder mit ihrem Körper vereinen oder auch die Seele eines Verstorbenen zu ihrem letzten Bestimmungsort führen. In symbolischem Sinn war der Schamane ein Mann, der viele Male sterben und wieder ins Leben zurückkehren konnte.

Ein Bericht aus dem Jahr 1884 beschreibt eine Zeremonie, die abgehalten wurde, um die

Seele einer Frau zu übergeben, die 40 Tage zuvor gestorben war. Der Schamane begann damit, sein Zelt zu umkreisen und dabei seine Trommel zu schlagen. Dann betrat er das Zelt, um im nächsten Augenblick mit der Stimme der Frau zu sprechen, die sich beklagte, daß sie nicht wußte, wohin sie gehen sollte und Angst hatte, ihre Angehörigen zu verlassen.

Der Schamane redete mit seiner eigenen Stimme auf die Tote ein, die sich schließlich bereit erklärte, dem Schamanen in die Unterwelt zu folgen, wo sie aber erst nach längeren Verhandlungen aufgenommen wurde. Auf seinem Rückweg aus dem Totenreich schrie der Schamane und tanzte in seinem Zelt ums Feuer, bis er schließlich bewußtlos zu Boden fiel.

DER ASTRALLEIB

Die Möglichkeit, den eigenen Körper zu verlassen bzw. mit der Stimme eines anderen zu sprechen, zog bereits Platon (427–347 v. Chr.) in Betracht. Er glaubte ebenso wie viele andere Philosophen, daß die Seele reisen könne, und besonders im vergangenen Jahrhundert haben viele Menschen, die sich keinerlei besonderer Fähigkeiten bewußt waren, von solchen Vorfällen berichtet.

Die sogenannten „außerkörperlichen Erfahrungen" werden mittlerweile intensiv erforscht. Man unterteilt sie in zwei Kategorien, die „asomatischen" Fälle, bei denen die betreffenden Personen ihre Umgebung aus einem anderen Blickwinkel wahrnehmen können, selbst jedoch keine körperliche Präsenz besitzen, und die „parasomatischen", bei denen die Personen je einen eigenen identischen Körper zu haben scheinen, mit dem sie sich beobachten können. Außerkörperliche Erfahrungen können in den gewöhnlichsten Situationen auftreten, wie folgender Bericht einer asomatischen Erfahrung zeigt:

Es war Sommer ... und ich spazierte die Brentwood High Street in Essex herunter. Ich war umgeben von Leuten, die auch hier unterwegs waren und ihre Einkäufe erledigten. Soweit ich mich erinnern kann, dachte ich an

Ein Bild aus dem Jahr 1904 zeigt einen Schamanen mit Adlerkopfschmuck, der einen Kranken behandelt, welcher in einem Kreis aus Federn sitzt.

GEGENÜBERLIEGENDE SEITE: Bei einer „parasomatischen" außerkörperlichen Erfahrung ist die betreffende Person in der Lage, sich selbst in einer zweiten Verkörperung zu betrachten.

UNTEN: Der Amerikaner Sylvan J. Muldoon beschreibt seine außerkörperlichen Erfahrungen in dem Buch The Projection of the Astral Body *(1929, dt.* Die Aussendung des Astralkörpers)*, aus dem diese Illustration stammt.*

nichts Bestimmtes, als ich plötzlich 50 Meter über mir schwebte und mich selbst beobachtete, wie ich auf ein Kino zuging ... Ich sah die Menschen um mich herum gehen. Ich denke, ich lief so etwa 30 oder 40 Schritte weit, und dann war ich auf einmal wieder in mir drin. Ich fühlte mich gar nicht anders als vorher, ging einfach weiter die High Street hinunter ...

Auch parasomatische Erfahrungen können alltäglicher Art sein:

Ich sah auf mein zweites Ich hinunter und war plötzlich ein vollständiges Duplikat meines Körpers. Ich berührte meine Kleidung und sah mich an. Ich war überrascht, daß ich denselben schwarzen Rock, dieselbe weiße Bluse mit kleinen roten Punkten, dieselben Schuhe usw. trug ... Ich weiß noch, wie ich den Kleiderstoff berührte, und alles fühlte sich recht normal und fest an ...

Eine der Erklärungen, die man für dieses Phänomen gefunden hat, bezeichnet das bewußte, beobachtende Ich als den „Astralleib". Man betrachtet ihn als die dritte Komponente eines bewußtseinsfähigen Wesens, zusätzlich zu Körper und Seele. Er wurde als exakte Kopie des physischen Körpers beschrieben, doch scheint er aus feinerem Material zu bestehen und fähig zu sein, massive Hindern+isse zu durchdringen. Eine poetische Beschreibung findet sich im 25. Gesang von Dantes *Fegefeuer*: „Um ihn herum erstrahlt seine eigene Schöpferkraft, der Lebensform gleich in Größe und Gestalt ... die umsäumende Luft nimmt die Gestalt an, welche die Seele ihr aufgibt".

> MAN BETRACHTET DEN „ASTRALLEIB" ALS DIE DRITTE KOMPONENTE EINES BEWUSSTSEINSFÄHIGEN WESENS, ZUSÄTZLICH ZU KÖRPER UND SEELE ... EINE EXAKTE KOPIE DES PHYSISCHEN KÖRPERS, DOCH AUS FEINEREM MATERIAL.

Der Bericht der Okkultistin Anne Osmont von ihrem ersten Versuch einer „Astralreise" fällt unterhaltsam und recht drastisch aus: So beschloß sie eines Tages, einem befreundeten Paar einen „Besuch" in seiner Wohnung abzustatten. Nach einer Viertelstunde Konzentration gelang es ihr, ihr Zimmer durch die Wand zu verlassen. Sie fand die beiden schlafend vor und merkte sich, was beide trugen. Da sie noch nicht überzeugt war, daß das ausreichen würde, wollte sie einen materiellen Beweis ihrer Anwesenheit zurücklassen. Auf einem Regal stand ein goldverzierter Spiegel, den sie zu verrücken versuchte. Sie erzählte später, daß er sich so schwer wie ein Klavier anfühlte, doch schließlich fiel er vom Regal und zerbrach auf dem Boden. Das Paar wachte von dem Lärm auf, und sie hörte die Frau sagen: „Ich wette, das ist diese verrückte Osmont!" Als Anne Osmont einige Tage später dem Ehemann der Frau begegnete, erzählte sie ihm, was sie bei ihrer „Astralreise" in sein Schlafzimmer erlebt hatte, und der Mann bestätigte nicht nur Anne Osmonts Bericht, sondern erwähnte auch, daß seine Frau sehr ärgerlich sei, weil es sich bei dem Spiegel um ein Familienerbstück gehandelt habe.

Der Amerikaner Sylvan Muldoon, Autor von *The Projection of the Astral Body* (1929, dt. *Die Aussendung des Astralkörpers*) entwickelte eine Reihe Übungen, die es ihm ermöglichte, seinen Körper nach Belieben zu verlassen. Viele andere behaupten ebenfalls, dazu fähig zu sein. Doch die meisten außerkörperlichen Erfahrungen geschehen unfreiwillig und unerwartet, meist in kritischen oder bedrohlichen Augenblicken. Moderne Wiederbelebungsmethoden ermöglichen es, Menschen wieder ins Leben zurückzuholen, die sonst bereits für tot erklärt worden wären, und einige der interessantesten Fälle außerkörperlicher Erfahrungen haben solche Menschen gemacht, die sich schon auf der Schwelle des Todes befanden.

NAH-TOD-ERFAHRUNGEN

In der *Politeia* erzählt Platon die Legende von Er, dem Pamphylier, der im Kampf getötet wurde. Seinen Leichnam fand man einige Tage später und brachte ihn zur Einäscherung nach Hause, als er plötzlich wieder zum Leben erwachte und seinen erstaunten Angehörigen berichtete, was ihm nach dem Tod widerfahren war. Jede Seele, so sagte er,

habe die Möglichkeit, ihre nächste Verkörperung selbst zu wählen – doch ist ihre Wahl von der Weisheit, die sie während ihres Lebens erworben haben, abhängig. Es sei unterhaltsam, „gleichzeitig traurig und lächerlich" gewesen, zu sehen, wie sie ihre Wahl trafen. Dann mußten sie vom Wasser des Vergessens trinken, woraufhin man sie zur Erde zurücksandte.

Platon wählte diese Legende, um sein Argument für die separate Existenz der Seele zu stützen, doch sind darin auch Anklänge der Berichte von Menschen zu finden, die im Krankenhaus wiederbelebt wurden. Ihre sogenannten Nah-Tod-Erfahrungen haben mehrere Dinge gemeinsam.

Ruhe: Betroffene mit Nah-Tod-Erfahrungen schildern immer wieder, daß sie, als sie sich plötzlich mit einer lebensbedrohlichen Situation (z. B.

einem Unfall) konfrontiert sahen, zu ihrem eigenen Erstaunen ganz ruhig blieben. Ein ähnliches Phänomen läßt sich auch bei Kranken und Verletzten beobachten, die fast gelassen die Rettungsversuche ihrer Helfer über sich ergehen lassen.

Außerkörperliche Erfahrung: Zuvor hören viele ein Summen, das häufig auch als Begleiterscheinung der Narkose auftritt. Dann entdecken die Betroffenen, häufig zu ihrer großen Überraschung, daß sie getrennt von ihrem Körper unter der Decke zu schweben scheinen. Sie beobachten das, was unter ihnen geschieht, oft mit kühler Distanz und sogar Belustigung über die hektische Betriebsamkeit, die ihrem Körper zuteil wird und die sie hinterher meist genau beschreiben können. Oft können sie sich auch frei im Raum bewegen

Der Eindruck eines Künstlers von einer häufig berichteten Phase der Nah-Tod-Erfahrung: Die Reise durch einen schwarzen Tunnel auf ein helles Licht zu.

und den Gesprächen lauschen, die Ärzte und Schwestern später auch bestätigen können.

Der schwarze Tunnel: Danach fühlen sich die Betroffenen sehr häufig, als ob sie sich durch einen schwarzen Tunnel auf ein helles Licht zu bewegen. Diese Phase wird als keinesfalls beängstigend beschrieben, viele empfinden sie als aufregend und erhebend.

Das Lichtwesen: Wenn sie in das helle Licht eintauchen, werden die Sterbenden von einem Wesen empfangen – häufig von unbestimmter Persönlichkeit, wenn auch einige Christus oder die Jungfrau Maria darin erkannten –, das Liebe und Güte ausstrahlt und sie zu führen beginnt.

Der Garten: Das Wesen führt sie in einen wunderschönen Garten mit fließenden Bächen und leuchtendbunten Blumen, der sich ihnen in helles Sonnenlicht getaucht präsentiert. Manchmal begleitet eine geheimnisvolle Melodie (die viele als „Sphärenmusik" zu erkennen glauben) das Bild. Manchmal sehen sie auch eine „Lichterstadt" aus Glas oder Kristall, die von goldenem Glanz durchdrungen ist.

Die Lebensrückschau: Man zeigt den Sterbenden eine „Rückschau" ihres ganzen Lebens. Das erinnert an eine Erfahrung, von der häufig vor dem Ertrinken Gerettete berichten, vor denen ihr „ganzes Leben in einer Sekunde" ablief.

Die Vision der Erkenntnis: Den Sterbenden offenbart sich ein kurzer Blick auf „ein anderes Reich, in dem alles Wissen gleichzeitig, über die Grenzen von Zeit und Raum hinaus zu existieren scheint".

Zusammentreffen mit anderen: Sie begegnen Verwandten und Freunden, von denen sie manchmal gar nicht wußten, daß sie tot sind (was sich dann aber später oft als wahr herausstellte). In einigen Fällen erklären diese, die Zeit sei für die Betroffenen noch nicht gekommen und sie müßten umkehren, da sie noch eine Aufgabe zu erledigen hätten oder sich um jemanden kümmern müßten.

Die Rückkehr: Nach dem Erlebten ruft die Nachricht, daß die Betroffenen ins Leben zurückkehren müssen, für gewöhnlich heftige Enttäuschung hervor, manchmal bitten sie darum, bleiben zu dürfen, doch das Wesen lehnt ab. Bald darauf zeigt die Wiederbelebung Wirkung, und die Betroffenen kommen wieder zu Bewußtsein.

Ein Fall stieß auf besonders großes Interesse: Die zweijährige Durdana Khan erkrankte 1968 in Pakistan an einer schweren Virusinfektion und fiel ins Koma. Ihr Vater, ein Militärarzt, versuchte sie wiederzubeleben, konnte aber keine Lebenszeichen feststellen. 15 Minuten lang kämpfte er und beschwor die Kleine dabei ununterbrochen: „Komm zurück, komm zurück!". Schließlich kam Durdana wieder zu sich. Kurz danach fragte ihre Mutter sie: „Wohin bist du gegangen, als du Mami verlassen hast?", und die Kleine antwortete: „Zu den Sternen." Sie beschrieb, wie sie einen wunderschönen Garten betreten habe, ihrer Großmutter und anderen Verwandten begegnet sei und mit Gott gesprochen habe. Gott habe ihr gesagt, daß ihr Vater sie rufe und sie zu ihm zurückgehen müsse.

Wer aus dem schwarzen Tunnel in das helle Licht tritt, wird von einem strahlenden Lichtwesen empfangen. William Turners „In der Sonne stehender Engel".

133

Diese Zeichnung von William Blake (1757–1827), „Der Tod des Guten Alten Mannes", stellt bildlich dar, wie die Seele von engelhaften Wesen fortgetragen wird. Viele der Emotionen, die eine Nah-Tod-Erfahrung kennzeichnen, werden hier wiedergegeben.

Es heißt, daß sie erst später Fotos der toten Verwandten zu sehen bekam und sie identifizieren konnte.

Als die Khans etwa zehn Jahre später nach London gezogen waren, trat Durdana im Fernsehen auf und erzählte von ihren Erfahrungen. Sie zeigte Bilder von dem Garten, den sie später aus der Erinnerung gemalt hatte. Eine ältere Zuschauerin, die ein ähnliches Erlebnis gehabt hatte, erkannte den Garten wieder. Dabei bestätigte sie nicht nur Durdanas Beschreibung, sondern konnte ihr auch sagen, „wie es eine Ecke weiter aussah".

Jedoch sind nicht alle Nah-Tod-Erfahrungen angenehmer Natur. Eine 23jährige, die eine Überdosis Schlaftabletten genommen hatte, beschrieb, was sie auf dem Weg ins Krankenhaus im Krankenwagen sah und fühlte:

Es wurde immer heißer, und hinter meinen Augenlidern fühlte es sich irgendwie sandig an … Mir schien, daß ich die Augen öffnete und mich in einer riesigen unterirdischen Höhle befand … der Boden war glühendheiß, und ich konnte nur von einem Bein aufs andere treten … von irgendwo kam ein dröhnender Klang wie von Maschinen, und aus irgendeinem Grund erfüllte er mich mit der entsetzlichsten Furcht, die ich je verspürt habe. Dann konnte ich durch einige Kohlensäulen hindurch eine große Gestalt ausmachen, die endlose Güte ausstrahlte … er sah mich an, lächelte und ging fort … Ich begann, zu weinen und zu schreien, er solle zurückkommen und mich mitnehmen … das war das schlimmste Gefühl von allen, völlige Verlassenheit … da ging plötzlich ein heftiger Ruck durch mich hindurch, und mir wurde klar, daß jemand mir Ohrfeigen gab. Ich war wieder am Leben, und ich begann, vor Freude zu schluchzen.

Ein Gedanke drängt sich bei solchen Berichten geradezu auf: Die Erfahrungen scheinen genau

EIN GEDANKE DRÄNGT SICH BEI SOLCHEN BERICHTEN GERADEZU AUF: DIE ERFAHRUNGEN SCHEINEN GENAU DAS WIEDERZUGEBEN, WAS DIE STERBENDEN NACH DEM EINTRITT DES TODES ZU SEHEN ERWARTETEN.

das wiederzugeben, was die Sterbenden nach dem Eintritt des Todes zu sehen erwarteten. Die „Zurückgekehrten" sprechen fast ausnahmslos davon, eine Art spirituelle Erleuchtung erfahren zu haben, und häufig ändern sie ihren Lebensstil danach grundlegend, was nach einer solch drastischen Erfahrung auch wenig überraschen dürfte.

Viele halten Nah-Tod-Erfahrungen für einen klaren Beweis für ein konkretes Leben nach dem Tod. Doch dieser Annahme stellt sich ein Haupthindernis in den Weg: Keiner dieser Zeugen ist – gemäß der Definitionen aus Kapitel 1 – defi-

nitiv gestorben. Sie alle waren dem Tod sehr nahe und hatten dramatische Erfahrungen und Visionen, die vermutlich das wiedergeben, was sie ihrem Glauben nach von einem Leben im Jenseits erwarteten, doch niemand unter ihnen hat das ultimative, unwiderrufliche Ende sämtlicher Vitalfunktionen erlitten.

Es steht außer Frage, daß Nah-Tod-Erfahrungen als absolut real angesehen werden müssen, wenngleich es der Medizin bisher nur zum Teil gelungen ist, dieses Phänomen zu erklären. Dr. Melvin Morse, ein Kinderarzt aus Seattle, der in seinem Buch *Closer to the Light* (1990, dt. *Zum Licht*) Nah-Tod-Erfah-

ES STEHT AUSSER FRAGE, DASS NAH-TOD-ERFAHRUNGEN ALS ABSOLUT REAL ANGESEHEN WERDEN MÜSSEN, WENNGLEICH ES DER MEDIZIN BISHER NUR ZUM TEIL GELUNGEN IST, DIESES PHÄNOMEN ZU ERKLÄREN.

rungen bei Kindern untersuchte, hat jedoch eine plausible Theorie anzubieten, die der amerikanische Psychologe Professor Robert Kastenbaum Morses Position folgendermaßen zusammenfaßt:

1. Frühere Untersuchungen haben ergeben, daß eine elektrische Reizung des Schläfenlappens im Gehirn spontan Erinnerungen, Musik, Visionen religiöser Art, außerkörperliche Erfahrungen und andere „halluzinatorische" Reaktionen hervorruft.

2. Es existiert eine direkte Verbindung zwischen Schläfenlappen und Mittelhirn, besonders zum Hippocampus. Die Vorgänge im Mittelhirn sind, soviel ist bekannt, für die Informationsverarbeitung sowie für das Hervorrufen von Erinnerungen und Träumen von essentieller Bedeutung. Dieser Teil des Gehirns ist, so Morse „am stärksten mit dem Bewußtsein oder der Seele verbunden".

3. Wenn ein Mensch unter psychologischem Druck – oder auch unter dem Einfluß psychoaktiver Drogen – steht, ergeben sich neurochemische Umstellungen im Mittelhirn. Das führt zu einer Veränderung der Ausschüttung an Serotonin, eines hormonähnlichen Stoffs, der die Stimmung beeinflußt. LSD verändert z. B. den Serotoningehalt und führt zu Halluzinationen.

4. Emotional strapaziöse Situationen – wozu Unfälle und schwere Krankheiten sicherlich gezählt werden können – und die damit verbundene Ausschüttung von Serotonin wirken auf einen bestimmten Neuronensatz im Schläfenlappen ein und führen zu einem Kontrollverlust, in dessen Folge außerkörperliche Erfahrungen und Halluzinationen auftreten können. Alle notwendigen Vorkehrungen für eine Nah-Tod-Erfahrung finden also innerhalb des Gehirns statt.

Morse führt weiter aus, von welcher Bedeutung die Unterscheidung von linkem und rechten Schläfenlappen ist. Der linke Schläfenlappen scheint für gewöhnlich der Teil des Gehirns zu sein, der sich mit „Alltags"-Tätigkeiten befaßt. Morse schreibt:

Wenn wir also den rechten Schläfenlappen als den Ort im Gehirn lokalisieren, wo die Nah-Tod-Erfahrung stattfindet, dann sprechen wir von dem Punkt, an dem Verstand, Körper und Geist interagieren. Wir sprechen von dem Bereich, der den Lebensfunken selbst beherbergt.

DEN TOD HINTERGEHEN

Was hat es zu guter Letzt mit denen auf sich, die darauf hofften, den Klauen des Todes zu entkommen? In den alten Mythen fast aller Völker kommt ein geheimer Trank oder ein Pulver vor, ein Elixier, das ewiges Leben verspricht, oder ein Brunnen bzw. eine Quelle der ewigen Jugend.

Die arabische Legende von al-Khidr („dem Grünen") kann auf einen babylonischen Mythos zurückgeführt werden, der erzählt, wie al-Khidr auszog, um die Geheimnisse des Lebens zu ergründen. Er kam zu einem Felsen, der blendend helles weißes Licht ausstrahlte. „Eine himmlische Stimme sprach zu ihm: ‚Gehe hin und trink, denn wahrlich, es ist die Quelle der Jugend. Laß dich reinwaschen und läutern, und du wirst bis zum letzten Tag leben, wenn alle Dinge im Himmel und auf Erden sterben und auch du den unausweichlichen Tod zu spüren bekommst.' Also ging er weiter, bis er den Gipfel des Felsens erreichte und eine Quelle fand, aus der himmlisches Wasser entsprang. Er trank davon und wurde reingewaschen und geläutert."

Daß von allen bis zum 19. Jahrhundert bekannten Metallen allein das Gold unzerstörbar war und unter allen Bedingungen glänzend blieb, ließ viele Menschen glauben, daß es mit dem ewigen Leben verbunden sei. Die fortdauernde Suche der Alchimisten nach einer Möglichkeit, Gold künstlich herzustellen, galt zwei Zielen: Es sollte seinen Besitzer nicht nur reicher machen, sondern ihm auch Unsterblichkeit verleihen. In gewissem Sinn gelang das dem Deutschen Johann Friedrich Böttger, der zwar kein Gold erfand, aber dafür das erste europäische Hartporzellan herstellte.

Durch die technischen Fortschritte des 20. Jahrhunderts eröffnete sich einigen Menschen die Aussicht, dem Tod vielleicht doch noch ein Schnippchen zu schlagen. Wenn menschliche Spermien, Eizellen und Gewebeproben durch Tief-kühlung anscheinend bis in alle Ewigkeit bewahrt werden können, so das Argument, ist es dann nicht auch möglich, den ganzen Körper auf diese Weise zu konservieren? Vielleicht ist die medizinische Wissenschaft ja eines Tages so weit fortgeschritten, daß sie tiefgefrorene Leichname wieder zum Leben erwecken kann?

Die Kryonik, also das Tiefkühlen und Lagern der Toten, ist eine kostspielige Angelegenheit, da der Verstorbene testamentarisch ausreichende Mittel zur Verfügung stellen muß, um die Versorgung des Leichnams bis auf unbestimmte Zeit zu sichern. Dennoch haben über 1 000 Menschen mit den verschiedenen Kryonik-Gesellschaften in den USA

Die Dauerhaftigkeit des Goldes verlieh ihm in den Augen vieler früher Völker einen magischen Reiz. Hier sind die Züge eines Toten in einer syrischen Totenmaske aus dem ersten Jahrhundert n. Chr. konserviert worden.

136

einen Vertrag abgeschlossen. 1993 betrugen die Kosten für eine Ganzkörperkonservierung 120 000 Dollar. Den Kopf allein zu erhalten kostete 50 000 Dollar – doch dabei wird die Möglichkeit vorausgesetzt, daß die Mediziner der Zukunft eine Möglichkeit finden, einen neuen Körper für den Kopf zu finden, unter Umständen durch Klonen. Sobald der Tod eingetreten ist, werden Wiederbelebungsmaßnahmen angewandt, bis der Körper an eine Herz-Lungen-Maschine angeschlossen werden kann, die das Blut rasch auf 20 °C abkühlt. Blutverdünnende Mittel und andere Chemikalien werden injiziert, und danach wird der Körper zwei Tage lang in Silikonöl gelegt, wobei er auf -90 °C

heruntergekühlt wird. Er wird in zwei gepolsterte Taschen gehüllt, in einen Aluminiumbehälter gelegt und in ein Bad aus flüssigem Sauerstoff gesenkt, was die Temperatur schließlich auf -220 °C absinken läßt. Bei dieser Temperatur muß er dann so lange wie nötig verbleiben.

Der erste Mensch, der sich einer kryonischen Tiefkühlung unterzog, war Dr. James H. Bedford, ein 73jähriger Psychologieprofessor aus Kalifornien, im Jahr 1967.

Skeptiker der Kryonik geben allerdings zu bedenken, daß jedes menschliche Organ bei derartig tiefen Temperaturen zerstört wird, weil die Eiskristalle das Gewebe zersetzen.

Und wie Greg Palmer, der Moderator der amerikanischen Fernsehsendung *Death: The Trip of a Lifetime*, der bei seinen Recherchen auch die Institution „Alcor Life Extension Foundation" besuchte, berichtete: „Niemand, mit dem ich hier gesprochen habe, ... verspricht etwas anderes als äußerst geringe Erfolgsaussichten, ungeachtet der Summe, die Sie zahlen können. Im Vordergrund steht, daß eine geringe Chance besser ist als gar keine."

Doch für die meisten von uns, die sterben, ohne die nötigen Mittel zu hinterlassen, gibt es diese Chance nicht. Ob wir auf ein Leben nach dem Tod hoffen können, bleibt ein Rätsel – das vielleicht gelöst wird, wenn wir es selbst erfahren.

Sieht so die typische Grabstatt des 21. Jahrhundert aus? Der Leichnam von Dr. James Bedford liegt in einem Bad aus flüssigem Stickstoff bei -220 °C tiefgekühlt in seinem Aluminiumcontainer. Einzige Erinnerung ist eine Fotografie des Verstorbenen.

KAPITEL 8

DIE RUHELOSEN TOTEN

Ein Komiker fragte in einem seiner Auftritte: „Gibt es ein Leben vor dem Tod?" Es war ironisch gemeint, doch tatsächlich scheint es eine befremdlich unklare Grauzone zwischen dem zu geben, was wir als Leben kennen, und dem, was zu Anfang des Buchs als Tod definiert wurde.

Die englische Society for Psychical Research („Gesellschaft für psychische Forschung", S. P. R.) wurde 1882 in London gegründet. Ihr erklärtes Ziel war es, „ohne Vorurteil oder Parteilichkeit und auf wissenschaftliche Weise jene Fähigkeiten des Menschen, seien sie real oder vermutet, zu untersuchen, die nach allgemein geltenden Erkenntnissen unerklärlich erscheinen. Trotz der allgemeinen Formulierung wußten die S. P. R.-Gründer doch genau, worauf sie aus waren: die genauere Erforschung aller Phänomene des Spiritismus (vgl. S. 118) sowie solcher verwandter Themen wie Telepathie und Hellseherei, veränderte Bewußtseinszustände und – Thema ihrer ersten großen Untersuchung – Phantasmen (Erscheinungen) der Lebenden.

Unter den ersten Mitgliedern der S. P. R. befand sich eine Reihe renommierter Akademiker, unter anderem Henry Sidgwick (1838–1900), Professor für Moralphilosophie in Cambridge und der erste Präsident der Gesellschaft, seine Frau Eleanor (1845–1936), Rektorin des Newnham College in Cambridge, Sir William Barrett (1844–1925), Professor für Physik am University College in Dublin, Sir Oliver Lodge (1831–1940), Professor für Physik an der Universität Liverpool, Lord Rayleigh (1842–1919), Leiter des Cavendish-Labors in Cambridge, J. J. Thomson (1856–1940), Lord Rayleighs Nachfolger, und Sir William Crookes, Mitglied der Royal Society (1832–1919).

1886 brachten drei Mitglieder der S. P. R., Edmund Gurney, Frederic Myers und Frank Podmore, die erste große Untersuchung der Gesellschaft heraus. Es handelte sich um das zweibändige Werk *Phantasms of the Living*. In vielen der darin behandelten Fälle geht es um Telepathie zwischen lebenden Menschen, doch sind auch 13 aus erster Hand untersuchte und ausgiebig dokumentierte

GEGENÜBERLIEGENDE SEITE: Die Vorstellung der „Untoten" hat sich als ertragreiche Quelle für das Filmgeschäft erwiesen. F. W. Murnaus Nosferatu – Symphonie des Grauens (1921) mit Max Schreck als Graf Orlok war der erste einer langen Reihe von Vampirfilmen.

UNTEN: Der renommierte Physiker Sir Oliver Lodge und seine Frau. Lodge war ein Gründungsmitglied der S. P. R. und wurde in dem Moment zum überzeugten Spiritisten, als er sicher sein konnte, Kontakt zu seinem toten Sohn Raymond aufgenommen zu haben, der im 1. Weltkrieg gefallen war.

Auch Geistererscheinungen waren eine beliebte Inspiration für Filmregisseure. In dieser US-Verfilmung von Charles Dickens' A Christmas Carol aus dem Jahr 1938 spricht Reginald Owen als Scrooge mit dem Geist seines einstigen Geschäftspartners Marley, verkörpert von Leo G. Carroll.

Beispiele darunter, die sich mit dem Phänomen befassen, das später unter der Bezeichnung „Krisenerscheinungen" bekannt wurde. Es handelt sich dabei um Halluzinationen, in denen eine Person vorkommt, die, wie sich später herausstellt, entweder kurz zuvor gestorben ist oder kurz nach ihrer Erscheinung stirbt.

Die S. P. R. war von diesen Erfahrungsberichten so beeindruckt, daß sie eine weitere ausgedehnte Untersuchung durchführen ließ, die Sidgwick selbst leitete. 1894 veröffentlichte er einen Bericht im Journal der Gesellschaft, der sich auf rund 17 000 beantwortete Fragebögen stützte, in denen 300 Befragte erklärten, visuelle Halluzinationen von einem ihnen bekannten Menschen erlebt zu haben, und in 80 Fällen davon war der Tod der betreffenden Person innerhalb von zwölf Stunden vor oder nach der Vision eingetreten.

Es war die erste ernsthafte Analyse eines Phänomens, von dem – und hier muß von den üblichen „Spuk"-Erscheinungen unterschieden werden – bereits seit Jahrhunderten immer wieder berichtet wurde. Einer der detaillierteren frühen Erfahrungsberichte stammt von Daniel Defoe (1660–1731), der ihn 1706 veröffentlichte. Er erklärte: „Diese Begebenheit hat mich sehr stark berührt, und ich bin durchaus einverstanden damit, da ich mich auf dem festen Boden der Tatsachen bewege. Und daß wir Tatsachen ableugnen sollten, weil wir Dinge nicht entschlüsseln kön-

nen, für die wir keine sicheren oder bekannten Erklärungen haben, erscheint mir sonderbar ..."

In der Geschichte geht es um eine Mrs. Bargrave, die im englischen Canterbury lebte. Vorher hatte sie im 25 km entfernten Dover gewohnt, wo sie enge Freundschaft mit einer Mrs. Veal geschlossen hatte. Am Mittag des 8. September 1705, als die Uhr gerade zwölf schlug, stand Mrs. Veal in Reitkleidung vor Mrs. Bargraves Tür. Sie wollte sie mit einem Kuß begrüßen, doch „Mrs. Veal hob die Hand vor ihr Gesicht, sagte, sie fühle sich nicht wohl, und wehrte so die Geste ab." Die beiden Damen plauderten eine Zeitlang miteinander, und Mrs. Veal erinnerte Mrs. Bargrave an die Bücher, die sie miteinander gelesen hatten, insbesondere Drelincourts *Book of Death*, das ihr, wie sie sagte, großen Trost gespendet hatte. „Dann sagte sie, sie würde sie nicht verlassen und ging. Mrs. Bargrave sah ihr nach, bis sie um eine Straßenbiegung verschwand ..." Defoe berichtet weiter, daß Mrs. Veal am Mittag des 7. September gestorben war – exakt 24 Stunden, bevor sie vor Mrs. Bargraves Tür erschien.

Einer der Vorfälle, die der S. P. R. in ihrer Umfrage berichtet wurden, hatte 1855 stattgefunden, als der Befragte G. F. Russell 19 Jahre alt war und sein älterer Bruder Oliver als Leutnant im Krimkrieg diente. In seinem letzten Brief hatte Oliver geschrieben, daß es ihm schlecht gehe und er sehr niedergeschlagen sei. Sein Bruder hatte ihm geant-

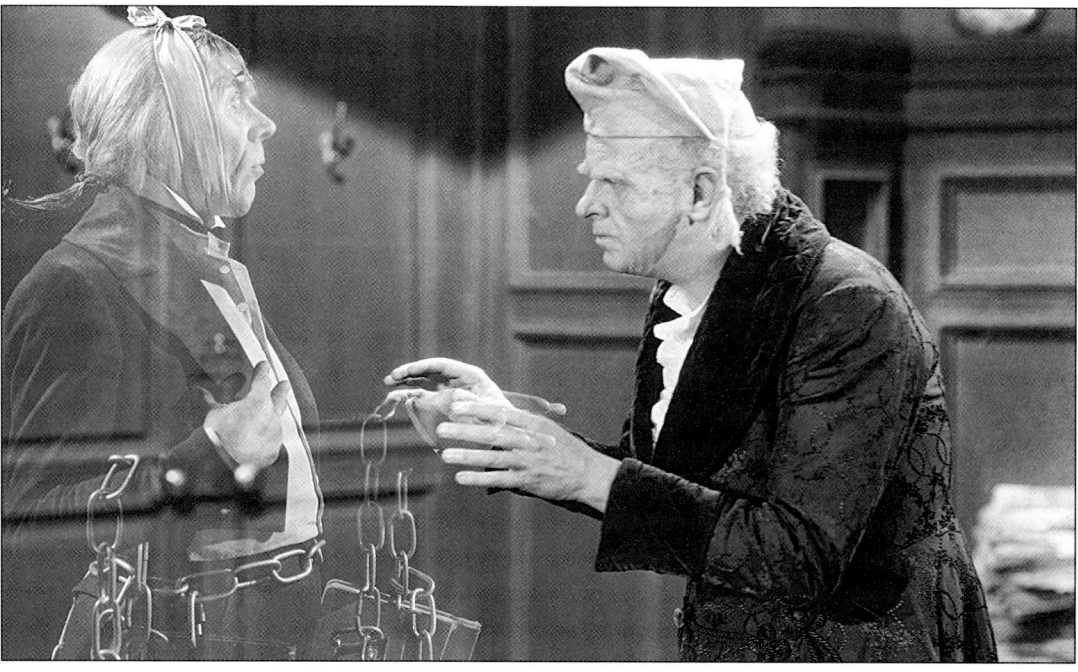

wortet, wenn ihm etwas zustieße, solle er versuchen, ihr gemeinsames Zimmer aufzusuchen, „wo wir als Jungen oft bei einer heimlichen Pfeife zusammensaßen und plauderten".

In der Nacht zum 9. September geschah, wie Russell berichtete, folgendes:

Ich wachte plötzlich auf und sah neben meinem Bett die zum Fenster gewandte und von einer Art phosphoreszierendem Nebel umgebene Gestalt meines Bruders, die dort kniete ... Ich hatte nicht an ihn gedacht oder von ihm geträumt und auch schon ganz vergessen, was ich ihm geschrieben hatte. Ich dachte, meine Phantasie spielt mir einen Streich, ... doch als ich wieder hinsah, war er immer noch da ... Die Erscheinung wandte sich langsam um und sah mich besorgt und liebevoll an, und da sah ich erst die Wunde in seiner rechten Schläfe, aus der rotes Blut floß ...

Russell erfuhr später, daß Oliver seinen Brief erhalten hatte, als er gerade vom Militärkaplan den Segen empfangen sollte, kurz bevor er in den Sturmangriff zur Verteidigung von Sewastopol geschickt wurde. Der Kaplan bestätigte, daß Oliver den Brief geöffnet und gelesen hatte. Er hatte seine Einheit gerade ins Innere einer Zitadelle geführt, als ihn eine Kugel in die rechte Schläfe traf. „36 Stunden später fand man seinen Leichnam dort. Er starb, oder besser gesagt, er fiel, wenn er auch nicht sofort tot war, am 8. September 1855."

In den Jahren nach der S. P. R.-Umfrage wurden zahlreiche Fälle solcher Krisenerscheinungen gemeldet, und ähnliche Untersuchungen wurden von Gesellschaften in Frankreich, Deutschland und den USA durchgeführt. Das allen Erscheinungen gemeinsame Kennzeichen war, daß sie um den Todeszeitpunkt herum stattfanden und daß dieser Tod immer plötzlich und oft gewaltsam eintrat – also in einer Krisensituation (daher der Name).

Zur Erklärung dieses Phänomens gibt es viele Theorien. Vielleicht ist der Ausdruck „Halluzinationen", den die S. P. R. dafür verwendet, etwas unglücklich gewählt, da er im üblichen Wortge-

brauch Sinnestäuschungen und Trugbilder bezeichnet, die einzig und allein auf ein gestörtes Bewußtsein zurückzuführen sind. Zweifellos war diese Wortwahl ein Zugeständnis an die wissenschaftlich tätigen Mitglieder, die ihre Ergebnisse möglichst vorsichtig formuliert an die Öffentlichkeit bringen wollten. Eine der Theorien erklärte die Erscheinungen zu „Astralleibern" (vgl. S. 129), eine andere zu echten Geistern der Verstorbenen. Doch erschienen sie im allgemeinen nur einem Menschen, einem Familienmitglied oder engen Freund, und vor allem innerhalb von zwölf Stunden vor oder nach Eintritt des Todes.

All das weist darauf hin, daß die Erscheinungen das Resultat einer telepathischen Kommunikation zwischen der sterbenden Person und dem Empfänger der Botschaft sind – und die zeitliche Verschiebung zwischen Todeszeitpunkt und Vision scheint ein Argument dafür zu sein, daß die Persönlichkeit nach dem Tod intakt und aktiv bleibt.

Viele Krisenerscheinungen sind stumm, doch es gibt auch Fälle, in denen eine Unterhaltung stattfindet, was Anlaß zu der These gibt, daß die körperliche Gestalt der Erscheinung und mögliche Wortwechsel eine Projektion der Sinne des Empfängers

DAS ALLEN KRISENERSCHEINUNGEN GEMEINSAME KENNZEICHEN IST, DASS SIE UM DEN TODESZEITPUNKT HERUM STATTFINDEN UND DASS DIESER TOD IMMER PLÖTZLICH EINTRITT.

Eine beachtliche Anzahl Krisenerscheinungen treten häufig in Kriegszeiten auf.

sind, die er aufgrund der telepathisch erhaltenen Information erzeugt. Der Fall David M'Connel unterstützt diese Annahme.

Lieutenant M'Connel war Offizier der englischen Luftwaffe und hatte vorher beim Flugdienst der Royal Navy gedient. Am Nachmittag des 7. Dezember 1918 stürzte er etwa 80 km von seiner Station in Scampton entfernt kurz vor 15.30 Uhr in dichtem Nebel ab und starb. Zu dieser Zeit saß Lieutenant J. J. Larkin in seinem Quartier:

Ich hörte, wie jemand den Weg heraufkam. Die Tür ging mit dem üblichen Getöse auf, das David immer veranstaltete. Ich hörte sein „Hallo, alter Junge!", drehte mich halb auf meinem Stuhl um und sah ihn dort in der Tür stehen ... Er trug seine volle Fliegermontur und seine Marinemütze, alles wirkte ganz normal ... Ich antwortete ihm: „Hallo, schon zurück?", und er erwiderte: „Ja, alles klar, war ein guter Flug". Ich habe ihn die ganze Zeit über angesehen, während er sprach. Er verabschiedete sich mit „Okay, dann mach's gut", ließ die Tür hinter sich geräuschvoll zufallen und ging wieder.

Lieutenant Garner-Smith bestätigte, daß Larkin ihm kurz vor 15.45 Uhr die Rückkehr M'Connels gemeldet hatte, aber sie erfuhren erst am Abend von seinem Tod.

M'Connel fand seinen Helm sehr unbequem und setzte immer direkt nach der Landung seine Marinemütze auf. Doch als er starb, trug er noch den Fliegerhelm. Larkin hatte in der Erscheinung vermutlich das gesehen, was er unter normalen Umständen zu sehen erwartete – M'Connel mit seiner Mütze auf dem Kopf, der ihm von einem „guten Flug" berichtete.

Beispiele für Fälle, in denen die Erscheinung vor dem Todeseintritt gesehen wird, sind seltener, doch es gibt sie. Einer betrifft den Staffelführer und späteren Oberstleutnant der britischen Luftwaffe George Potter, der im Zweiten Weltkrieg mit seiner Bomberstaffel Torpedo- und Verminungsoperationen im östlichen Mittelmeerraum ausführte. „Viel zu oft habe ich ohne jeden Zweifel im voraus gewußt, daß einer der Männer bald sterben würde, und meine Vorahnungen, wen es wann träfe, waren stets auf unheimliche Weise zutreffend."

Tony O'Rahilly fotografierte 1995 einen Brand im Rathaus von Wem im englischen Shropshire. Auf einem Bild erscheint die Gestalt eines Mädchens rechts hinter der Tür. Einige nahmen an, daß eine Verbindung zu einer Feuersbrunst in Wem im Jahr 1677 bestehen könnte, bei der ein kleines Mädchen ein reetgedecktes Dach mit einer Kerze in Brand steckte.

Eines Abends saß Potter mit Reg Lamb, einem befreundeten Offizier, in der Offiziersmesse an einem Tisch in der Nähe eines Oberstleutnants:

Von der Gruppe zu meiner Linken kam plötzlich Gelächter, und ich schaute hinüber. Dann sah ich es. Ich sah Kopf und Schultern des Oberstleutnants ganz langsam in einer bodenlosen schwarzblauen Tiefe schweben. Seine Lippen waren zu einem grauenvollen Grinsen verzogen, in seinen leeren Augenhöhlen waren keine Augen zu sehen und sein Gesicht war von stumpfen, grünlich-violetten Flecken entstellt.

Lamb berichtete später, Potter sei auf einmal totenbleich geworden, so „als habe er einen Geist gesehen".

Ein paar Stunden später flog die Schwadron einen Einsatz zur Verminung von Schiffsrouten nach Bengasi, und am Abend erfuhr Potter, daß das Flugzeug des Oberstleutnants abgeschossen worden war – doch habe man ihn und seine Crew sich in die Schlauchboote retten sehen. „Ich war ungeheuer erleichtert, doch meine Freude war nur von kurzer Dauer. Denn die Suche nach ihnen blieb ohne Erfolg. Man sah sie nie wieder. So war also die schwarzblaue Tiefe, in die ich den Oberstleutnant versinken sah, das nächtliche Mittelmeer."

GEISTER

Für das Phänomen der Krisenerscheinungen gibt es also zahlreiche glaubwürdige Hinweise und sogar einen plausiblen Erklärungsansatz. Was jedoch Geister betrifft, so kann nur darauf verwiesen werden, daß es zwischen Himmel und Erde offensichtlich Dinge gibt, die rein rational nicht erklärt werden können. Schon das Wort „Geist" kann für verschiedene Menschen ganz unterschiedliche Bedeutungen haben. Als man vor einem halben Jahrhundert den Oxford-Professor H. H. Price fragte: „Glauben Sie an Geister?" konnte er nur erwidern, diese Frage könne nicht beantwortet werden, bis der Begriff nicht näher definiert sei.

Dennoch ist man sich im populären Gebrauch des Wortes über die Kennzeichen eines Geistes im großen und ganzen einig. Er ist (mutmaßlich) die überlebende Präsenz eines Wesens, das kürzlich verstorben oder auch schon seit langer Zeit tot ist. Er kann seine Anwesenheit durch unnatürliches Absenken der Temperatur, den Klang von Wind

oder flatternden Vogelschwingen, eigenartige Gerüche und Geräusche oder das Bewegen von Objekten ankündigen. In den drastischsten Fällen kann er als Schatten, als verschwommenes Nebelwesen oder als scheinbar feste körperliche Gestalt erscheinen.

Viele frühe Völker waren überzeugt, daß die Geister der Toten in der Nähe ihrer Todes- oder Grabstatt blieben, und auch heute findet man diesen Glauben noch. In seiner Ideenlehre *Phaidros* schreibt Platon:

Ihr kennt die Geschichten über Seelen, die ... auf Friedhöfen und Grabstätten umgehen, auf denen, wie es heißt, gespenstische Phantome der Seelen tatsächlich gesehen wurden: eben jene Erscheinungen, die derartige Seelen hervorbringen würden, Seelen, die nicht rein sind, wenn sie den Körper verlassen, sondern noch etwas von der Körperlichkeit zurückbehalten, was erklärt, warum man sie sehen kann ... Es sind zweifellos nicht die Seelen der guten Menschen, sondern die der bösen, die als Strafe für einen üblen Lebenswandel gezwungen werden, solche Orte heimzusuchen.

Eine derartige Vorstellung von Geistern – Tote, denen man die letzte Ruhe verwehrt, weil sie die Konsequenzen ihrer Handlungen noch nicht zu Ende führen konnten – rückt sie in die Nähe von Krisenerscheinungen. Doch gibt es einen wichtigen Unterschied: Geistererscheinungen, seien sie visueller oder anderer Art, können über viele Jahre

In Hongkong bringt ein Mann Opfergaben zum Yue-Lang-Fest („Fest der hungrigen Geister"), das all jenen geweiht ist, die einen gewaltsamen Tod gestorben sind. Die Opfergaben sollen deren Seelen besänftigen, um ihre rachsüchtige Rückkehr zu verhindern.

Raynham Hall in Norfolk wird angeblich vom Geist der „braunen Lady" heimgesucht. 1936 berichteten zwei Fotografen der Zeitschrift Country Life, daß sie die Erscheinung auf der Treppe gesehen hätten und legten als Beweis dieses Foto vor.

19jährige Rosina, war eine ruhige, sachliche und wissenschaftlich interessierte junge Frau, die später Ärztin wurde und einen genauen Bericht ihrer Erfahrungen niederschrieb.

Etwa sechs Wochen nach dem Umzug sah Rosina eines Abends die Gestalt einer hochgewachsenen Dame in einem Kleid aus weicher schwarzer Wolle, die oben auf der Treppe stand und dann langsam herabschritt. Ihr Gesicht verbarg sie mit der rechten Hand hinter einem Taschentuch. „Der Gesamteindruck war der einer Dame in Witwentracht." Während der folgenden zwei Jahre sah Rosina die Gestalt einige Male, sagte aber niemandem etwas davon, außer einer Freundin, der sie manchmal schrieb. Im Sommer 1882 begegnete ihre ältere Schwester einmal der Erscheinung, im Herbst 1883 sahen die Köchin und ein Hausmädchen sie gemeinsam, und im Dezember 1883 bemerkten Rosinas sechsjähriger Bruder und einer seiner Freunde sie und „liefen hinein, um nachzusehen, wer da so bitterlich weinte".

Nach der ersten Begegnung folgte Rosina der Erscheinung nach unten, wo sie eine Zeitlang an einem der Fenster stand, dann hinaus in den Garten ging und durch die Gartentür verschwand. Sie versuchte, mit ihr zu sprechen und sie zu berühren, doch sie entglitt ihr stets. Der einzige Ton, den sie hörte, waren Schritte, „sehr leise, außer auf dem Linoleum, so als träte jemand mit Stoffschuhen äußerst leicht auf". Sie versuchte auch, dünne Drähte über die Treppe zu spannen und sah die Gestalt zweimal einfach durch sie hindurchschweben.

Im Juli und August 1884 erschien sie dann häufiger, und auch Rosinas drei jüngere Schwestern hörten die Schritte, ebenso wie die Köchin, die danach berichtete, sie habe zweimal „eine Dame in Witwentracht, die sich mit der rechten Hand ein Taschentuch vors Gesicht hielt" beobachtet. Am 6. August erkundigte sich auch ein Nachbar nach einer Frau, die er im Garten hatte weinen sehen.

Vier Tage später sahen Rosina und eine ihrer jüngeren Schwestern die Gestalt gemeinsam länger als zehn Minuten, und dann berichteten auch andere Familienmitglieder, Besucher und Hausangestellte davon, sie angetroffen oder gehört zu haben, „alles in allem etwa 20 Menschen, von denen viele vorher noch nichts von der Erscheinung wußten".

hinweg auftreten und wie es scheint, sogar Menschen betreffen, die gar keine Verbindung zu dem „Geist", keine Kenntnisse über seine Vorgeschichte besitzen. Diese Vorgeschichte, und da ergibt sich wiederum eine Ähnlichkeit zu den Krisenerscheinungen, beinhaltet häufig ein stark emotional belegtes Ereignis, wie etwa große Trauer, das Fehlen eines ordentlichen Begräbnisses oder einen gewaltsamen Tod.

Ein Fall, der der S. P. R. berichtet wurde, erregte wegen der großen Anzahl an Zeugen und der Häufigkeit der Erscheinung besonderes Aufsehen. Im April 1882 zog die Familie Despard in ein großes Haus an der Pittville Circus Road im englischen Cheltenham. Ihre zweitälteste Tochter, die

Auf Anraten Frederic Myers von der S. P. R. hin hielt Rosina eine Kamera bereit, doch bei den wenigen Gelegenheiten, an denen sie sie zum Einsatz bringen konnte, reichte das Licht für die fotografische Platte, die man damals benutzte, nicht aus. Dann nahmen die Erscheinungen allmählich an Häufigkeit ab, und erst 1889 trat die nächste auf. Die Familie Despard zog Erkundigungen über die früheren Bewohner des Hauses ein. Sie fanden heraus, daß zwischen 1860 und 1876 ein Mr. Swinhoe dort gelebt hatte, und Rosina zog den Schluß, daß der Geist zu seiner zweiten Frau Imogen gehören müsse, die zwei Jahre nach ihrem Mann gestorben war und auf einem etwa 500 Meter vom Grundstück entfernten Friedhof begraben lag.

Nach dieser Erklärung kann man sich nun fragen, warum der Geist nach sieben Jahren aufhörte zu erscheinen. Darauf gibt es keine Antwort, doch die Tatsache, daß Geister Menschen erscheinen, könnte mit dem grausigen Schicksal zusammenhängen, das die mit den Geistern assoziierten Personen einst erleiden mußten. Als Beleg dafür mag das Los der sogenannten „grünen Lady" dienen, welche den Landsitz Longleat im englischen Wiltshire lange Zeit heimsuchte. Eine gramgebeugte Gestalt ging dort stets zu bestimmten Zeiten im Haus umher. Der Legende nach wurden all jene, die sie sahen oder ihre Anwesenheit dort spürten, von solch intensivem Schmerz und Entsetzen gepackt, daß sie das Haus verlassen mußten.

Gerüchten zufolge soll es sich bei der Gestalt um den Geist von Lady Louisa Carteret, der Frau des zweiten Viscount Weymouth, gehandelt haben, dem man eine unberechenbare und cholerische Natur nachsagte, was wohl auch der Grund war, warum sich Lady Louisa einen Liebhaber nahm. Eines Tages kehrte Lord Weymouth ohne Vorankündigung nach Longleat zurück und überraschte seine Frau mit ihrem Liebhaber. Beide Männer zogen die Schwerter und kämpften, bis schließlich die völlig verängstigte Lady Louisa mit ansehen mußte, wie Lord Weymouth seinen Rivalen durchbohrte. Rasch schaffte dieser den Leichnam heimlich in den Keller hinunter und vergrub ihn dort. Sofort danach verließ er Longleat und überließ das Anwesen dem langsamen Verfall. Ob er die vor Angst halb wahnsinnige Louisa dort einfach ihrem einsamen Schicksal überantwortete, ist nicht sicher. Jedenfalls starb sie 1736 und er 1751.

Kurz nach seinem Tod wurde der Geist zum ersten Mal gesehen, als sein Sohn zurückkehrte, um den verfallenen Besitz wieder instandzusetzen.

Es gibt keine dokumentierten Beweise für diese Geschichte – doch Anfang des 20. Jahrhunderts machte man in Longleat eine grausige Entdeckung. Als Arbeiter eine Zentralheizung installierten, mußten sie im Keller einige Steinfliesen entfernen, um darunter Rohre zu verlegen. Darunter lagen die Gebeine eines jungen Mannes, der Stulpenstiefel und Kleidungsreste aus dem frühen 18. Jahrhundert trug. Wenn es Lady Louisas Geist wirklich gibt, dann ist seine Anwesenheit auf die intensiven Angst- und Schuldgefühle zurückzuführen, die sie bis zu ihrem frühen Tod gequält haben müssen.

Für Phänomene dieser Art läßt sich nur schwer eine wissenschaftlich orientierte Erklärung finden. Die Erfahrung derer, die davon berichten, etwas Übernatürliches gesehen, gehört oder gespürt zu haben, ist letztlich rein subjektiv. Gelegentlich werden immer noch Fotografien von Erscheinungen, die zu Geistern erklärt werden, veröffentlicht. Doch in fast all diesen Fällen wurden diese „Geister" nicht zur Zeit der Aufnahme gesehen, sondern erst später auf den fertig entwickelten Bildern entdeckt. Sogenannte „Geisterjäger" behaupten, plötzliche

Eine 1997 bei Mondlicht aufgenommene Fotografie des Mount-Royd-Anwesens im englischen Bradford. Was für die Erscheinung zweier Geisterköpfe gehalten wird, sieht man in der Mitte des Bildes schweben.

RECHTS: *Lady Louisa Carteret, deren Geist auf dem Landsitz Longleat umgehen soll. Die Erscheinungen werden auf die Intensität der Angst- und Schuldgefühle zurückgeführt, die sie gequält haben müssen, nachdem ihr Ehemann ihren Liebhaber vor ihren Augen brutal ermordet hatte.*

und unerklärliche Temperaturschwankungen und eigenartige Geräusche bei Geistererscheinungen aufzeichnen zu können, doch auch dieses Material ist nur wenig überzeugend.

Gegenwärtig ist keine physische Wirkungsweise bekannt, auf die Geistererscheinungen zurückzuführen sein könnten. Einige glauben, daß die Persönlichkeit der verstorbenen Person und ihre Erfahrungen eine Art „Abdruck" in ihrer Umgebung hinterlassen und dann von solchen Menschen gesehen oder gehört wird, die gewissermaßen auf dieselbe „Wellenlänge" reagieren.

Eine weitere Theorie besagt, daß es eine unserer Wissenschaft bisher unbekannte Art von „Kraftfeld" geben könnte, in dem intensive Emotionen einen Strudel oder Wirbel verursachen, der eine Zeitlang anhält. Die Heftigkeit der jeweiligen Emotion bestimmt die Kraft des Strudels und damit die Zeitspanne der Geistererscheinungen. Wenn eine Übertragung innerhalb eines solchen Kraftfelds auch telepathische Nachrichten erklären könnte, würde diese Theorie eine sinnvolle Verbindung zwischen diesem Phänomen und dem der Krisen- und Geistererscheinungen herstellen.

DIE STIMMEN DER TOTEN

In jüngerer Zeit wurde aus unterschiedlichen Quellen immer wieder behauptet, man habe eine Entdeckung gemacht, die, sollte sie tatsächlich stimmen, als Argument für die oben beschriebene Kraftfeld-Theorie gelten kann. Die Möglichkeit, daß das Radio als Mittel zur Verständigung zwi-

RECHTS: *Den Glauben an die Existenz von Geistern findet man überall auf der Welt. In Benin bezeichnet man Geister als* Egunguns, *und man sagt, daß sie zu bestimmten Zeiten im Jahr auf die Erde zurückkehren und von den Lebenden Besitz ergreifen. Hier tanzt ein Benin-Zauberer, der von einem* Egungun *besessen ist, wild im Kreis der Dorfbewohner umher.*

schen Lebenden und Toten verwendet werden könnte, zog als erster Thomas Edison in Betracht, der 1920 in einem Interview der Zeitschrift *Scientific American* sagte, daß er vorhabe, ein Gerät zu bauen, das „für die Erforschung des Übersinnlichen von ebenso großem Wert ist wie das Mikroskop für die Wissenschaft". Doch danach hörte man von dieser Idee kaum mehr etwas.

Fast 40 Jahre später in Schweden aber nahm der Künstler und Filmproduzent Friedrich Jürgenson ein Tonbandgerät mit in einen abgelegenen Flecken freier Natur, um dort Vogelstimmen aufzunehmen. Als er das Band abhörte, konnte er außer den Vogellauten auch leise Stimmen ausmachen, die Schwedisch und Norwegisch sprachen. Zunächst dachte er, er habe zufällig eine Radioübertragung aufgezeichnet, doch später erkannte er verstorbene Angehörige und Freunde darauf.

Jürgenson führte in den nächsten Jahren weitere Versuche durch und veröffentlichte die Resultate in *Voices from the Universe* (1964). Der deutsche Parapsychologe Hans Bender und auch der schwedische ehemalige Dozent für Psychologie an der Universität Uppsala Konstantin Raudive wurden auf das Buch aufmerksam. Beide führten unabhängig voneinander Experimente unter kontrollierten Bedingungen durch und gelangten zu der Überzeugung, daß unbespielte, fabrikneue Bänder, die man in einer stillen Umgebung laufen läßt, menschliche Stimmen aufzeichnen können, die verständliche Worte äußern. Raudive und Jürgenson arbeiteten bis 1969 gemeinsam an dem Projekt, trennten sich dann aber wegen einiger Differenzen.

Raudive setzte die Arbeit fort und erstellte über 100 000 Aufnahmen. Er behauptete, viele der Stimmen wiederzuerkennen und berichtete, daß einige – darunter Hitler, C. G. Jung und Goethe – sich selbst kenntlich gemacht hatten. 1969 veröffentlichte er ein Buch, dem eine Schall-

DER PARAPSYCHOLOGE HANS BENDER UND DER SCHWEDE DR. KONSTANTIN RAUDIVE GELANGTEN BEIDE ZU DER ÜBERZEUGUNG, DASS UNBESPIELTE, FABRIKNEUE BÄNDER, DIE MAN IN EINER STILLEN UMGEBUNG LAUFEN LÄSST, MENSCHLICHE STIMMEN AUFZEICHNEN KÖNNEN.

platte mit Beispielen seiner Stimmaufnahmen beilag. Das Buch brachte ein englischer Verleger dann 1971 in englischsprachiger Fassung unter dem Titel *Breakthrough* heraus. Bevor diese Neuausgabe erschien, führte er selbst noch eine Reihe aufwendiger Versuche durch.

Um eventuellen Anschuldigungen, die Stimmen stammten aus gewöhnlichen Radioübertragungen, vorzubeugen, wurden einige Aufnahmen im Innern eines sogenannten Faraday-Käfigs gemacht, in den keine Radiofrequenzen eindringen können. Ferner wurden die Versuche von Elektronikfachleuten und Aufnahmetechnikern überwacht.

Als Ergebnis wurden 200 Stimmen auf den Bändern angegeben, von denen einige so klar zu hören waren, daß jeder sie verstehen konnte, dem man sie vorspielte. Der Geschäftsführer des Verlags war sicher, die Stimme eines alten Freundes, nämlich die des Pianisten Artur Schnabel, wiedererkannt zu haben, und auf einem der Bänder nannte eine Stimme Dr. Raudive selbst beim Spitznamen aus seiner Kinderzeit.

Raudive setzte die Versuche noch bis zu seinem Tod im September 1974 fort. Zehn Tage später besuchte Hans Bender eine Parapsychologie-Tagung. Man stellte ein Tonbandgerät an – in der Hoffnung, daß Raudive darauf einen Beweis für seine Existenz im Jenseits hinterlassen würde. Einige der Anwesenden wollen seine Stimme auch erkannt haben, doch kaum etwas des Gesagten war verständlich.

Zur Erklärung der „Raudive-Stimmen" wurden verschiedene Theorien aufgestellt. Eine davon besagt, daß sie durch eine Art unfreiwillige Psychokinese des Versuchsdurchführenden aufs Band gelangen, der die Informationen telepathisch empfängt. Das würde zumindest erklären, warum die Stimmen sich nur in den Sprachen äußerten, die der jeweilige Durchführende selbst verstand.

POLTERGEISTER

Eine Art von Geistererscheinung, die nicht mit bestimmten verstorbenen Personen in Verbindung zu stehen oder auf einen bestimmten Ort beschränkt scheint, sind die sogenannten „Poltergeister". Der Begriff wurde als deutsches Lehnwort von Ermittlern der S. P. R. und dem italienischen Kriminologen Cesare Lombrose übernommen und beschreibt ein breites Spektrum übernatürlicher Ereignisse: die scheinbar selbsttätige Bewegung von Gebrauchsgegenständen im Haushalt, das Werfen von Steinen und ähnlichen Objekten ohne erkennbare Quelle, die scheinbare „Teleportation" von Gegenständen in geschlossene Räume und die unterschiedlichsten Arten von Geräuscherzeugung, etwa Klopfen, Schlagen und Kratzen, aber auch Pfeifen, Singen oder Sprechen.

Über Poltergeistaktivitäten wird schon seit Jahrhunderten berichtet. Beispielsweise wurde im Frankreich des Jahres 1135 Bürgermeister Nicholas von Le Mans eines Nachts durch „einen Aufruhr und schreckliches Gelärme, als ob ein Geist riesige Steine gegen die Wände werfe" aus dem Schlaf gerissen. Andere eigenartige Ereignisse folgten – Teller wechselten den Standort, eine Kerze fing mitten im Raum von selbst Feuer, und über die auf dem Tisch servierten Mahlzeiten wurde Kleie, Asche oder Ruß verstreut, so daß man sie nicht mehr essen konnte. Nicholas' Frau Amica, die Wolle gesponnen hatte, fand ihre Fäden „verworren und verknotet" vor, so daß ihre Arbeit umsonst gewesen war. Nicholas war überzeugt, der Haushalt werde von einem bösen Geist heimgesucht und schickte nach einigen Priestern, die Weihwasser im Haus verspritzten. Doch in der folgenden Nacht hörte man eine Stimme („wie die eines jungen Mädchens, aus tiefstem Herzen seufzend und klagend"), die ihren Namen als Garnier angab und fragte, wo sie herkomme und wie

DER BEGRIFF „POLTERGEIST" BESCHREIBT EIN BREITES SPEKTRUM ÜBERNATÜRLICHER EREIGNISSE: DIE SCHEINBAR SELBSTTÄTIGE BEWEGUNG VON GEBRAUCHSGEGENSTÄNDEN, DAS WERFEN VON STEINEN UND ÄHNLICHEN OBJEKTEN ... UND DIE UNTERSCHIEDLICHSTEN ARTEN VON GERÄUSCHERZEUGUNG.

es sie an jenen Ort verschlagen habe. Sie warnte die Anwesenden vor einer „Bande böser Geister", die ihnen „nur Böses antun" wollte, und wies sie an, Messen für sie und für die Toten zu halten und in ihrem Namen Kleidung an die Armen zu schenken. Doch der Bericht dieser Ereignisse stammt aus Augustine Calmets sechs Jahrhunderte später verfaßten Buch *Le Monde Fantôme* und sollte daher nicht allzu wörtlich genommen werden. Wenn auch die beschriebenen Aktivitäten typisch für später beobachtete Poltergeistauftritte ist, wurde doch eine so lange und so verständlich geäußerte Rede, wie Calmet sie zitiert, sonst nie gemeldet. Wahrscheinlicher scheint, daß eine der anwesenden Frauen in Trance verfiel, mit der Toten in Kontakt trat (oder glaubte, es zu tun) und der spätere Bericht eine veränderte Fassung ihrer Worte ist.

In jeder anderen Hinsicht haben sich die hier geschilderten Ereignisse in den kommenden Jahrhunderten hundertfach wiederholt. Eine überwältigende Mehrheit dieser Fälle besitzt jedoch eine Gemeinsamkeit, die jede Verbindung mit Wesen aus dem Jenseits oder einer anderen übernatürlichen Präsenz unwahrscheinlich macht: Anfang unseres Jahrhunderts angestellte Nachforschungen ergaben, daß in den von Poltergeistern heimgesuchten Haushalten stets ein pubertierendes Mädchen, seltener auch ein Junge dieses Alters, anwesend war. Mit Eintritt der Pubertät verlieren Jugendliche im allgemeinen das Urvertrauen kleiner

GEGENÜBERLIEGENDE SEITE: Ein Priester wird erstaunt Zeuge wilder Poltergeistaktivitäten auf dieser phantasievollen Illustration aus dem französischen Cideville von 1851.

UNTEN: Der italienische Kriminologe Cesare Lombrose war einer der ersten, die den Begriff „Poltergeist" verwendeten. Er ermittelte in einer Reihe von Fällen, unter anderem dem des Mediums Eusapia Palladino, die scheinbar in der Lage war, Dinge zu bewegen, ohne sie zu berühren.

149

RECHTS: Der selbst-ernannte „Geister-jäger" Harry Price war Mitte des Jahrhunderts der bekannteste Ermittler übersinnlicher Phänomene. Er zeichnete mit Kreide Kreise um stehende Gegen-stände, damit später festgestellt werden konnte, ob sie sich bewegt hatten.

UNTEN: Eins der Kinder im berühmten „Enfield-Fall" liegt – offensichtlich unver-letzt und bester Laune – auf dem Boden, nachdem es angeblich von einem Poltergeist aus dem Bett geworfen wurde.

Kinder und beginnen, die eigene Identität in Frage zu stellen. Nicht selten versuchen sie, durch aggres-sives Verhalten die Aufmerksamkeit auf sich zu lenken. In vielen Fällen konnte somit nachgewie-sen werden, daß die „Poltergeistaktivitäten" das Resultat unbewußter Betätigung oder auch absicht-licher Täuschung durch Teenager waren.

Für die Eltern dieser Teenager ist ein solches Verhalten oft nur schwer nachzuvollziehen. Meist werden die eigenen Kinder mit den unerklärlichen Ereignissen erst gar nicht in Zusammenhang ge-bracht. Zu einem Fall etwa, der sich 1998 in Frank-reich ereignete, wurden Parapsychologen von der Universität Toulouse gerufen, um einen „Geist" zu begutachten, der Fragen durch „Ja"- und „Nein"-Klopfzeichen an der Hauswand beant-wortete. Allzubald entdeckten sie aber, daß das Klopfen nur auftrat, wenn der 11jährige Sohn der Familie auf einem Sofa saß, das dicht an dieser Wand stand.

Es ist häufig nicht ganz leicht, die Betroffenen davon zu überzeugen, daß es eine einfache Erklärung für die von ihnen beobachteten Ereig-nisse gibt. Beispielsweise sagte im berühmten Nord-londoner „Enfield-Fall" 1977 ein Handelsvertre-ter, der am Haus vorbeigekommen war, aus, er habe durch ein Fenster im oberen Stock die (gerade in die Pubertät gekommene) Tochter der Familie „waagerecht im Zimmer schwebend" gesehen. Doch eine heimlich gedrehte Videoaufnahme

zeigte sie „auf dem Bett auf- und abhüpfend und mit den Händen wie mit Flügeln schlagend".

Scheinbar unerklärliche Vorkommnisse die-ser Art belasten die Familie und ihre Umgebung schwer, und wenn sie keine Ursache ausmachen können, sind viele durchaus bereit, sie „bösen Gei-stern" zuzuschreiben. Manchmal bitten sie sogar einen Priester, einen Exorzismus durchzuführen.

DER EXORZISMUS

Der Glaube, daß böse Geister von einem Men-schen, einem Gegenstand oder einem Ort Besitz ergreifen können, ist weltweit verbreitet, und der Akt des Exorzismus, nämlich die Austreibung durch Worte und Gesten, soll diese Geister zwin-gen, die Besessenen wieder zu verlassen und dort-hin zurückzukehren, woher sie gekommen sind. Wie man sich diese Geister vorstellt, kann sehr unterschiedlich ausfallen. Der Animismus hält sie für natürliche Wesenheiten, das Juden- und Chri-stentum betrachtet sie als Dämonen aus der Unter-

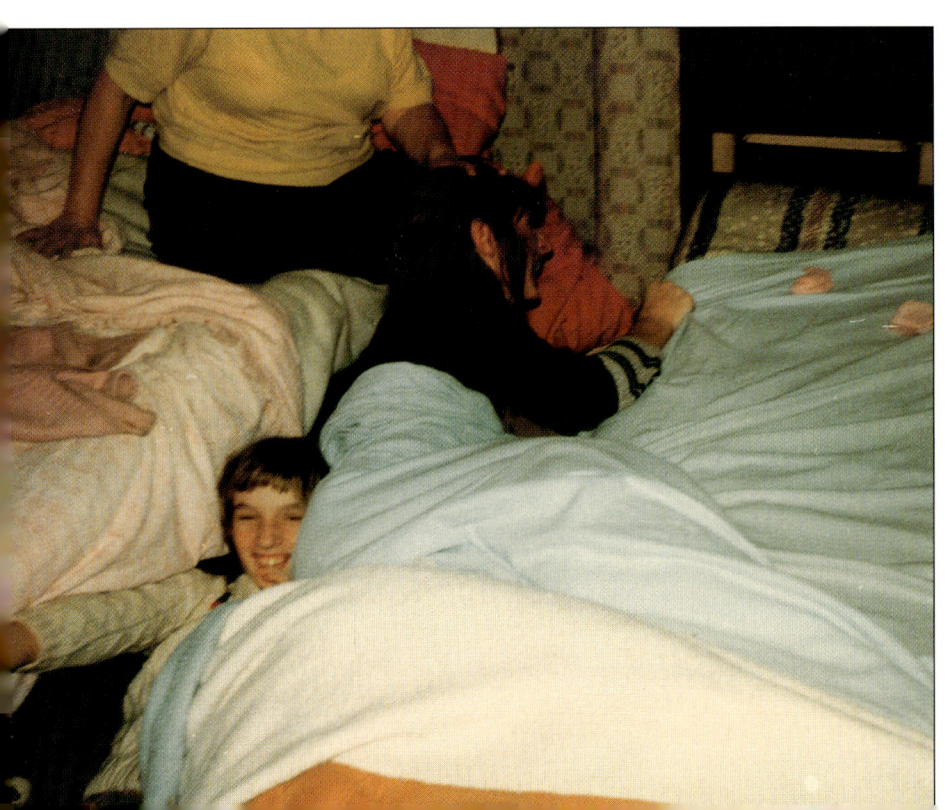

welt, und einige moderne „Alternativtherapeuten", wie etwa die amerikanische Psychologin Edith Fiore, Autorin von *The Unquiet Dead* (1987, dt. *Besessenheit und Heilung*), erkennen in ihnen die Geister von Verstorbenen.

Im engeren Sinn definiert ist der Exorzismus ein Ritual, das von der katholischen Kirche zur Austreibung von Dämonen eingesetzt wird. Lange Zeit ging jeder Taufe ein Exorzismus voraus, da man die Auffassung vertrat, daß sich nicht nur der Täufling, sondern die ganze Welt in der Macht des Teufels befände, und zwar so lange, bis sie von Christus erlöst würde. Täuflinge bzw. ihre Paten mußten deshalb bei der Taufe stets erklären, daß sie dem Teufel und all seinen Werken abschwören.

> DER TAUFE GING URSPRÜNGLICH EIN EXORZISMUS VORAUS, DA MAN GLAUBTE, DASS DIE GANZE WELT SICH IN DER MACHT DES TEUFELS BEFÄNDE, BIS CHRISTUS SIE ERLÖSEN WÜRDE.

Während der ersten zwei Jahrhunderte n. Chr. ging man davon aus, daß jeder einen Exorzismus ausführen könne, Laien ebenso wie Geistliche. Um das Jahr 250 herum jedoch richtete die Kirche speziell für diesen Zweck einen neuen Berufsstand ein: die Exorzisten. Sie nahmen nur geringen Rang ein. Zu dieser Zeit ernannte Papst Cornelius (251– 253) einen 52köpfigen Mitarbeiterstab, zu dem außer Vorlesern und Türstehern auch 14 Exorzisten gehörten.

Geistig Behinderte und Epileptiker galten als vom Teufel heimgesucht, weshalb für sie ein ganz spezieller Teil der Kirche reserviert war. Aufgabe der Exorzisten war es, sie während des Gottesdienstes ruhig zu halten. Somit unterschieden sie sich noch grundlegend

Eine besessene Frau wird von zwei Männern festgehalten, während ein Priester ihr das heilige Abendmahl verabreicht, um einen bösen Geist auszutreiben. Der Geist entweicht hier durch den Mund der Frau.

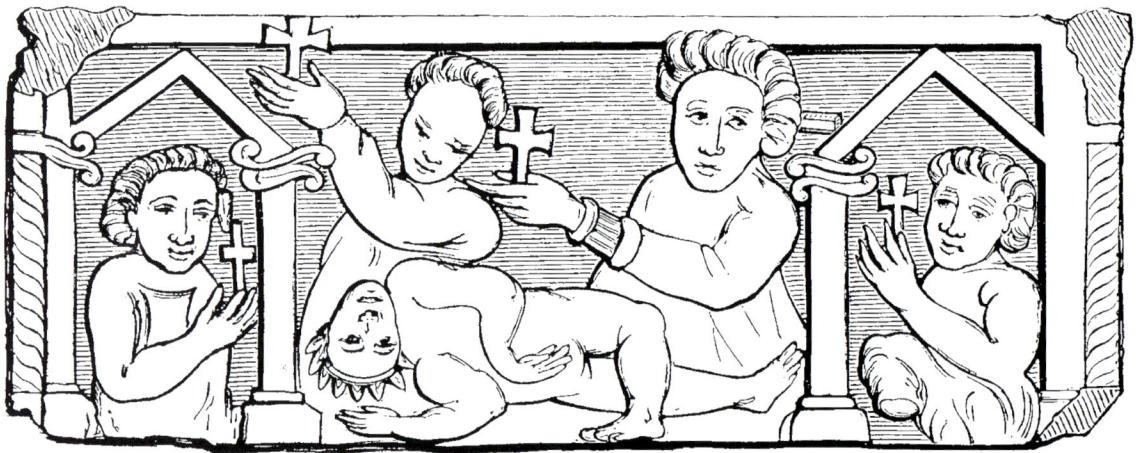

An einem zum Christentum bekehrten Konvertiten führen vier Priester vor der Taufe einen Exorzismus durch. Zeichnung aus einem zeitgenössischen Flachrelief.

von den mächtigen Teufelsaustreibern späterer Zeiten.

In der Zeit der europäischen Hexenverfolgungen von 1484–1648 kam der Exorzismus dann voll zu seinem Recht, als man ihn zur Seelenrettung beschuldigter „Hexen" einsetzte und als humanere Alternative zur traditionellen Methode von Folter und Scheiterhaufen betrachtete.

Im Jahr 1618 beschuldigte die junge französische Witwe Elisabeth de Renfaing auf einer Wallfahrt nach Lorraine einen der Pilger, sie verhext zu haben. Er wurde mit dem Tod bestraft, und zwei Priester von der Sorbonne führten an Elisabeth eine Teufelsaustreibung durch. Berichten zufolge sprach sie während des Exorzismus Englisch, schwebte zum Dach der Kapelle hinauf und vollführte weitere sonderbare Akte (Später gründete sie ein Kloster in Nancy und setzte sich für bekehrte Prostituierte ein).

Das volle Exorzismus-Ritual wird im *Rituale Romanum* von Papst Urban VIII. (1623–1644) beschrieben. Darin heißt es: Ein römisch-katholischer Priester darf einen Exorzismus nicht ohne Genehmigung des Bischofs ausführen, und diese wird nur einem Geistlichen von bekanntermaßen großer Frömmigkeit, Umsicht und moralischer Integrität gewährt. Zu den Merkmalen der Besessenheit zählt das Wissen über Dinge, von denen der Besessene auf den üblichen Wegen keine Kenntnis erworben haben kann, und

WÄHREND IHRES EXORZISMUS SPRACH DIE JUNGE FRANZÖSISCHE WITWE ELISABETH DE RENFAING BERICHTEN ZUFOLGE ENGLISCH, SCHWEBTE ZUM DACH DER KAPELLE HINAUF UND VOLLFÜHRTE WEITERE SONDERBARE AKTE.

abnormale körperliche Kräfte. Urban legte auch ein eigenes Ritual für den Exorzismus von Poltergeistern fest.

Exorzismen haben sich bis in unser Jahrhundert gehalten, wenngleich ihre Wirksamkeit bezweifelt werden darf. So stellte Bruder de Tonquédec, der zwischen 1919 und 1939 für die Erzdiözese in Paris tätig war, fest, daß in 90% der Fälle,

bei denen er es mit Exorzismus zu tun hatte, eine psychiatrische Behandlung erforderlich war, doch die restlichen hielt er für echte Besessenheit.

Eine ungewöhnliche Theorie stellt der amerikanische Psychologe Dr. Carl Wickland in seinem Buch *Thirty Years Among the Dead* (1924, dt. *Dreißig Jahre unter den Toten*) vor. Er war der Ansicht, der „Geist" sei kein Dämon, sondern nur verwirrt und im Energiefeld der Person gefangen, von der er scheinbar Besitz ergriffen hatte. Er sagte, seiner Erfahrung nach reiche psychiatrische Überzeugungsarbeit aus, um den Geist auszutreiben.

EIN RÖMISCH-KATHOLISCHER PRIESTER DARF EINEN EXORZISMUS NICHT OHNE GENEHMIGUNG DES BISCHOFS AUSFÜHREN, UND DIESE WIRD NUR EINEM GEISTLICHEN VON BEKANNTERMASSEN GROSSER FRÖMMIGKEIT, UMSICHT UND MORALISCHER INTEGRITÄT GEWÄHRT.

Eine jüngere amerikanische Weiterentwicklung dieser Idee ist die sogenannte „Befreiungstheorie", wobei das besitzergreifende Wesen als Geist eines desorientierten Toten verstanden wird, der plötzlich gestorben, aber sich „noch nicht bewußt ist, daß der Tod eingetreten ist". Der „Exorzist" versucht dann, mit dem Wesen Kontakt aufzunehmen und es aus seinem verwirrten Zustand zu befreien.

In der chinesisch-taoistischen Tradition gibt es spezielle Rituale für Exorzismen an einem „besessenen" Haus. Die Priester tragen spezielle Kleidung und Holz-

In der Zeit der europäischen Hexenverfolgungen von 1484–1648 setzte man den Exorzismus zur Seelenrettung beschuldigter „Hexen" ein und betrachtete ihn als humanere Alternative zur traditionellen Methode von Folter und Scheiterhaufen.

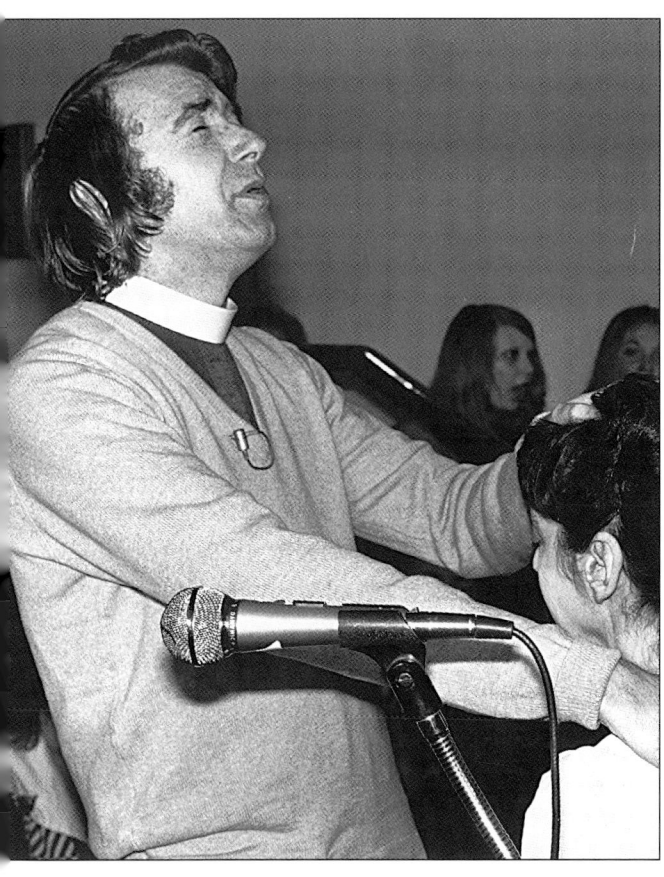

mutlich vom afrikanischen Begriff *nzambi* „Totengeist" ab – ein Mensch, der als tot begraben wurde, doch durch den Zauber eines *Houngan*, d. h. Voodoopriesters, wieder erweckt und von ihm manipuliert wird, so daß von ihm nicht viel mehr übrig bleibt als ein seelenloses Wesen, das man ausbeuten, versklaven und zu allen möglichen Zwecken mißbrauchen kann.

Ein katholischer Priester bezeugte 1959 ein Ereignis, bei dem ein Zombie in dem Dorf auftauchte, in dem er früher gelebt hatte. Man brachte ihn zur Polizei, wo man ihm Salzwasser zu trinken gab, was als sicheres Mittel gegen die Zombifizierung gilt. Er fand seine Stimme wieder und gab seinen Namen an. Man holte seine Tante. Sie erkannte ihn wieder und erklärte, daß man ihn vier Jahre zuvor beerdigt hatte. Der Priester befragte den Mann und erfuhr, daß er einer von vielen Zombies sei, die unter der Kontrolle eines *Houngan* standen. Zwei Tage später war der Mann plötzlich tot, und man ging davon aus, daß der Zauber des *Houngan* ihn getötet habe, der nicht wollte, daß sein Geheimnis bekannt würde.

1980 kam ein Mann, der sich als Claudius Narcisse zu erkennen gab, auf der Straße auf eine Verwandte zu und flüsterte ihr den Kosenamen, mit dem er als Kind gerufen wurde, ins Ohr. Es gab keinen Zweifel, daß er 18 Jahre zuvor beerdigt worden war – seine Begräbnisurkunde existiert noch als Beweis.

schwerter mit eingeritzten Beschwörungsformeln. Sie halten ihr Schwert über Betten und andere Orte, an denen der Geist vermutet wird und legen sie anschließend auf einen Altar. Eine Schriftrolle mit den Exorzismuszauberformeln wird verbrannt, die Asche in einem mit Wasser angefüllten Gefäß gesammelt, und dem Geist wird befohlen, den Ort zu verlassen. Zuletzt werden (den katholischen Ritualen ähnlich) Weidenzweige ins Wasser getaucht und damit Asche im Gebäude verteilt.

ZOMBIES

Lange Zeit galten die haitianischen Zombies unter westlichen Skeptikern als Phantasieprodukt der Populärkultur. Der Anthropologe Francis Huxley bemerkte 1970: „Viele glaubten, daß Zombies in Wirklichkeit Verrückte oder Geisteskranke sind ... Auch gefällt es den Haitianern, ausschweifende Geschichten von übernatürlichen Dingen zu erzählen, die ihr Publikum erstaunen und sie selbst ebenso überzeugen, wenn auch nur für einen Moment."

Der volkstümlichen Überlieferung in Haiti zufolge ist der Zombie – das Wort stammt ver-

UNTEN: Der Voodoo-Glaube ist in Haiti noch weit verbreitet. Ähnlichen Praktiken begegnet man in anderen karibischen und südamerikanischen Ländern, insbesondere in Brasilien.

Dem Volksglauben zufolge verabreicht der *Houngan* seinen Opfern ein Zauberpulver, das sie allen äußeren Anzeichen nach tot erscheinen läßt. Nach der Beerdigung gräbt der *Houngan* den Leichnam aus, erweckt ihn wieder zum Leben und unterwirft ihn seinem Willen.

In jüngerer Zeit ist es der Forschung gelungen, dieses „Zauberpulver" ausfindig zu machen und zu analysieren. Man fand heraus, daß es beträchtliche Mengen an zerriebener Haut des Kugelfischs enthielt. Diese Fische sind in der Karibik, aber auch in japanischen Gewässern heimisch. Das Gift, das in ihrer Haut sitzt, nennt man Tetrodotoxin. Es kommt auch in kalifornischen Molchen und bestimmten Arten südamerikanischer Frösche vor. Von seiner toxischen Wirkung heißt es, sie sei 160 000 Mal stärker als Kokain.

TETRODOTOXIN, DAS GIFT IN DER HAUT DES KUGELFISCHS, DIE IN JAPAN EINE SUSHI-ZUTAT IST, SOLL 160 000 MAL STÄRKER WIRKEN ALS KOKAIN.

Die Opfer einer Tetrodotoxinvergiftung verspüren zunächst ein Schwindel- und Taubheitsgefühl. Später kommen weitere Symptome, wie das Abfallen von Blutdruck und Körpertemperatur, hinzu. Außerdem wird der Puls immer schwächer. Oft müssen die Betroffenen erbrechen, sie erleiden Atemlähmungen, Muskelverkrampfungen und fallen schließlich in ein Koma, das den Todeseintritt überzeugend vortäuscht.

Trotz seiner extremen Giftigkeit ist der Kugelfisch mitsamt seiner Haut in Japan eine Delikatesse, die nur genießbar ist, solange der Fisch exakt nach Vorschrift zubereitet wird und eine bestimmte Temperatur hält. Ist das nicht der Fall, führt sein Verzehr unweigerlich zum Tod. Doch ist es schon vorgekommen, daß die Vergifteten sich wieder erholt haben.

So betrachtet erscheinen die Geschichten haitianischer Zombies als faktisch untermauert. Doch vor einiger Zeit berichtete ein haitianischer Richter noch von einer anderen Version: Er hatte als Augenzeuge erlebt, wie ein Leichnam ausgegraben und wiederbelebt wurde – doch als er das Grab am nächsten Tag genauer untersuchte, fand er eine Röhre, die dem Begrabenen, einem Komplizen des *Houngan*, das Atmen ermöglicht hatte.

DIE UNTOTEN

In Literatur und Film begegnen uns gelegentlich zombieähnliche Wesen oder solche, denen mit unnatürlichen Mitteln Unsterblichkeit gewährt wurde. Ihre literarischen Ursprünge lassen sich vor allem zu einem Frühwerk dieses Genres zurückverfolgen: *Frankenstein oder der moderne Prometheus*, verfaßt von der damals 19jährigen Mary Wollstonecraft Shelley (1797–1851), der zweiten Frau des Dichters Percy Bysshe Shelley (1792–1822), das 1818 veröffentlicht wurde.

Die Handlung des Romans basiert auf Überlegungen einiger Anatome und Kriminologen des 18. Jahrhunderts, daß der „Lebensfunke" eines hingerichteten Kriminellen Guillotine oder Strang überleben könnte (vgl. Kapitel 3), sowie auf ersten Versuchen zur Organverpflanzung. Der Roman wird in Form von Briefen erzählt, die ein englischer Arktisforscher namens Walton schreibt.

Victor Frankenstein ist ein Genfer Medizinstudent, der an der Universität Ingolstadt das Geheimnis der Belebung von toter Materie lüftet. Er setzt aus verschiedenen Leichenteilen ein menschenähnliches Wesen zusammen und erweckt es zum Leben. Seine Kreatur ist groß und übermenschlich stark, doch ihr Äußeres ist scheußlich und abschreckend. Frankenstein unterrichtet sein Monster mit Hilfe der Werke von Goethe, Plutarch und Milton, um ihm menschliches Gefühl näherzubringen, doch so wird es nur einsam und unglücklich und bittet Frankenstein um eine Gefährtin. Als dieser sie ihm verwehrt, ermordet die Kreatur Frankensteins Bruder, seinen Freund und seine Verlobte Elizabeth.

Das Monster flieht, und Frankenstein verfolgt es bis in die Arktis, wo er es eigentlich zerstören will. Dort begegnet er Walton und erzählt ihm seine Geschichte. Doch ist er so von Trauer gebrochen und so entkräftet von der Verfolgung, daß er bald darauf stirbt. Das Monster sucht ihn an seinem Sterbebett auf, überzeugt sich davon, daß er gestorben ist, und verschwindet in den arktischen Weiten, wo es auf seinen eigenen Tod hofft.

Die Geschichte fand auch bei Filmproduzenten reges Interesse, und bis heute sind über 20 „Frankenstein"-Filme entstanden – mit dem überraschenden Resultat, daß Frankenstein gemeinhin als Name des Monsters, und nicht als der seines Erfinders verstanden wird. Der erste Tonfilm entstand 1931 mit Boris Karloff in der Rolle des Monsters. Der Film hatte ungeheuren Erfolg, und ein neues Genre war geboren. Die Handlung allerdings erinnerte eher an die jüdische Legende vom Golem – einer Tonfigur, die der Rabbi Löw zum Leben erweckte, um die Juden zu schützen – als an Mary Shelleys Roman.

Die zweite große Gruselfigur des 19. Jahrhunderts, Bram Stokers Untoter Dracula, hat einen ganz anderen Hintergrund. Die Mythen von blutsaugenden Ungeheuern reichen bis in die Antike

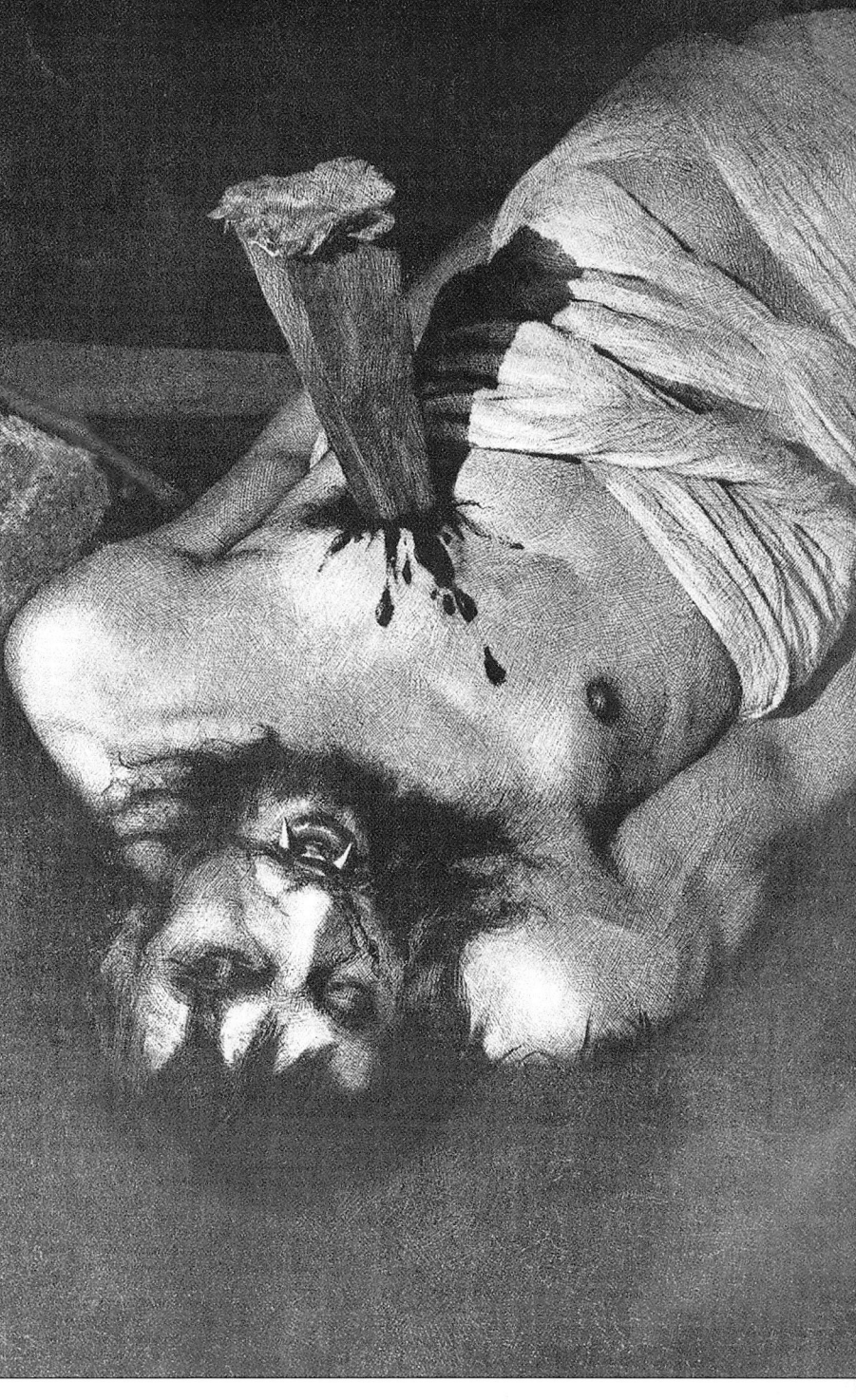

zurück, doch Berichte von Vampiren, wie wir sie kennen, kamen erst im 16. Jahrhundert im Balkan auf (das Wort Vampir stammt von den Magyaren). Möglicherweise basierten sie auf volkstümlichen Überlieferungen der Grausamkeiten von Vlad Tepes „dem Pfähler" und der ungarischen Gräfin Báthory. Zunächst betrachtete man Vampire als eine weitere Form teuflischer Dämonen, doch dann traf ein griechischer Schriftsteller namens Leone Allacci die grundlegende Unterscheidung, daß Vampire keine dämonischen Geister seien, sondern wieder zum Leben erwachte Tote,

Der einzig sichere Weg, einen Vampir zu vernichten: Ein Holzpfahl muß ihm mitten durchs Herz getrieben werden.

157

RECHTS: Mary
Wollstonecraft
Shelley, deren Roman
**Frankenstein oder
der moderne
Prometheus** der Welt
den Genfer Medizi-
ner Frankenstein
und dessen Kreatur
bescherte.

deren Fortbestand von einer kontinuierlichen Versorgung mit dem Blut ihrer Opfer abhängig ist. Sie wurden als hager, bleich und eiskalt geschildert. Wenn sie mit Blut vollgesogen sind, füllen sich jedoch Lippen und Züge, und sie nehmen kurzzeitig Körperwärme an. Weitere Kennzeichen sind lange spitze Eckzähne, spitze krumme Fingernägel, Haar auf den Handflächen und glühendrote Augen. Tiere gehorchen ihren Befehlen, und sie können sogar die Gestalt von Tieren annehmen – allerdings in den alten osteuropäischen Mythen noch nicht die von Fledermäusen. Diese Ergänzung kam erst im 19. Jahrhundert hinzu, nach der Entdeckung der südamerikanischen „Vampirfledermaus".

Als lebende Leichname können Vampire nur bei Nacht aktiv werden, tagsüber müssen sie in ihren Gräbern ruhen. Dort kann man sie (den Selbstmördern in Kapitel 3 nicht unähnlich) von weiteren Untaten abhalten, indem man ihnen einen eisernen oder hölzernen Pfahl durchs Herz treibt. Wenn früher in einer Region Vampire befürchtet wurden, überprüften die Bewohner die Gräber auf dem Friedhof, suchten nach Löchern, durch die das Ungeheuer aus seinem Sarg verschwinden

> ALS LEBENDE LEICHNAME KÖNNEN
> VAMPIRE NUR BEI NACHT AKTIV
> WERDEN, TAGSÜBER MÜSSEN SIE IN
> IHREN GRÄBERN RUHEN.

könnte, und nach Leichnamen, die nicht verwest waren.

Gegen Vampire gibt es eine Reihe alter Hausmittel, die Science-Fiction-Lesern und Kinozuschauern mittlerweile gut bekannt sind. Der Vampir meidet Silber; Knoblauch und fließendes Wasser schaden ihm, und er hat große Furcht vor dem Kruzifix.

Wer solche Verteidigungsmittel nicht zur Hand hatte, fürchtete den Vampir noch aus einem weiteren Grund: Wer nach einer Vampirattacke an Blutverlust starb, war dazu verdammt, selbst zum Untoten zu werden und als Vampir umzugehen.

In Westeuropa fand die Legende zum ersten Mal Erwähnung, als der französische Mönch Dom Augustin Calmet 1746 eine gelehrte, aber leichtgläubige Abhandlung zu diesem Thema verfaßte. Das Bild des Vampirs sprach in seiner emotionsgeladenen Phantastik besonders die Dichter der Romantik an, und im Verlauf des nächsten Jahrhunderts entstanden dazu unter anderem Werke von Goethe, Lord Byron, Gautier und Baudelaire. Das Sujet fand großen Anklang. So folgten einem um 1820 in Paris aufgeführten Theaterstück bald weitere (unter anderem eins von Alexandre Dumas) und 1847 in England eine schauerliche 800-Seiten-Mär mit dem Titel *Varney the Vampire*.

1872 veröffentlichte der irische Autor Sheridan Le Fanu (1814–73) fünf Erzählungen über das Übernatürliche mit dem Titel *In a Glass Darkly* (dt. *Geistergeschichten*) , die als Fälle eines deut-

RECHTS: Die
ursprüngliche und
berühmteste Film-
verkörperung von
Frankensteins
Monster: Boris
Karloff in dem
US-Film von 1931.
Über 20 Adaptionen
folgten.

schen Arztes namens Dr. Martin Hesselius präsentiert werden. In einer der Erzählungen mit dem Titel „Carmilla" geht es um einen weiblichen Vampir, und diese Geschichte machte großen Eindruck auf einen anderen irischen Schriftsteller – Bram Stoker (1847–1912).

Stokers Roman *Dracula* erschien 1897. Der Name des transsylvanischen Grafs stammte von dem rumänischen Wort für Teufel *dracul*. Seine Geschichte entwickelt sich anhand der Tagebucheintragungen von Jonathan Harker, einem jungen englischen Anwalt, seiner Verlobten Mina, ihrer Freundin Lucy sowie von Dr. John Seward, dem Leiter einer Irrenanstalt in Essex.

Harker, der von seiner Kanzlei zum Schloß des Grafen Dracula geschickt wird, entdeckt dort in einer verfallenen Kapelle 50 Holzkisten voller Erde aus der Familiengruft Draculas. In einer davon liegt vollgesogen mit fremdem Blut der Graf selbst.

Die Kisten werden nach Yorkshire verschifft, wo Dracula sich Minas Freundin Lucy bemächtigt und sie zum Vampir macht. Trotz aller Bemühungen des Vampirexperten Professor van Helsing und vieler Bluttransfusionen stirbt Lucy, bleibt aber eine Untote, bis ihr ein Pfahl durchs Herz

> IN DEN ACHTZIGER UND NEUNZIGER JAHREN IST BESONDERS IN DEN USA EINE BEWEGUNG ENTSTANDEN, DIE VON DER EXISTENZ SOGENANNTER UNTOTER WESEN ÜBERZEUGT IST.

getrieben wird. Harker, van Helsing und Mina jagen den Kisten nach, in denen der Graf sich tagsüber versteckt, und verfolgen sie bis nach Transsylvanien zurück, wo sie Dracula schließlich stellen, enthaupten und pfählen – woraufhin er zu Staub zerfällt.

Wie Frankensteins Monster wurde auch Dracula in zahlreichen Filmen verwertet. In der ersten US-amerikanischen Verfilmung von 1931 machte Bela Lugosi sich einen Namen als Darsteller des Grafen.

In den achtziger und neunziger Jahren ist besonders in den USA eine Bewegung entstanden, die von der Existenz sogenannter untoter Wesen überzeugt ist. Jedenfalls gibt eine Reihe blutiger Greueltaten in Kalifornien Anlaß zu dieser Vermutung. Literarisch wurde diesem Glauben an die Existenz realer Vampire unter anderem in Brett Easton Ellis' Roman *The Informers* (1994, dt. *Die Informanten*) oder Anne Rices *Interview With the Vampire* (1994, dt. *Interview mit einem Vampir*) Ausdruck verliehen.

UNTEN: Die Ruinen des Fürstenhofs im rumänischen Tirgoviste, an dem Vlad Tepes „der Pfähler" gelebt haben soll.

159

HIMMEL
UND HÖLLE

Wie genau gestaltet sich nun unser aller Ende? Verlöschen wir wie eine ausgeblasene Kerze? Bleiben wir als unglückliche Seelen hier auf der Erde oder als glückliche im Sommerland und erwarten bis in alle Ewigkeit spirituelle Erfüllung? Treten wir in einen fortdauernden Reinkarnationskreislauf ein? Oder gibt es ein letztes, ultimatives Ziel, wo wir mit intakter persönlicher Identität die verdiente Belohnung oder Strafe für unser irdisches Leben auf Ewigkeit genießen bzw. erdulden müssen?

Wie den vorangegangenen Kapiteln zu entnehmen ist, nahm das Jenseits in den frühesten Religionen wenig oder keinen Raum ein: Die Menschen lebten, dienten den Göttern und starben. Nur die Götter selbst lebten ewig in ihrem Reich hoch oben im Himmel oder in der Unterwelt. Und doch gibt es Hinweise darauf, daß schon in der Altsteinzeit, also lange vor den alten Ägyptern, den *Upanischaden*, und lange vor irgendeiner dokumentierten Form religiöser Prinzipien, der Glaube existierte, daß die Toten oder ihre Geister an einen bestimmten Ort gingen. Den Leichnamen wurden für ihre Reise Vorräte und (allerdings viel später) sogar Transportmittel wie Schiffe oder Wagen mit in die Grabstatt gegeben.

Wir können nicht wissen, wie die Menschen lebten, bevor sie begannen, dauerhafte Aufzeich-

nungen (etwa in Form von Inschriften auf Tafeln oder Grabmälern) für kommende Generationen zu hinterlassen. Die geringe Anzahl solcher Grabstätten weist im Vergleich zu den vielen, die in der Zeit gestorben sein müssen, jedoch darauf hin, daß man nur die wichtigsten Persönlichkeiten auf die Reise zur „Grenze, von der kein Wandrer wie-

derkehrt" schickte. Ihr Status auf Erden, so könnte man schlußfolgern, hat sie in die Nähe der Götter gerückt, in deren Reihen sie sich im Jenseits einordnen durften.

In der Frühzeit des alten Ägypten erreichten nur die Pharaonen diesen Status. Als sich die Organisation des Staates dann ausweitete, bekamen immer mehr Menschen die Mittel an die Hand, für ein angemessen aufwendiges Begräbnis zu sorgen. Es erscheint fast so, daß nur diejenigen, die es sich leisten konnten, darauf hoffen durften, mit einem Leben im Jenseits belohnt zu werden. Wie sie sich dieses Leben jedoch vorstellten, darüber blieben nur sehr wenige Anhaltspunkte erhalten.

DIE HEIMSTATT DER KRIEGER

In der westlichen Welt waren es die skandinavischen Völker, die als erste Aufzeichnungen über ein Leben im Jenseits hinterließen. Eins der aufwendigsten Wikingerbegräbnisse wurde in einem Hügelgrab in dem südnorwegischen Ort Oseberg entdeckt. Dort lagen die Leichname zweier Frauen (vermutlich eine Herrscherin aus dem 9. Jahrhundert namens Fürstin Asa und ihre Kammerzofe) in einem reich verzierten Schiff und waren umgeben von der kompletten Reiseausstattung, darunter Küchenutensilien, Betten, Webstühle, ein Wagen, Schlitten, 13 Pferde, sechs Hunde und zwei Ochsen. Ziel ihrer Reise war Walhall, wo die Gattin des einäugigen Göttervaters Odin bereits auf sie wartete. Walhall war der herrlichste Palast in Asgard, der Heimstatt Odins und der gefallenen Krieger und Könige. Die Krieger wurden von Odin persönlich oder von seinen kriegerischen Dienerinnen, den Walküren, direkt vom Schlachtfeld dorthin gebracht.

Odin hielt in einem gigantischen goldfunkelnden Saal Hof, der 540 Türen besaß, von denen jede breit genug für 800 Krieger war. Die Wände bestanden aus schimmernden Speeren und die Decke aus glänzenden Schilden. Zwischen den überreich gedeckten Tischen brannten riesige Feuerstellen. Die Krieger vergnügten sich jeden Tag mit Kämpfen, wurden aber jeden Abend wieder von ihren Wunden geheilt und labten sich aus unerschöpflichen Vorräten an Wildschwein und Met, die ihnen von den Walküren serviert wurden. Alle Krieger wußten, daß sie eines Tages an der Seite der Götter zum großen Kampf gegen die Mächte des Chaos antreten würden.

Im Gegensatz dazu mußten sich diejenigen, die das Pech hatten, eines natürlichen Todes fern vom Schlachtfeld zu sterben, mit dem abscheulich kalten und düsteren Ort Niflheim begnügen, der von der Unterweltgöttin Hel beherrscht wurde.

Die Vorstellung von einer für Krieger reservierten Heimstatt findet sich auch im azteki-

schen Glauben, doch gibt es einen wichtigen Unterschied: Männer, die im Kampf oder beim rituellen Menschenopfer gestorben waren, kamen dorthin, weil sie ihr Leben für ihr Land gegeben hatten. Deshalb wurden auch Frauen, die im Kindbett gestorben waren, auf diese Weise geehrt.

Beide kleidete man in prächtige Gewänder und schmückte sie mit Federn und Blumen. Die Krieger begleiteten im Jenseits die Sonne, wenn sie morgens aufging und führten sie bis zum Zenit, die Frauen holten sie dann wieder zum Horizont hinunter und betteten sie sanft zur Ruhe.

Kinder, die bei der Geburt oder bevor sie entwöhnt waren starben, gingen ins Land des Milchbaums, deren Früchte wie menschliche Brüste geformt waren. Wer ertrank oder durch eine mit

ODIN HIELT IN EINEM GIGANTISCHEN GOLDFUNKELNDEN SAAL HOF, DER 540 TÜREN BESASS, VON DENEN JEDE BREIT GENUG FÜR 800 KRIEGER WAR.

Wasser assoziierte Krankheit ums Leben kam, ging ins Land des Regengottes, wo ihn eine grüne Welt voller Schmetterlinge erwartete, auf die ein konstant leichter Regen fiel und wo überall farbenprächtige Regenbögen erstrahlten. Den Azteken, deren Welt die trockene mexikanische Hochebene war, erschien dieses Paradies vielleicht als das erstrebenswerteste.

BELOHNUNG UND STRAFE

Der Begriff Paradies stammt aus der altpersischen Sprache und bezeichnet eigentlich einen königlichen Park für Jagden und Freizeitvergnügungen. Im Hebräischen wurde das Wort in dieser Bedeutung zum ersten Mal im Hohelied Salomos, 4,12 verwendet: „Meine Schwester, liebe Braut, du bist ein verschlossener Garten, eine verschlosse Quelle, ein versiegelter Born."

Die griechische Version der hebräischen Schriften verwendete den Begriff für den irdischen Garten Eden, der im 1. Buch Mose beschrieben wird. In späteren jüdischen Schriften wurde daraus eine himmlische Version dieses Ur-Eden, „ein Ort der Ruhe und Labsal, in dem die Gerechten unter den Toten die glorreiche Gegenwart Gottes erfahren dürfen". Diese Vorstellung griff das Christentum auf, und so wird auch in der christlichen Kunst das Paradies für gewöhnlich als herrlicher Garten beschrieben.

In der islamischen Religion werden die Gläubigen von Mädchen empfangen, die *Houris* genannt werden und die der Koran als die „jungfräulichen Gemahlinnen" bezeichnet:

UNTEN: Bei den Azteken galt der Regengott Tlaloc als Herrscher über das grüne Paradies für diejenigen, die im Wasser den Tod gefunden hatten.

IM ISLAMISCHEN PARADIES WERDEN JEDEM MANN VIELE WUNDERSCHÖNE JUNGFRAUEN ZUGETEILT, DENEN ER JE EINMAL FÜR JEDEN AUF ERDEN EINGEHALTENEN FASTENTAG BEIWOHNEN DARF.

Die Toten legen sich einander zugewandt auf Liegen, die mit Gold und Juwelen geschmückt sind. Ihnen wird ein Kelch gereicht, der aus einer fließenden Quelle gefüllt wird und der ihre Sinne nicht trübt noch sie verwirrt; man serviert ihnen Früchte nach ihren Wünschen und köstliches Geflügelfleisch. Und großäugige Houris, schimmernd wie verborgene Perlen, sollen ihr Lohn sein.

Jedem Mann werden viele dieser wunderschönen Jungfrauen zugeteilt, denen er je einmal für jeden auf Erden eingehaltenen Fastentag und einmal für jede gute Tat, die er auf Erden getan hat, beiwohnen darf.

Ein kurze irdische Version dieses Paradieses soll der Legende nach den Mitgliedern des Geheimbundes der Assassinen vergönnt gewesen sein, der im Jahr 1090 von Hasan ibn al-Sabbah gegründet wurde. Die Zentrale dieser politischen Terrorgruppe residierte über zwei Jahrhunderte lang in ihrer unbezwingbaren Burg Alamut.

Die Kreuzritter, die nach Europa zurückkamen, nannten sie *Hashishi*, und Entdecker wie Marco Polo berichteten davon, wie bei ihnen neuen Anwärtern Haschisch verabreicht wurde, worauf sie dann im Rausch einen wunderschönen Garten zu sehen bekamen, den man ihnen als spätere Belohnung in Aussicht stellte. Bis heute lebt der Bund in einer ismailitischen Gruppe persischer Schiiten weiter, die der Aga Khan anführt, doch existiert in keiner ismailitischen Schrift eine dokumentierte Version dieser Geschichte.

Die Qualen und Strafen, welche die Ungläubigen erwarten, die ihren Katechismus nicht korrekt aufsagen können, wurden schon in Kapitel 4 beschrieben. Die Ursprünge dazu scheinen im

LINKS: Der islamische Prophet Mohammed wird nach seinem Tod direkt ins Paradies getragen.

UNTEN: Ein neuer Anwärter der Assassinensekte des Hasan ibn al-Sabbah erwacht aus seinem Haschisch-Schlaf in einem wunderschönen Garten.

LINKS: Dem christlichen Glauben nach war das Paradies eine Rückkehr zur Unschuld des Garten Eden vor dem Sündenfall, wie es hier ein Gemälde aus dem 16. Jahrhundert darstellt.

Zoroastrismus zu liegen, in dem die Toten ebenso wie im Islam über eine Brücke gehen müssen, die sich für die Verdammten „schmal wie eine Rasiermesserschneide" verengt, so daß sie in den Abgrund der Hölle stürzen. Im frühen jüdischen Glauben gab es Sheol, ein düsteres unterirdischen Reich, wo alle Toten, Gerechte wie Sünder, endeten. Später wurde diese Vorstellung durch den Ort Gehenna ersetzt, an dem nur die Bösen in den ewigen Feuern bestraft wurden. Das Christentum übernahm diesen Gedanken, doch ob unser Begriff „Hölle" sich von dem hebräischen Wort *Sheol* oder über das nordische *Hel* ableitet, ist nicht ganz geklärt.

Die Vorstellung von Himmel und Hölle entwickelte sich in ihrer umfassendsten Form im Christentum des Mittelalters, und die Schriften aus dieser Zeit sind besonders reich an bildhaften Darstellungen der Höllenqualen, welche die Verdammten erwarteten. Die detaillierteste Beschreibung des mittelalterlichen Höllenbildes sowie des Fegefeuers und des Paradieses, findet sich in Dante Alighieris (1265–1321) umfassenden Epos *Die Göttliche Komödie*. Fast vier Jahrhunderte später war es der Haupteinfluß für den englischen Dichter John Milton (1608–1674) und dessen berühmtes Reimwerk *Paradise Lost* (dt. *Das verlorene Paradies*). Diese beiden Werke haben vor allen anderen jahrhundertelang die künstlerischen Darstellungen des Jenseits beeinflußt.

ÖSTLICHE RELIGIONEN

Weder der Hinduismus noch die reine Form des Buddhismus, die sich daraus entwickelte, hatten eine Vorstellung von einem physischen Leben nach dem Tod (vgl. Kapitel 4). Wer letztlich, nach möglicherweise vielen Reinkarnationen, die Erlösung erlangt, wird, jeglicher Individualität entledigt, in die Allseele des Kosmos aufgenommen.

Andere Formen des Buddhismus haben jedoch ihre eigene Mythologien entwickelt, unter denen die chinesische Version die dramatischste ist. Diesem Glauben zufolge war der von Amitabha Buddha beherrschte Himmel all jenen zugänglich, die ihn bei seinem Namen anrufen und ihre Sünden bereuen. Wenn die Register des Lebens und des Todes anzeigen, daß ein Mensch das Ende seiner irdischen Existenz erreicht hat, schickt der oberste Yama-King („König der Toten"), seine teuflischen Handlanger Büffelkopf und Pferdegesicht los, um die Seele des Menschen einzufangen und zu ihm zu bringen. Wenn sie die Unterwelt betritt, hat die Seele des Toten vor den Gott der Wälle und Gräben zu treten, der sie 49 Tage lang verhört, bevor er sie dem obersten Yama-King aushändigt. Manchmal wird die falsche Seele gebracht – infolge einer Namensverwechselung oder eines ähnlichen bürokratischen Irrtums. In diesem Fall ist es ihr gestattet, zur Erde zurückzukehren und wieder den Körper zu betreten, in dem sie vorher

GEGENÜBERLIEGENDE SEITE: Eine Vision des flämischen Malers Jan Breughel , die einige der Qualen zeigt, die die Verdammten in der Hölle angeblich erwarteten.

gelebt hat. Daher bahrt man in China noch bis heute die Toten häufig zwischen sieben und 49 Tagen auf, bevor man sie begräbt.

Die Unterwelt hat ihre eigenen Städte und Dörfer. Ihre Hauptstadt heißt Feng-Tu, und man erreicht sie durch das große Tor der Dämonen. Im Innern liegen die Gerichtshöfe, die Räume der Qualen und die Wohnungen der Beamten, Handlanger und auf eine Wiedergeburt wartenden Seelen. Diese Welt besteht aus 18 verschiedenen Regionen, die an zehn Gerichtshöfe angrenzen, an denen zehn Yama-Kings als Richter fungieren. Der oberste Yama-King empfängt die Seelen der Toten, beurteilt ihre Taten und schickt sie (außer den wenigen wahrhaft Tugendsamen) weiter zu den anderen neun Yama-Kings. Von diesen haben acht nur die Aufgabe, die Sünder zu bestrafen, dem letzten ist außerdem aber noch das „Rad der Seelenwanderung" anvertraut, mit dem er dafür sorgt, daß die Seelen und ihr neuer Körper vor der Reinkarnation auch korrekt zusammenpassen. Der zweite Yama-King bestraft die unehrlichen Mittelsmänner und unwissenden Ärzte, der dritte die schlechten Mandarine und Fälscher, der vierte die

UNTEN: Eine tibetische Bronzestatue des obersten Yama-King, der über die buddhistische Unterwelt herrscht, die Seelen der Toten belebt und über ihre Taten richtet.

Geizhälse, unehrlichen Kaufleute und Blasphemisten, der fünfte die Mörder, Ungläubigen und Wollüstigen, der sechste die Frevler, der siebte die Grabräuber oder Kannibalen, der achte diejenigen, die es an Ehrerbietung gegenüber ihren Eltern und Ahnen haben fehlen lassen und der neunte die Brandstifter und Verursacher tödlicher Unfälle.

Nicht weit von Feng-Tu liegt die „Stadt derer, die durch Unfälle umgekommen sind". Jeder, der vor seinem offiziellen Termin sein Leben lassen mußte, wird ungeachtet der Todesursache dorthin geschickt. Dort sind die Seelen verdammt, auf Ewigkeit auszuharren, ohne Hoffnung auf Wiedergeburt, sofern sie nicht einen geeigneten Ersatz für sich finden. Nach drei Jahren erlaubt man ihnen nämlich, an die Stätte ihres Unfall zurückzukehren und einen anderen Menschen in denselben Tod zu locken. Daher meiden die Chinesen auch Unfallstellen oder Orte, an denen Morde oder Selbstmorde stattfanden.

Die Yama-Kings gebieten über Tausende von Handlangern. Viele unterschiedliche Folterarten werden eingesetzt, oft passend zum Vergehen des Toten. Blasphemisten reißt man die Zunge heraus, Geizhälse müssen geschmolzenes Gold schlucken, die wahrhaft Bösen aber taucht man in siedendes Öl, mahlt sie in Mühlen oder zerteilt sie in kleine Stücke. Wenn all diese Strafen ausgeführt wurden, wird die Seele zum zehnten Yama-King gesandt, der entscheidet, in welcher Form sie wiedergeboren werden soll.

Der Himmel, in dem die Götter wohnen, wird in viele Ebenen unterteilt. Dort herrscht der Jadekaiser. Wenn die Seelen der wahrhaft Tugendsamen nicht sofort ein neues Leben antreten, dann kommen sie zum Berg K'un-lun. Dort herrscht die Gemahlin des Jadekaisers von einem Palast aus, der ganz aus Jade besteht und von herrlichen Gärten umgeben ist, in denen der Pfirsichbaum der Unsterblichkeit wächst. Hier ist das Leben eine Folge endloser Vergnügungen und Festmahle.

Das Land der äußersten Glückseligkeit, wo der Amitabha Buddha lebt, liegt am westlichsten Punkt des Universums. Es ist eine Landschaft der Schönheit und des Friedens, mit Seen, Lotusblüten, exotischen Vögeln, blühenden Bäumen und Windspielen aller Art, die göttliche Stimmen erklingen

LINKS: *Die Mythologie der Wikinger inspiriert Künstler auch heute noch unvermindert. Diese Illustration zu Wagners* **Rheingold** *von Phil Redford zeigt die Errichtung der Regenbogenbrücke zwischen Midgard und Asgard.*

lassen. Wer Amitabha zu Lebzeiten bei seinem Namen anrief, wird von Buddha persönlich empfangen, der die Seelen zur Reinigung in die Lotusblüten des Sees setzt, bevor sie sich unter die Tugendhaften und Gerechten begeben dürfen.

Obwohl der chinesische Buddhismus ebenso wie die meisten anderen Religionen in jüngerer Zeit seine Anschauungen moderneren Lebensauffassungen angepaßt hat, lassen bestimmte religiöse Praktiken doch immer noch Spuren dieser alten Mythologie erkennen. Der Anthropologe M. Topley schrieb 1952, die Chinesen hielten die Unterwelt „für eine Art zweites unterirdisches China, mit demselben komplizierten System aus Belohnungen, Bestrafungen und finanziellen Verpflichtungen ... Bestechungsgelder müssen an die Richter gezahlt werden ... und bestimmte Zeugnisse müssen vorgelegt werden, um die Schranken der Bürokratie zu überwinden." Nach einer Beerdigung werden die benötigten Zeugnisse daher mit aus Papier ausgeschnittenen Tauschwaren aller Art von den Angehörigen verbrannt. Früher ging es dabei um Häuser, Sänften oder auch Diener, heute kann man eher mit Staubsaugern, Computern, Motorrädern und Kreditkarten rechnen.

Was an diesen vielen Vorstellungen von Himmel und Hölle so interessant ist, die ja aus weit entfernten, sehr unterschiedlichen Kulturen stammen, die noch keinen Kontakt zueinander hatten, ist ihre Ähnlichkeit. Zeigt sich darin eine Art atavistischer Grundidee, die allen Menschen zu eigen ist, oder sind sie eine Vision dessen, was uns wirklich nach dem Tod erwartet? Wir wissen es nicht, und einzig die Zeit kann darauf eine Antwort geben.

LINKS: *In China glaubt man, daß der Anitabha Buddha – der Herrscher des Himmels – im Land der äußersten Glückseligkeit am westlichsten Punkt des Universums in einer Landschaft der Schönheit und des Friedens regiert.*

LITERATUR

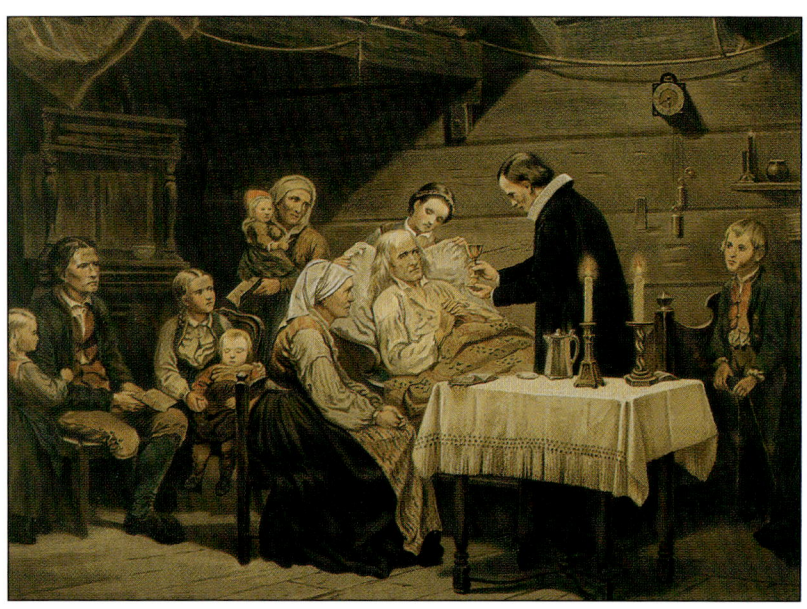

The Unexplained
   Orbis Publishing, London, 1984.

Encyclopedia Britannica,
   CD-ROM, 1997.

Grolier Multimedia Encyclopedia, 1995

Larousse Encyclopedia of Mythology
   Paul Hamlyn, London, 1959.

Phantom Encounters
   Time-Life Books, Amsterdam, 1988.

Search for the Soul
   Time-Life Books, Amsterdam, 1989.

Die Lutherbibel

Der Koran

Die *Upanischaden*

P. M. H. Attwater, *Beyond the Light*
   Birch Lane Press, USA, 1994.

Nigel Barlay, *Dancing on the Grave*
   John Murray, London, 1995.

W. H. Beable, *Epitaphs*
   Simpkin Marsall, London, 1925.

John Beloff, *Parapsychology*
   Athlone Press, London, 1993.

C. A. Burland, *Myths of Life & Death*
   Macmillan, London, 1974.

Cottie Burland und **Werner Forman,**
   Feathered Serpent and Smoking Mirror
   Orbis, London, 1975.

Richard Cavendish, (Hg.), *Mythology:*
   an Illustrated Encyclopedia
   Orbis Publishing, London, 1980.

Richard Cavendish, *Die schwarze Magie*
   Schikowski Verlag, Berlin 1980.

Daniel Cohen, *Encyclopedia of Ghosts*
   Michael O'Mara Books, London,
   1994.

Arthur Cotterell, *The Illustrated Encyclopedia*
   of Myths & Legends
   Guild Publishing, London, 1989.

J. S. Curl, *A Celebration of Death*
   Batsford, London, 1993.

Mike Dash, *X-Phänomene*
   Herbig Verlag, München, 1997.

Claude Gagnière, *Des Mots et Merveilles*
   Robert Laffont, Paris, 1994.

Sue Gill und **John Fox,**
   The Dead Good Funerals Book
   Engineers of the Imagination,
   Ulverston, 1996.

Rosemary Goring, (Hg.), *Chambers*
   Dictionary of Beliefs and Religions
   W. & R. Chambers, Edinburgh, 1992.

Rosemary Ellen Guiley, *Encyclopedia of*
   Mystical & Paranormal Experience
   Harper, San Francisco, 1991.

Jeffrey Iverson, *In Search of the Dead*
   BBC Books, London, 1992.

Robert Kastenbaum, *Is There Life after Death?*
Prion, London, 1995.

Thomas A. Kselman, *Death and the Afterlife in Modern France*
Princeton University Press, 1993.

Elisabeth Kübler-Ross, *Interviews mit Sterbenden*
Kreuz Verlag, Stuttgart, 1971.

Elisabeth Kübler-Ross, *Verstehen was Sterbende sagen wollen*
Kreuz Verlag, Stuttgart, 1976.

James R. Lewis, *Encyclopedia of Afterlife Beliefs and Phenomena*
Visible Ink, Detroit, 1995.

Filippo Liverziani, *Life Death & Consciousness*
Prism Press, Bridport, 1991.

Magnus Magnusson, *Hammer of the North*
Orbis, London, 1976.

Cedric Mimms, *When We Die*
Robinson, London, 1998.

David Wendell Moller, *Confronting Death*
Oxford University Press, New York, 1996.

Peter Moss, *Encounters with the Past*
Sidgwick & Jackson, London, 1979.

Anthony North, *The Paranormal*
Blandford, London, 1996.

Jenny Paschall und **Ron Lyon,** *Hatches Matches & Dispatches*
Harper Collins, London, 1997.

Christine Quigley, *The Corpse: a History*
McFarland, Jefferson NC, 1996.

Philip Reder, *Epitaphs*
Michael Joseph, London, 1969.

Archie E. Roy, *A Sense of Something Strange*
Dog & Bone, Glasgow, 1990.

Marisa St Clair, *Near-Death Experience*
Blandford, London, 1998.

John und **Anne Spencer,** *The Encyclopedia of Ghosts and Spirits*
Headline, London, 1992.

Roy Stemman, *Reincarnation*
Piatkus, London, 1997.

Reuben Stone, *Life After Death*
Blitz Editions, London, 1993.

Terry White, *The Sceptical Occultist*
Arrow Books, London, 1995.

D. M. Wilson, *Awful Ends*
British Museum Press, London, 1992.

Ian Wilson, *In Search of Ghosts*
Headline, London, 1995.

Ian Wilson, *Life After Death*
Sidgwick & Jackson, London, 1997.

REGISTER

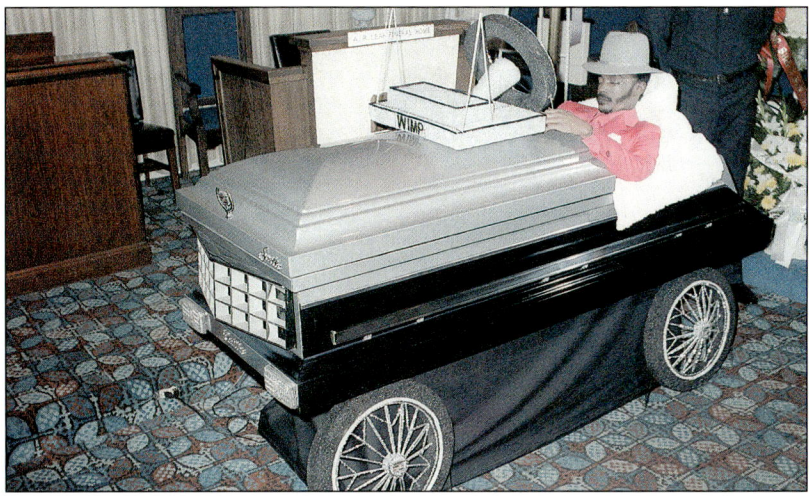

T

U

V

W

Y

Z

BILDQUELLEN

Titel: E.T. Archive (Hintergrund); **Nicolas Sapieha; Kea Publishing Services/Corbis** (vorn)

Aerofilms: 88 u.; **AFP/EPA Photo/Joseph Barrak/JU**: 21; **AKG, London**: 96, 161, Erich Lessing 167; **Archivo Iconografico, S. A., Barcelona**: 103 o., 152 f.; **Associated Press/Sydney Morning Herald**: 49; **The Bridgeman Art Library, London/ New York**: *Ascent of the Prophet Muhammad to Heaven*, von Aqa Mirak, 16. Jh., persisch, British Library 104 f., *The Resurrection of Lazarus* von Pol de Limbourg/ Tres Riches Heures du Duc de Berry, frühes15. Jh., Musee Conde, Chantilly /Roger-Viollet 106, *The Weighing of the Heart against Maat's Feather of Truth* vom Totenbuch der Royal Scribe Hunefer, British Museum, London 108 f., *Panel of the Descent into Limbo* aus dem Altar des Konvents Santo Sepulchro, Saragossa vonJaume Serra, Museo Provincial de Bellas Artes, Saragossa, Spanien 109 o., *Snakes and Ladders*, 18. Jh., Victoria & Albert Museum, London 111 u., *Odin: the Norse god, with his two crows, Hugin (thought) and Munin (memory)*, Royal Library, Copenhagen, Denmark 162, *The Ride of the Valkyries* von William T. Maud, Gavin Graham Gallery, London 163, *Donner and Froh Create the Rainbow Bridge for the Gods to Cross to Valhalla*, Illustration für „Das Rheingold" von Phil Redford (living artist), Privatbesitz 169 o.; **Colorific**: 51; **Corbis**: Nicolas Sapieha; Kea Publishing Services 3, Corbis-Bettmann 5, Historical Picture Archive 6, Arte & Immagini SRL 7, Corbis-Bettmann 8 und 9, David Lees 10, Francis G. Mayer 11, Nicolas Sapieha, Kea Publishing Services 12, Robert Pickett 13, Corbis-Bettmann 14, Nevada Wier 15, Roger Ressmeyer 16 u., Vittoriano Rastelli 17, Jan But-

chofsky-Houser 18 l., Tim Page 18 r., Paul A. Souders 19, Jack Moebes 22, Robert Maass 23, Corbis-Bettmann 24, North Carolina Museum of Art 26 r., W. Perry Conway 27, Albrecht G. Schaefer 30, Chris Rainier 31, Mimmo Jodice 34 f., UPI/Corbis-Bettmann 36, National Archives 37, Historical Picture Archive 38, UPI/Corbis-Bettmann 39 u./o., Library of Congress 40 u., Hulton-Deutsch Collection 40 f., PI/Corbis-Bettmann 42 o., Asian Art & Archeology, Inc. 42 u., Melvyn P. Lawes; Papilio 43 o., Bob Rowan; Progressive Image 43 u., UPI/ Corbis-Bettmann 44 u., Chris Hellier 45 u., National Institutes of Health 47 o., Corbis-Bettmann 47 u., Hulton-Deutsch Collection 55 u., Corbis-Bettmann 55 o. und 56 f., Alison Wright 58, Weegee/ UPI/corbis-Bettmann 60 o., Todd Gipstein 60 u., UPI/Corbis-Bettmann 61u./173, Bojan Brecelj 62 o. r., Corbis 62 l., Owen Franken 63, Albrecht G. Schaefer 64 o., Lindsay Hebberd 66 o., Nathan Benn 66 u./171 u., Miki Kratsman 67u./174, Earl Kowall 67 u., Barry Lewis 68, Paul Almasy 69/171 o., Hulton-Deutsch Collection 70 o., Patrick Field; Eye Ubiquitous 70 u., Jim Sugar Photography 71, Corbis-Bettmann 72 o., Macduff Everton 74,

Corbis-Bettmann 76 f. und 77, Charles & Josette Lenars 78 und 79, Michael Nicholson 80 l., Robert Estall 80 r., Corbis 81 r., Gianni Dagli Orti 81 l., Yann Arthus-Bertrand 82 l., Richard T. Nowitz 82 r., Owen Franken 83 u., Reinhard Eisele 83 o., Chris Hellier 84 o./176, Jerry Cooke 84 u., Jack Fields 85 u./172, Angelo Hornak 85 o., Corbis-Bettmann 86 r., Hulton-Deutsch Collection 86 l. und 87, Catherine Karnow 88 o., Steve Raymer 89, Hulton-Deutsch Collection 90, Joseph Sohm; ChromoSohm Inc. 91/ 175, Angelo Hornak 92 o., Michael St. Maur Sheil 92 f., Earl Kowall 94, Charles & Josette Lenars 95 u., Mimmo Jodice 99, Luca I. Tettoni 101, Michael Freeman 102 o., Seattle Art Museum 102 f., Corbis-Bettmann 104 u., Lindsay Hebberd 105 u., Corbis-Bettmann 107, Paul Almasy 110, Adam Woolfitt 111 o., Charles & Josette Lenars 112, Chris Rainier 113, Julia Waterlow; Eye Ubiquitous 115 u., PI/Corbis-Bettmann 115 u., Michael Nicholson 11 o., Hulton-Deutsch Collection 118 u., Corbis-Bettmann 119 u., Hulton-Deutsch Collection 120 u. und 122, Kimbell Art Museum 124 f. und 124 u., Daniel Laine 125 u., Michael Maslan Historic Photographs, Christel Gerstenberg 128, Corbis

129, Historical Picture Archive 134 f., Gianni Dagli Orti 136 f., Corbis-Bettmann 138, Hulton-Deutsch Collection 139, Corbis-Bettmann 140, UPI/ Corbis-Bettmann 141, Earl Kowall 143, Caroline Penn 146 u., Corbis-Bettmann 149, Hulton-Deutsch Collection 150 o., National Institutes of Health 151, Sheldan Collins 154, Hulton-Deutsch Collection 155 o., Bradley Smith 155 u., Hulton-Deutsch Collection 156, Corbis-Bettmann 157, 158 o./ u., Janet Wishnetsky 159, Gianni Dagli Orti 166, Nazima Kowall 169 u., Paul Almasy 171 o., Nathan Benn 171 u., Jack Fields 172, UPI/ Corbis-Bettmann 173, Miki Kratsman 174, Joseph Sohm; ChromoSohm Inc. 175, Chris Hellier 176; **E. T. Archive**: British Library 98, Tate Gallery 133, E. T. Archive 160, Anthropological Museum Mexico 164; **Mary Evans Picture Library**: 32, 33, 54, 61 o./170, 72 u., 117, 148, 164 f., 165, Lawrie Berger 150 u.; **Evans Universal, Leeds**: 73; **Werner Forman Archive**: Topkapi Palace Museum, Istanbul 59, Egyptian Museum, Cairo 64 u. r./ 65, 100, Philip Goldman Collection 168; **Fortean Picture Library**: Larry E. Arnold 52 f.; 119 o., 121, 126 u., 130, Tony O'Rahilly 142; 144, Joanne Crowther 145; 152 o.; **Hulton Getty Picture Collection**: 123 o.; **The Hutchison Library**: Sarah Errington 26 l.; **The Image Bank**: P. McConville 97, Stephen Marks 131; mit freundlicher Genehmigung von **Marquess of Bath, Longleat House** 146 o.; **Peter New ark's Western Americana**: 28/9, 29 u., 114 u., 114 o.; **Rex Features**: David McNew/Sipa Press 44 f., Rick Colls 95 o.; **Science Photo Library**: BSIP, ABELES 16 o., BSIP, LECA 46; **Frank Spooner Pictures**: Pugliano/Liaison/ Gamma 48, Sander/Gamma Liaison 137 o.; **Topham Picturepoint**: 126 o., 132.